乡村振兴新赛道

——区域公用品牌探索之旅

蒋文龙 —— 著

ZHEJIANG UNIVERSITY PRESS
浙江大学出版社
·杭州·

图书在版编目（CIP）数据

乡村振兴新赛道：区域公用品牌探索之旅 / 蒋文龙
著 . -- 杭州：浙江大学出版社，2023.9
ISBN 978-7-308-23628-7

Ⅰ . ①乡… Ⅱ . ①蒋… Ⅲ . ①农村—社会主义建设—
品牌战略—研究—中国 Ⅳ . ① F320.3

中国国家版本馆CIP数据核字（2023）第057228号

乡村振兴新赛道——区域公用品牌探索之旅

蒋文龙　著

责任编辑	李海燕
责任校对	董雯兰
责任印制	范洪法
封面设计	黄　茜
出版发行	浙江大学出版社
	（杭州市天目山路148号　邮政编码310007）
	（网址：http://www.zjupress.com）
排　　版	杭州隆盛图文制作有限公司
印　　刷	杭州钱江彩色印务有限公司
开　　本	710mm×1000mm　1/16
印　　张	22.25
字　　数	360千
版印次	2023年9月第1版　2023年9月第1次印刷
书　　号	ISBN 978-7-308-23628-7
定　　价	120.00元

序 言
/Preface

2006 年 9 月的某一天，有人推开了我在华家池"卡特"楼的办公室。他是蒋文龙，来请我为他的博士论文做指导老师。

文龙原是浙江农业大学的老师，细述起来还有同事之谊，因此我们很快就熟悉起来。他还把夫人胡晓云也引过来，请我同时也做了她的论文指导老师。

文龙的论文选题有关农产品区域公用品牌，很有意义，但也很难。说很有意义，是因为农业品牌意识在当时刚刚有所萌芽，急需思路、理念、方法上的研究与推广。说很难，则是因为农产品的区域公用品牌这一概念和研究，几乎是空白，几乎没有任何可参考、可借鉴的资料与文献。

文龙很快拿出了初稿。但理论的依据明显有所欠缺，对论文的体例把握也不够精准。根据我的意见，他先后修改了三次，终于得以在论文答辩时一次通过。这应该是我国第一篇有关农产品区域公用品牌的博士论文。

发现选题，是论文撰写的第一步。新闻记者的职业眼光，赋予了文龙发现问题的机会。这是工作给他创造的便利。但如果以为他是为了论文，或者为了学位，那就错了。

在论文撰写修改过程中，他得悉"卡特"开放研究的平台性质，于是提出成立农业品牌研究中心的建议。2009 年 4 月，研究中心正式成立。这是我国高校、科研机构中第一个农业品牌的专门研究机构。

此后，文龙一面通过采访报道，不断发现农产品区域公用品牌的现实问题，同时，以研究中心为平台，策划了一系列与农业部有关部门的项目合作。我所了解的就有"首届中国农产品区域公用品牌高峰论坛""首届中国农业品牌大会""中国农产品包装设计大赛""中国农业品牌百县大会"等，把农业品牌尤其是人们还十分陌生的区域公用品牌做得风生水起。

文龙的创新意识很强，并且十分务实。他不是以论文写作、发表作为目标，而是一旦发现问题，就能咬住不放，继而整合人脉资源，搭建平台，去解决问题，实现自己的梦想。

晓云本来研究工业和服务业品牌，出版了大量专著，在业内有着相当大的影响力，在文龙影响下，也很早就开始进入农业品牌领域。他俩一个以报道破局，整合力量，搭建各种平台，另一个以研究为着力点，解决理论和实践中的问题，可谓珠联璧合，相得益彰。

我亲身经历了他们的事业"从无到有"的整个过程，参加了他们几乎每一次重大活动。他们一路披荆斩棘，遇水架桥，付出了大量的努力，作出了许多的牺牲，也在国内外斩获了诸多的认可。

特别值得一提的是晓云规划的"丽水山耕"。这个全区域、全品类、全产业链的品牌，不仅让丽水农业转换发展轨道，凸显出巨大的生态优势，也在全国层面上提供了"两山"转化的方法思路，引起社会普遍关注。文龙连续几年，站在不同角度，宣传推广"丽水山耕"这一区域公用品牌，认识其作用，解剖其规律，总结其经验，让这个品牌很快走出浙江，走向全国，成为丽水乃至浙江现代农业发展的一张金名片。"丽水山耕"的成功，也给"卡特"增了光、添了彩。

今天，文龙要出书，将其20年来对农业品牌的持续关注做一回顾总结，嘱我做序。我觉得此书有几大看点：

一是带有自传性质。此书记述了他如何发现、报道农产品区域公用品牌，进入博士论文写作的研究领域，继而策划一系列活动，推广新理念、组建一站式品牌服务平台，推动成立农业品牌研究院和芒种品牌机构，进行成果转化，由农业品牌向乡村品牌延伸的整个过程，有故事，有细节，读来比较生动有趣。

二是以新闻报道做注脚。区域公用品牌的打造，涉及主体问题、标准化问题、政府与市场博弈问题、数字化赋能问题。这些问题，往往是通往区域公用品牌的一把又一把门锁。文龙在采访中悉心总结、研究，发现其规律，并将这些新闻报道作为"注脚"，显得有历史的穿越感，也比较翔实、丰满。

三是体现出研究的深度。此书虽然不是一本理论专著，但在问题思考上却时有洞见。区域公用品牌不仅具有品牌的共性，而且具备农业农村的个性，这就为文龙的研究提供了空间。有关文脉如何融入创意、区域公用品牌如何运营、乡村建设与品牌化经营的关系等方面，都有他来自采访和实践的真知灼见。

总之，这是一本体裁独特的书。你既可以读成一本作者的自传，也可以看作一本报道集锦，看作一本理论研究著作。只不过，它始终围绕着区域公用品牌这一核心。这就像文龙这20年来的经历，不管是写报道，还是搭平台，或者是做讲座，形式多种多样，但不离不弃的，始终是区域公用品牌。

要想具体了解文龙这些年来的思考和实践，还是请打开这本书吧！

浙江大学"卡特"首席专家

黄祖辉

2023.5.1

自 序/
Preface

在威廉·佩蒂的认识中，土地是财富之母，劳动是财富之父。他告诉人们：将土地和劳动相结合，就能形成财富的积累。这显然是最为传统、最为原始的赛道：人们只要占有更多的土地，投入更多的劳动力，就能拥有更多的财富。

随着生产力的进步和发展，科技、资本、管理等要素的作用日益显现。在我看来，其中的任何一个要素，实际上都构成了一个新的赛道。只要你率先投入，有所创新，你就可以在财富创造上先人一步。

区域公用品牌属于管理范畴的创新。这种独树一帜的品牌犹如金手指，能够点石成金，化腐朽为神奇。它没有扩大规模、增加产量，却让效益得到大幅提升。它所依凭的，仅仅是品牌的思维，仅仅是定位、传播等技术手段。产业还是那个产业，规模还是那个规模，甚至产品也还是那个产品，市场也还是那个市场，但你已经在竞争中重塑了自身优势。

每一次生产要素的变革，都意味着农业发展进入新的赛道，意味着发展格局的重新洗牌。在比赛规则和方法变更的情况下，历史赋予我们"从头再来"的权利和机会。先知先觉者可以翻盘，后知后觉者则完全可能被淘汰、被边缘化。

将区域公用品牌喻为新赛道，绝非两个概念的简单链接。我想，这个新赛道不仅具有丰富的内涵值得解读，也有诸多深藏其中的规律值得探究。

区域公用品牌打造，不仅要尊重自然规律、生物规律，还要遵循经济规律和市场规律；不仅需要生产者良好的职业道德素养和精益求精的工匠精神，也需要一个诚信有序的市场交易环境；不仅要让市场主体起决定性作用，也需要政府部门勇于担当、积极有为。其中涉及的问题之多、之复杂可想而知。

令人欣喜的是，从无到有，从不为人知到尽人皆知，在这个新赛道中，如今聚集起越来越多的研究者、服务机构、地方政府。一种百舸争流、百花齐放的生态体系已经形成。我们正在日趋接近区域公用品牌的本质。

作为幕后推手，本人不仅亲历了区域公用品牌从发端到成长直至盛行的全过程，而且通过采访、报道，通过策划、创意，直接推动着区域公用品牌的进程。这种种努力，孤立地看，不过是一块块并不起眼的砖瓦，但从历史着眼，进行完整梳理之时，则无疑展现出一座宏大的建筑。我想，我的媒体生涯的结束，并不意味着我的职业生命寿终正寝。由报道肇始的，对农业品牌的热情投入，必将通过更趋现实关联的实践而得到延续。

因此，这本书不是理论专著，而是结合了自己的经历、感受、策划、认识在内的一次集成表达。里面既有对区域公用品牌发展脉络的描述，也有对每个发展节点分析、思考的呈现，同时，我还将有关的新闻报道作品附列在后作为参考。这种文本创新的本意在于让读者置身其间，更加生动、直观、系统、完整地去了解这个新赛道发生的一切。

是为序。

作者于 2023 年 4 月 22 日

CONTENTS
目 录

第一章
世纪之交的迷茫

21世纪初的浙江，还在跟传统农业博弈。一个显著的标志是，《浙江日报》报道"一只梨子卖五元"后，省委书记张德江兴奋地批示："这就是效益农业！"可以看出，当时农业的兴奋点还在产业结构的调整，还在通过品种和技术的改良争取更大的效益。

从效益农业到品牌农业，仅仅只是一步之遥。但这一步，绝不是扩大生产规模，或者调整种养结构那么简单。这种观念的转变，不仅涉及生产方式的重新安排，甚至也关系到生产关系的调整。

尽管如此，由于消费市场出现的多元变化，以及生产层面供求关系开始失衡，人们开始将目光转向了品牌：谁拥有品牌，谁就拥有市场竞争的主动权；谁拥有品牌，意味着谁的产品就有可能获得更高的溢价。

如果将新世纪以来的农业发展看作一场战争，我们分明听到了从广袤乡村传来的阵阵鼙鼓之声。

当头一棒：农业品牌该由谁来做？

2002 年底，我刚刚调到农民日报社工作，参加的第一场会议，就是在浙江绍兴召开的"中国农经学会"年会。会长段应碧在会上提到了农业品牌化的概念。这是我第一次听到农业品牌的概念，尽管段老对此一带而过，但在我的脑海里却久久挥之不去。

段老是把著名的"烟枪"，只要有他在，会议室通常都是烟雾缭绕。只是他有所不知，他的或深思熟虑，或灵光一现，让我以及我们的团队在摸索中前行。一眨眼就是 20 年。

当时，嵊州、新昌两地都在打造茶叶品牌。一个叫越乡龙井，另一个称大佛龙井。有意思的是，面对我的采访，嵊州分管副市长吕丙认为，农业品牌应该由企业打造；而到了新昌，分管副县长徐良平则认为应该由政府创建。

两个人观点各异，但我如获至宝：品牌建设的主体究竟应该是政府还是企业，这不是最好的新闻吗？

我立马对两人再次展开采访，所提的问题只有一个：为什么？

观点不辩不明。当两个截然不同的观点进行并列呈现时，一方面，报道的可读性、辐射力将大大增强，另一方面，当事人的压力也可想而知。

"蒋记者，这样写好不好啊，看起来我们好像在吵架啊？毕竟我们两人是好朋友。"徐良平有所疑虑。

我说服道：这是工作中正常的观点分歧，并不影响朋友感情，而且对进一步思考问题大有裨益！

经过不断地打磨、完善、补充，2004 年 6 月 18 日，本人采写的第一篇农业品牌报道在《农民日报》刊发。报道提出了品牌建设主体问题的严肃思考。

尽管这一报道被搁置多日，最后刊发在二版一个并不起眼的角落，但无论如何，它标志着我正式投身农业品牌领域，同时标志着媒体层面开始关注到农业品牌化这一现实问题。

让人意想不到的是，报道的刊发，确实引起了社会高度关注、热烈议论，大大推进了有关问题的思考。《中国茶叶》杂志等媒体还进行了全文转载。

附：市长做，还是市场做
—— 嵊州、新昌茶叶品牌建设的模式比较

车过浙江中部的嵊州、新昌，人们的眼球一定会被两个"高炮"广告吸引，一个是"中国茶叶之乡"，另一个是"中国名茶之乡"。

20 世纪 80 年代以来，嵊州、新昌致力于珠茶生产，被同时列入我国"三大珠茶生产基地"。90 年代以来，两地又先后起步，走上名茶之路。2003 年，嵊州、新昌的名茶产值分别达到 2.9 亿元和 2.8 亿元，成为全国名茶生产的佼佼者，"越乡龙井"和"大佛龙井"两大品牌更是光芒四射，声震大江南北。然而，记者在嵊州、新昌两地采访时却发现，尽管两地的茶产业都发展得很快，但是，在茶叶品牌建设中却有着不同的观念、不同的模式：嵊州探索市场化模式建设"越乡龙井"，新昌则采取政府运作模式建设"大佛龙井"。两个"龙井"都是区域性的公用品牌。

地缘相邻，历史相近，文化习俗相通，嵊州和新昌，在茶叶品牌建设中缘何选择不同的模式？这种选择意味着什么，说明了什么，又将给两地茶叶生产带来什么样的影响？

最近，记者采访了嵊州市副市长吕丙、新昌县副县长徐良平。

徐良平：农产品品牌建设，政府必须有所作为

吕丙：政府应该彻底退出市场主体位置

徐良平：作为农产品品牌之一的茶品牌建设，政府必须有所作为。这是由农业产业的传统特点决定的。目前，我们的农业规模小，经营分散，抗风险能力弱；我们的农产品生产大多还停留在提篮小卖阶段，标准很难统一，这也正是农产品与工业产品的最大的不同。在这种情况下，千家万户的小农生产与千变万化的市场对接是很困难的。

农业的发展思路必须调整。以前，我们抓种什么、怎么种，今天，我们要抓怎么销。解决农产品的销售问题，一定要依靠产业化、依靠品牌。对此，政府必须勇敢地挑起责任，有所作为。当前，如何开拓市场，如何建设品牌？依靠农户，没戏；依靠龙头企业，现在还弱小。在大家普遍没

有经验，没有途径，没有能力建设品牌的时候，政府如果袖手旁观，无所作为，中国的农业产业化进程必将受到严重的影响，中国农业必将进一步拉大和国际的距离。

长期以来，我们执行的一直是以工支农的政策，现在，中央做出了统筹城乡经济社会发展的决策，在这种大环境、大背景下，我们政府腾出精力、拿出财力搞农产品品牌建设，应该说正得天时之便。

吕丙：农业既然是一个产业，就有它自身的产业特征、产业规律需要遵循。我们不能一讲到农业，便认为它是一个弱质产业，就不加区别地施以同情、扶持，更有甚者，认为不对弱质产业网开一面，就是一种失职。其实，我们要做的，只是发现规律，认识规律，驾驭规律。农业是个大产业，产品千差万别，并非全部弱质，例如茶叶，本身产业化、市场化程度就较高，我们完全可以按照其自身规律运作。

政府应该尽快彻底退出市场主体的位置。政府的职能是提供公共层面的服务，而不应该越俎代庖。是市场的事，就交给市场。是企业能做的事，就由企业来完成。政府要做的事是排除产业发展的障碍，弥补产业链的断点。在这方面，我们有过许多深刻的教训。

由于新昌县政府持续不断地发力，"大佛龙井"与"越乡龙井"拉开了越来越大的距离。图为新昌县政府举办的茶文化节"奉茶"场景。

徐良平：扶上马送一程
吕丙：让市场大浪淘沙

徐良平：政府有所作为并不是说政府去包办。在品牌建设上，政府只是组织、指导、协调，只是搭建一个公共平台。在这一平台上，企业各显身手，去寻找自己的定位，去开拓自己的市场。

从20世纪90年代初开始，我们新昌就打"大佛龙井"的牌子。当时，新昌茶叶大大小小有几十个牌子，各自占山为王，号令一方，难以形成力量对外抗衡。鉴于此，县里决定统一建设"大佛龙井"这一品牌，每年投巨资，牵头到全国各地去搞大型活动，杭州、济南、上海、北京——"大佛龙井"这一品牌知名度越来越高。2003年，在获得龙井茶原产地保护的基础上，"大佛龙井"被批准为证明商标。2004年，"大佛龙井"又获"浙江省十大名茶"称号。

可以说，没有政府的全力介入操作，就没有"大佛龙井"的今天，"大佛龙井"品牌的快速成长，反过来证明了我们的思路是正确的。这个思路就是"扶上马送一程"。"大佛龙井"已经上马了，接下去，我们还要再送一程。送到什么时候，送到"大佛龙井"规模壮大，送到"大佛龙井"具有抗风险的竞争力。

吕丙：品牌是市场经济的产物，是从激烈的市场竞争中脱颖而出的。品牌建设必须是企业对品牌的性质、作用、奥妙等有了深刻的认识、有了切身的体会后，自发的、自觉的一种行为。我们必须承认，政府直接介入操作，对提高农产品品牌的知名度是有帮助的，特别是在品牌建设初期。但是，换一个角度看，品牌之所以成为品牌，是因为它经受住了市场的考验。这种考验不是一天两天，而是永久的，不仅仅是国内的，还是国际的。只要品牌存在一天，它就要经受一天市场的严酷考验。从这个意义上说，品牌要生存，只有依靠企业的力量，比如质量、信誉、效益是品牌的核心，任何外部的扶持，都只能是一时的和一厢情愿的。农产品生产涉及千家万户，只有龙头企业作为市场主体的连接，才是最经济和最有效的。政府出面建设农产品品牌，只能是一种朴素的、美好的理想。市场经济并不以人的意志为转移。

举个例子，1994 年，浙江华发出口茶厂创办之初，有人认为，嵊州茶叶资源有限，茶厂应该"计划生育"。但是，10 年过去了，这个差点胎死腹中的婴儿，却成为全国茶叶行业唯一的国家农业龙头企业。2003 年，华发出口茶叶 17600 吨，出口额达 1350 万美元。

5 年前，我们创建"越乡龙井"区域品牌，当时政府花了大量的人力和财力进行扶持，但由于区域品牌存在公用性，业主的主体地位无法突出，业主的积极性难以很好调动。正是考虑到市场经济的规律和特点，我们大胆地把这一区域品牌交给企业去直接运作。

徐良平：加强管理保护品牌
吕丙：谨防"公用地灾难"

徐良平："大佛龙井"作为新昌县茶农的一个公用品牌，经过 15 年的建设，在市场上颇负盛名。现在，我们要抓的是，如何加强管理，保护好"大佛龙井"这一品牌。品牌的基础是质量，而质量的保证是标准。1998 年，我们制订了《大佛龙井茶综合标准》，成为全省最早制订、推行标准化管理的地方之一。随后，又成立了标准化领导小组和实施小组，根据新昌的具体情况，建立了三种模式，进行标准推广和质量管理，即企业产销一体化模式、市场加经营户加基地（农户）模式、品牌合作社加基地加农户模式。

为了监督执行标准，1999 年，我们在浙东名茶市场内设立名茶质量监督站。市场管委会和县质监局联合发布了 10 多个通告，内容涉及名茶质量管理、规范包装等。

时任新昌县委副书记徐良平参加 2009 年底在北京举办的"首届中国农产品区域公用品牌高峰论坛"，发表政府必须力挺区域公用品牌建设的观点。

吕丙：财政学上有一个术语，叫"公用地灾难"，指的是政府提供的公共产品大家都会争着去占有，无人爱惜，最后终将招致财政的灾难。

政府能否维护好一个公用品牌，我的答案是"否"。在市场经济的环境里，任何一个经济活动都有明确的指向，都有利益的驱动。企业的品牌利益是直接的，建设好、维护好品牌，就能得到回报，因此，具有主动、积极的态度。而政府则正好相反，其行为的出发点仅仅是出于一种责任。一个是利益驱动，一个是责任驱动，谁能维持得更久，答案不言自明。

政府要支持产业发展，但要探索方法。"越乡龙井"以前也是公用品牌，为了避免公用地灾难，我们现在交给企业来运作，现在则更进一步，将它和其他企业的产品品牌放在同一层面上，鼓励相互之间竞争。谁符合产业导向，谁的品牌建设得好，谁给广大农民的好处多，政府就支持谁，扶持谁。这就让政府从具体事务中解放出来，由被动走向主动，同时，也规避了政府介入可能导致的市场秩序的混乱。

在新昌采访，我们时常感觉到，茶叶生产快速发展的背后，是政府那只强有力的手；在嵊州，则是市场经济的气氛扑面而来。徐良平、吕丙，两位地方茶叶产业的领军人物，各有各的思路，各有各的方法，他们都坚持着、坚信着，有一天，自己将会摘到那颗耀眼的果实。

潜心的追索和肩负的责任，也让他们感到共同的沉重。

徐良平说，如今，"大佛龙井"已经形成了自己的优势，成了新昌农民增收的主渠道，占了新昌农业产值的30%。在我的手里，如果不把"大佛龙井"这个品牌向前推进一步，我将成为历史的罪人。我必须从统筹城乡经济社会发展的高度，从农民增收、农业增效的角度出发，全力以赴打好每一场战役。

吕丙则说，我的压力很大，前任领导建设起来的公用品牌，我将它和企业产品品牌放在同一层面上竞争，如果不输血，不扶持，很可能断送在我的手里。但是，我相信，这只是暂时的，是一种阵痛，是企业真正走向市场，得到解放、获得新生过程中的一种阵痛。

市长做，还是市场做？有关专家学者认为，茶叶品牌建设模式之争的背后，实质上是政府定位的问题。政府应不应该介入农产品品牌建设，就目前阶段而言，我们的农业企业刚刚起步，资金不足，实力不强，管理能力欠缺，要靠自身完成品牌建设尚不现实。而政府拥有充足的资源，包括人力、物力、财力，完全可以通过建设区域品牌的方式，给企业品牌以支撑，以推动。待企业品牌渐趋成熟之后，再放手任其发展。

（作者蒋文龙，原载《农民日报》2004 年 6 月 18 日）

孰是孰非，孰对孰错？时至今日，历史早已给出了明确的答案

新昌一直以来强化政府推动，每年办节办会，每年抓住社会事件进行品牌传播，每年外出举办各种推介活动，产业发展顺风顺水，品牌价值比肩西湖龙井等传统老字号品牌，蝉联"十佳"；嵊州"越乡龙井"则时热时冷，等到终于认识到区域公用品牌对当地茶产业发展的意义时，才开始由政府发力，只可惜与新昌已经拉开了距离。

只要我们认真观察，就能发现一个显著的现象，凡是产业发展兴旺的，往往拥有强势的区域公用品牌；而停滞不前，乃至日趋萎缩者，则大多没有区域公用品牌的引领和支撑。而其背后，无一例外的，是政府这只强有力的推动之手。

这里，我想借机向徐良平和吕丙两位行政官员致敬。这是一份迟到了20年的致敬。在我心中，他们无疑是在黑暗中摸索前行的英雄。无论结果如何，他们都为农业品牌化提供了异常宝贵的深层思考。

区域公用品牌的理论逻辑如何描述？政府这一行为的原动力和合法性该如何解释？品牌化与其他各项工作之间的关联度表现在哪里？国外有相关理论与实践可供借鉴吗？

稿子是完成了、刊发了，但它总结、揭示的，只是农业品牌的冰山一角。诸多的、数不胜数的问题，接着扑面而来。

当产品需要成为商品，与消费者形成购买关系时，标准化就成为不可或缺的重要一环。标准化不仅是确保产品质量安全的需要，更是确保消费者权益的需要。

在计划经济年代里，消费者对产品的要求首先是填饱肚子，标准化可谓无足轻重，但随着供过于求的时代的到来，生产导向很快变成了市场导向，消费者也变得越来越挑剔。如水涨船高，市场对标准化的要求自然也越来越高。

但一个有目共睹而又千真万确的事实是：我们在产业化、规模化的道路上成绩卓著，但面对标准化却是举步维艰。谈到标准化对农业市场化改革的意义，我们侃侃而谈，专著、论文汗牛充栋；政府有关部门也不惜血本，政策和项目不断推出，国家标准、行业标准、地方标准、企业标准等让人简直眼花缭乱，单说全国农业标准化示范县，从 2006 年到 2014 年，就建有 600 多个，但标准问题仍然困难重重、裹足不前。

千头万绪无法应对，因为涉及千家万户分散的生产主体，加上品类繁多，都是活体生命。但就我看来，深层的根源在于农户缺乏标准化的动力。只有让农户在标准化中尝到甜头，有所收益，让农户将标准化变成一种自觉行为，标准化才有可能走出泥潭。

标准化需要人力物力财力投入。一个农产品要成为商品，进入流通市场，必须经过无数道工序：基地建设、田间管理、采摘分拣、包装设计、仓储物流，每一个环节都有可能影响标准化的实现，其中农户投入的成本不可小看。试问，如果没有政府项目补助，农民的积极性从何而来？答案无疑是"优质优价"。

优质优价必须依靠品牌化驱动。一个产品不可能因为简单地实行了标准化，就能够实现溢价。在优质产品和市场之间，标准只是实现品牌化的基础。如果单方面致力于标准化的推动，而没有强调品牌的作用，实现标准化和品牌化的螺旋互动，那么最后，标准化工作只能走向草草收场的死胡同。

试想，如果连品牌都没有，你所有的、一切的工作，将通过什么载体加以沉淀，加以延续，加以变现？所谓的现代农业，其现代性又体现在何处？但就是这样一个简单浅易的道理，我们在一片混

「标准化」落地难的背后

沌中摸索了几十年，许多人至今没有认识清楚，而仍然一路在惯性中安排着生产和工作。

这绝不是夸大其词。我曾关注过现代农业评价指标体系，发现其中根本就没有品牌化的内容；我也曾关注各地农业发展的政策举措，发现巨额财政资助的项目中，清一色的都致力于建设基地、提高产量、扩大规模，而很难见到品牌与营销方面的支出；在乡村振兴、产业发展的资金盘子里，数字化的验收指标赫然在目，但却见不到品牌化的影子。尽管这一状况每年都有所好转，但只要仔细加以研究，我们将发现真正将品牌营销置于链条中加以突出，进行引领的，仍然只是区区一小部分。

电商需要品牌吗？我们与电商大咖们也曾激烈论战。他们认为，销量代表着一切。没有销量就没有品牌。品牌附着于销售。失去销量的品牌，会在一夜之间倒塌，此时品牌一文不值。但由于"三只松鼠""维吉尼亚""艺福堂"等品牌的崛起和长盛所带来的溢价，人们很快分清了真理和谬误：没有品牌的营销，只是昙花一现；只有品牌资产的累积，才能带给产品以可持续的、更加广阔的市场空间。

农业生产无疑是系统工程。单方面无限扩大品牌化的作用，无疑是不科学的；但离开了品牌化，去简单地抓农业生产中的任何一项工作，无疑是舍本逐末。

为了真正厘清标准化中的困难，寻找解决方案，作者专门邀请了农业部李健军处长前来浙江调研。他当时是农业部社会事业发展中心处长，承担着部里标准化推广工作。

附：强化品牌引领，实行"双化互动"
——农业标准化问题的调查与建议

"农业标准化"是农产品质量安全工作的重要抓手。从 2006 年启动全国农业标准化示范县至今，已经历时 8 年。在各级政府和各类农业生产主体协同努力下，"农业标准化"成效显著，但推进过程中问题也越来越突出。下一步农业标准化工作如何推进，问题的症结何在，如何有针对性地进行巩固、调整、完善，进一步发挥"农业标准化"在农产品质量安全和监管中的作用？我们组建课题组，在浙江、山东、河南、陕西、江西、新疆等地，通过实地考察、个案研究及座谈交流等方式，就如何有效推进农业标准化问题进行了深入调研。

农业标准化起步晚、发展快

和世界上其他一些国家和地区相比，我国农业标准化的特点是起步较晚，但发展较快。

虽然 1962 年就提出了农业标准化问题，但直至 1978 年，我国才在原农林部科技局设立标准处，由其主持全国农业标准化工作。此后 30 年，我国对农业标准化工作一直在摸索，并于 1985 年、1991 年先后两次召开全国农业标准化工作会议，发布了《农业标准化管理办法》，农业标准化体系逐步完善。

世纪之交的 1999 年，农业部和财政部启动"农业行业标准制（修）订专项计划"，农业标准化工作由此进入快速发展阶段。从 2001 年开始，农业部配合无公害食品行动计划的实施，在部分省市探索农业标准化示范区建设。2003 年 12 月，国务院办公厅发文《关于进一步做好农业标准化工作的通知》。2006 年，农业部提出把农业标准化作为农业农村经济工作的一个主攻方向，启动农业标准化示范县创建工作。2007 年，胡锦涛总书记在中央政治局第 41 次集体学习时强调，没有农业标准化，就没有食品安全保障，把农业标准化工作提到了一个新的高度。2011 年全国农业标准化示范县创建工作座谈会在杭州召开，提出了以品牌化带动农业标准化，以农业标准化促进品牌化的发展思路。

截至 2012 年底，农业部累计投入 1.55 亿元，创建国家级农业标准化示范县（场）592 个。同时，创建蔬菜、水果、茶叶农业标准化示范园 1000 个，畜禽养殖标准示范场 3178 个，水产健康养殖场 3110 个，覆盖全国 31 个省、自治区、直辖市，涵盖了农林牧副渔各个产业。

调研发现，目前各地对农业标准化工作普遍十分重视，农业标准化理念在农业生产领域已经深入人心。大家都体会到，农业标准化是传统农业走向现代农业，一家一户小农经营走向规模化、集约化经营的必由之路。

由此，各地围绕着农业标准化进行了一系列创新。如浙江在省级层面推行"四个一"，即一个机制，就是居民家庭经济状况核对工作的领导机制，由政府领导主抓，有关部门协同；一个办法，就是各地根据部、省级文件精神，制定符合本地实际的规范性文件；一个机构，就是有人办事，有钱办事；一个平台，就是信息共享的平台。

农业标准化取得了经济、社会和生态三重效益（略）

农业标准化动力不足，受到品牌化反制约

农业品牌化作为现代农业的核心标志，与标准化等其他诸化之间的关系。

1. 标准制订容易，落实推进困难

调研发现，各地制订国家标准、省级标准、市级标准以及各行业标准大大小小成千上万项，但真正能够落实到应用的为数不多。农业标准化执行落地难主要原因是投入经费有限。目前农业标准化经费来源主要靠中央专项资金，地方财政和企业、合作社等实施主体经费投入。造成这一局面的主要原因是企业、合作社等经营主体和农业标准化实施主体对农业标准化的市场收益信心不足，往往不投入或少投入。农业标准化在地方推行中往往是政策补贴多少，地方使用多少，没有投入，就没有行动。

2. 农业标准化与品牌化脱节，优质优价难以实现

农业标准化在一定程度上增加了管理和生产经营的成本，但若只重视前端的种养殖环节提升产品质量，在后端的市场对接和产品销售中，没有品牌化运行，大多数标准化生产的农产品和未实施标准化的农产品同台竞争，其品质优势无法识别和彰显，导致优质产品难以实现优价，严重影响了生产主体对农业标准化创建的积极性。如浙江衢州的衢江区（原衢县）早在2006年创建了国家级椪柑农业标准化示范县，但由于"衢州椪柑"区域公用品牌创建乏力，不仅价格多年来没有提高，而且常常滞销，最终导致农业标准化难以持续，产业发展出现萎缩。

与此相反，江西赣州等地，一方面依托农业标准化生产品质好果，另一方面积极实施品牌化战略。全市共同培育"赣南脐橙"区域公用品牌，不仅价格在同类产品中独占鳌头，而且从未积压滞销，产业规模持续扩大，至今已经达到173.93万亩。

3. 缺乏政策配套，品牌化推进举步维艰

近年来，从中央到地方，各级政府对农业品牌化高度重视。但由于长期以来农业部门重生产轻营销，重产量轻品质，对农产品品牌建设的认知多停留在商标注册、"三品一标"等层面，对品牌构建、市场定位、符号创意等专业技能认知模糊或错位，难以出台配套政策予以推动，导致农业品牌化举步维艰。

同时，因为农业生产主体规模小、素质低、实力差，客观上存在着品牌化难度；而且与工业或服务业相比，农产品品牌的创建有其特殊规律，品牌化难度进一步凸显。

品牌化建设的滞后，形成了对农业标准化工作的反制约。

"双化同步"是解决农业标准化困境的重中之重

2007年，胡锦涛总书记在中央政治局集体学习时提出，要用农业标准化保障食品质量安全；2013年，习近平总书记在中央农村工作会议上强调要大力培育食品品牌，用品牌保证人们对产品质量的信心。这一认识上的进步，实质上表明了中央对农业标准化和品牌化之间辩证关系的深刻把握，指出了

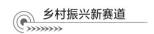

新时期农业标准化工作的方向和目标。

调研表明，在农业标准化和品牌化两者之间，存在着互为依托、互促共进的辩证关系。首先，农业标准化是品牌化的基石，离开了农业标准化，品牌化犹如空中楼阁；而品牌化则是农业标准化的目的，离开了品牌化，农业标准化就失去了动力。农业标准化为品牌化奠定基础；品牌化为农业标准化创造溢价。缺失了任何一方的单方面推进，都将遭遇挫折，造成重大损失。

各地的实践充分证实了这一规律：凡是产业发展健康，在市场上抗风险能力较强，农民增收、农业增效比较明显的，往往是农业标准化与品牌化同步推进、相得益彰的地区。就目前农业标准化和品牌化两者而言，品牌化是明显短板。只有通过品牌化，实现产品的"优质优价"，才能化解农业标准化带来的成本压力，进一步激发农业标准化工作的积极性。

为此我们提出如下几个方面的建议：

1.转变认知观念，在农业标准化工作中加强与品牌化的互动

正确理解农业标准化和品牌化的辩证关系，树立"双化统一、双化同步"的观念。农业标准化是品牌化的基础，品牌化是农业标准化效益实现的手段。农业标准化与品牌化需同步推进，缺一不可。只有农业标准化没有品牌化，难以确保优质产品卖优价，无经济效益，农业标准化工作没有动力；没有农业标准化的品牌化，没有优质产品做保障，则是无源之水，无本之木。坚持农业标准化与品牌化的有机统一与相互融合，既能实现农业标准化的持续深入，也会确保品牌化的长久发展。

2.以品牌化为核心，调整"项目申报指南"，进一步推进农业标准化工作

农业标准化的困境来自品牌化的缺失。目前，我国已有国家级农业标准化示范县（场）592个，已占全国县域区划的五分之一。建议在现有示范县中选择农业标准化基础比较扎实、产业发展优势明显、但品牌化程度迫切需要提高的地方，以"双化同步"为要求，以增加品牌化战略规划设计为具体内容，调整项目申报指南条件，为进一步推动农业标准化创造有利条件。

3.以区域公用品牌为重点，寻求"双化同步"发展，进一步扩大农业标准化辐射面

区域公用品牌是政府推动地方农产业的抓手，是地方农产业的金名片，是实现产品优质优价的强大背书，更是实现农业标准化可持续推进的有力武器。与企业品牌相比较，区域公用品牌具有公共性和公益性特点，因此，其辐射面较广，对农民增收、农业增效具有较强的带动力。建议在弥补品牌化这一短板时，以区域公用品牌为重点，进一步扩大农业标准化工作辐射面。

4.搭建"双化"智库平台

为推动"双化"工作，为区域农产品品牌化提供专业的智慧支持与服务，建议由农业标准化实施单位遴选组织一批对农业品牌，尤其是农产品区域公用品牌有专业研究、经验丰富的高校研究机构、专业服务机构和专家学者，搭建农业标准化、品牌化"双化同步"的智库平台，为农业标准化示范县的农产品品牌建设提供人才培训、战略规划设计、营销策划等专业服务与支持。

（作者蒋文龙、李健军等，2014年6月）

附：安吉白茶：品牌化与标准化的螺旋互动

众所周知，标准化是品牌化的基础，但对于两者之间的关系，人们的认知大多仅限于此。标准化和品牌化，两者究竟是什么样的关系，是齐头并进的，还是一前一后，或者是相互交替，螺旋推进？两者之间是否具有关联互动，这种互动的内生动力在哪里，又是怎样互动的，结果怎样？带着种种问题，记者前往浙江安吉，以安吉白茶产业作为对象，进行了实证调查。

标准化和品牌化互动，推进安吉白茶产业发展

安吉白茶的发展可以分为三个10年。第一个10年，是引种繁育的10年。

从 1982 年安吉科技人员在海拔 800 多米的高山上发现白茶开始，前后用了 10 年时间进行引种繁育。"安吉白茶"成为全国第一个茶叶类原产地证明商标。到 1993 年，安吉白茶的推广面积只有 30 来亩。

第二个 10 年，是进行标准化探索的 10 年。从基地建设、茶园管理到加工工艺，安吉白茶的标准从无到有，逐步完善。2005 年，《原产地域产品——安吉白茶浙江省强制性地方标准》最后通过专家审定。这一时期，茶园面积达到了 5 万亩。

第三个 10 年，是品牌化建设的 10 年。随着产业规模的扩大，安吉开始尝试举办各类活动，为安吉白茶拓展市场创造条件。这期间，安吉白茶获得中国名牌农产品、中国驰名商标等殊荣，业界影响一时无人能出其右。

尽管「安吉白茶」年少成名，但随着「白叶一号」品种的不断外引，市场竞争日趋激烈。2021 年，安吉县政府找到芒种品牌机构，为其提供品牌规划服务，解决安吉白茶的品牌定位问题。

目前，安吉白茶产业健康发展，面积已经达 17 万亩、产值 20 多亿元，成为当地农业增效、农民增收效果最为突出的产业。

县茶办专职副主任方旭东表示，在时间段的划分上，可能并不十分科学，因为标准化和品牌化在时间界限上不可能那么清晰。标准化的 10 年，并非与品牌化相互隔绝；同样，品牌化的这 10 年，标准化仍然在完善。"两化"之间的互动是十分明显的。正是这种"两化"的相互支撑和螺旋推进，成就了安吉白茶整个产业的健康发展。

标准化的主体是茶农，品牌化的主体是茶企

没有标准化就没有品牌化，但不能认为有了标准化就等于有了品牌化。那么，这两者之间的关系如何理解？

千道湾白茶有限公司执行董事严铁尔认为，公司自有基地3000亩，但所需远远超过这个数字，达到万亩左右。怎么弥补这个空缺？只能通过订单的方式。但茶农是千家万户的小农经营，如果没有统一的标准，势必五花八门。

因此，以高价与农民签订合同，实行订单生产，同时，向农民提出要求，让农民按照公司制订的统一标准进行生产，是唯一的解决方案。好处显而易见，公司解决了基地不足的问题，用不着耗费大量的人力、物力、精力去从事种植业，而是可以腾出时间，利用自己的长项打品牌，搞营销，闯市场。

"从加工到市场，不是茶农应该做的，而是企业要做的。"严铁尔认为，人们的生活水平提高之后，茶的功能也随之发生改变，饮茶成为一种文化、精神的享受，必须采取新的思路、新的方法进行营销。而这，是普通茶农所不能胜任的。"因此，茶农负责标准化生产，企业负责品牌化营销。"严铁尔说。

但严铁尔也感慨，企业的市场带动作用并不充分，原因在于产业分工分业不够到位。目前，安吉白茶自产自销占70%，茶农不需外出营销，也无须品牌支撑，只要在家门口就能完成青叶交易。这就严重影响了整个标准化和品牌化进程。

"茶农只有在市场行情不好时，对企业的依赖才会更强。否则，尽管企业收购价高出市场价，但农民情愿粗放经营，直接入市。"面对这种无奈，企业只有把事情做得更细致，更到位。

据记者了解，这种茶农与企业分工完成"两化"的做法，在安吉白茶中十分普遍。"宋茗"作为利用上海"世博会"一举成名的企业，详尽地解释了之间的连接机制。

该公司以订单方式组织生产，收购价格高出市场5%~10%，因此，农民愿意按照统一标准进行生产。而公司因为茶农所提供的高质量的青叶，加工出了高品质的茶叶，以"宋茗"的品牌实现市场销售后，附加值得以提高，消

日本水稻生产不片面追求单产，而是致力于质量和效益的提高。
从选种开始，育秧、移植、生长管理、加工、储藏等每个环节都有严苛的标准。
图为日本新泻县农协和久保田技术人员陪同考察越光大米的标准化种植后，
与"芒种"考察团队在田间合影留念。

费者的口碑得以建立。

反过来，公司进一步具有了实力和信心，向茶农提出更高标准的要求，走出良性的循环发展之路。

由此证明，假如没有企业形成的品牌，产品的附加值就不可能实现，茶农的标准化就无法顺利推进。因为茶农本身缺乏品牌化的能力。

标准化对品牌化的影响也是关键性的。"没有标准化，品牌做得再响也无济于事，砸再多的钱也挽救不了覆灭的命运。"安吉人已经深刻认识到这一点。农产品毕竟不同于工业品，尤其是名优茶的标准化，因为涉及生产、管理、加工等各道环节，每道环节又有许多细致的要求，而每道环节的每个要求，都足以影响质量，因此标准化殊为不易。

构建"母子品牌"，让生产主体"借船出海"

农产品品牌应该由市场做还是市长做？此前一段时间，对这一问题有所争论，但到目前，大家已经基本形成共识：

除了深加工产品外，种植业和养殖业的初级产品，也就是由家庭农场、专业大户、专业合作社、初加工企业等生产的农产品，适宜于创建区域公用品牌，这一独特的品牌实现形式，以证明商标为基础，以政府部门为依托，以协会为主体。

那么，如何避免造成公用地灾难？安吉创建了"母子品牌"的构架。也就是，"安吉白茶"这一母品牌由政府支持协会打造，生产主体则注册普通商标，打造"子品牌"，从法律层面上完成责任主体的认定。

形成这一路径的背景因素是，种植养殖主体普遍比较弱小，既没有资金，也没有经验，更缺乏资源创建独自面向市场的品牌。而政府或协会则可以聚全县之力，打造供大家共同使用的公共品牌，让生产主体能够"借船出海"。

日本葡萄种植的标准化令人叹为观止。在产量控制、肥水管理、果枝与果穗修剪等方面都有严格规定，所产葡萄每串卖到 600 元人民币。图为作者前往日本考察农业标准化生产时，与当地葡萄协会会长在日本巨峰葡萄母树下合影。

　　老板许阿富原来是搞餐饮的，进入白茶产业之后，以工商业经营的理念，注册了"宋茗白茶"。但市场销售教训了他。消费者并不认识这一品牌，只知道有"福鼎白茶""安吉白茶"，不知"宋茗白茶"来自何处，因此，费了九牛二虎之力也无济于事。无奈之下，改弦更张，以"宋茗牌安吉白茶"进入市场，加上时尚的品牌设计、"世博会指定用茶"等事件策划，结果企业品牌一炮打响。

　　总结经验教训，许阿富深有感触："农产品品牌建设与工商业截然不同，只有借助区域品牌，在区域品牌基础上创建企业品牌，才是完胜之道。"许阿富表示，哪怕企业品牌今后做得再响，也不会脱离"母品牌"去独自闯市场。

（作者蒋文龙，原载《农民日报》2014 年 8 月 16 日）

农
业
品
牌
化
与
农
业
品
牌
、
品
牌
农
业

有关这方面的概念比较多，也显得相对混乱。有必要做一个界定和梳理。

作者以为，农业品牌化指的是品牌带给农业发展的影响，这是一个渐变的过程；而农业品牌是给具体的农业产品所进行的形象设计，是一种结果的静态呈现；而品牌农业的描述对象针对的是农业产业，只不过，这种农业不是普通的农业，而是具有品牌的、以市场需求指导引导而来的农业。

农业品牌化更多的是一种思维方式、工作方法，指的是从消费端出发，来指导、安排农业生产的一种思维方式。它是对传统意义上先生产后营销，只知道我有什么，而不知道市场要什么的反叛。

在种什么和怎么种的问题上，长期以来，我们都是自己能种什么就种什么，按照传统习惯来；或者别人种什么跟着种什么、什么好卖种什么、政府让种什么就种什么。

而农业品牌化思维的考量是，我种什么、怎么种才能体现自身个性特色，才能形成差别，才能为市场和消费者所接受、所欢迎。只有从消费者出发，从市场需求出发，才能有效地避免生产的盲目性。

那么品牌农业又有哪些具体内涵呢？

一是从产品特征上看，具有差异化的个性特征

物质匮乏时代，人们只要填饱肚子，无所谓品质，更无所谓文化；供给过剩时代，消费者可以随心所欲挑选，不仅要吃得饱，还要吃得好、吃得有文化、吃得有品位。一个显而易见的现象是，消费者已经不再满足于"大路货"，转而开始追求"小而美"。而那些具有独特品种、独特加工工艺、独特生产环境下生产出来的农产品，如今已经"奇货可居"。

林清玄说，喝茶有三种境界：第一种为物欲的，第二种为文化的、文明的，第三种为灵性的、宗教的、精神的。

也许，茶还是那杯茶，茶的分量也没有改变，但因了器皿、因

了包装、因了仪式、因了文化，它被赋予了全然不同的价值，身价百倍。今天，许多人选择茶叶的标准，不再仅仅是价格，而是能够给人不同的价值满足，与他的学识、身份、地位相匹配。

这引领我们进一步去思考品牌农业的第一个特征：

品牌农业与产业规模并不成正比，与物质资源占有的多少也不呈正相关；品牌农业的核心要素是差异化的个性特征；只有拥有与众不同的禀赋，才能拥有消费市场的"通行证"。

品牌经济的形成，也并不完全决定于物质资源的多少，而是取决于是否形成了与消费者稳定的关系，拥有消费者才能真正拥有未来。

品牌经济的形成，更不取决于单纯的价格优势，而是取决于是否创造了品牌的价值与价值感，达到充分溢价。

二是从消费行为上看，具有重复购买的表现

对品牌农业的理解，尽管不同行业的人有不同的视角。比如，农业系统的干部常常认为，品牌农业的关键在于品质，而品质决定于品种和管理，因此他们往往将品种和管理看作一切；技术部门的同志则常常只见树木、不见森林，过分强调技术的作用，认为只有技术作用下的品牌才能获得消费者青睐；而广告设计部门总是偏重文案创作与视觉设计，认为没有了文创化的形象包装，再好的产品也卖不起价格。但透过现象看本质，我们发现有一点是大家公认的：

如果今天中意于你，而明天就移情别恋，缺乏对该产品的忠诚，那就不能称之为品牌。

那么，消费者根据什么判定所需要购买的是你而不是别人家的产品？或者反过来说，我们应该如何培养，才能让产品具有让消费者不断购买的魅力？

答案再明确不过：除了价格、外形、口感等指标外，品牌必须具有与众不同的个性价值。这就回到了我们前述第一个内涵：消费者不可能选择毫无个性特征的产品。你必须给消费者一个选择的理由！

消费者既聪明又盲目。所谓的聪明，自然指的是不会随便上当受骗；所谓的盲目，指的是只要他信任你，就会为你买单。这时候，无论你产业链如

何延伸，价格如何确定，消费者都会跟着你走。这就是品牌的特征，品牌的内涵表现。

而非品牌产品，消费者在进行选择时，通常会纠结于产品的价格、外形，因此，他们的购买往往是随机的，可能随时转移目标对象的。这就是"客户"和"用户"的关系，"一夜情"和"明媒正娶"的关系。

三是从形象设计看，必须具有价值观主导

品牌应当是有灵魂、有思想的，否则就是行尸走肉，对社会来讲毫无价值。那么，品牌的灵魂和思想来自哪里？当然是创意设计者的赋予。

当今时代，传统与现代并行，保守与开放共存，如何与时代发展的步伐保持同频共振，是所有创意人面临的"大考"。我们很难想象，一个随波逐流、失去主见的人，能够给予品牌以真正的价值。尽管我们不应该给品牌赋予过多的责任，但历史表明，所有伟大的品牌，无不引领着社会的发展，最后成为一个时代的标志、一种消费现象的象征。他们所倡导的价值观，会成为大众共同坚守的信条。

品牌化是以创意激活生产力的过程，因此每次都将烧死不少脑细胞。
图为芒种创意团队在进行头脑风暴。

前些年大火的"褚橙柳桃潘苹果"充分证明了这一论断：

在果品竞争血流成河的时代里，为何这几个品牌独树一帜？有人认为是名人效应。但假如再加追问，世上名人千千万，为何这三个人获得成功？我以为，背后，是他们所奉行的价值观在起作用。当一个代言人身上所散发出来的价值气息，被赋予产品品牌，最后得到消费者认同、与消费者产生了共鸣之时，就建立起牢固的消费关系。

那些靠"口头禅"走红的品牌创意，当你再加审视，会发现它其实内里空空如也，缺乏价值的支撑。这种创意可能迷惑人一时，但最终将被抛弃。

附：电商品牌化存在两大短板
——在"首届中国农产品电子商务峰会"上的演讲

当前，一个不争的事实是，农产品电子商务发展已经进入品牌化新阶段。以前有人认为电商无须品牌，只要能够卖货；品牌在销售中创建，只要有销售就有品牌。这些观点如今已经烟消云散。人们开始关注农产品电商如何品牌化。

农产品电商有两个实施主体，一个是政府，一个是企业。针对这两大主体，我认为在品牌化进程中，目前存在两大短板，需要协同推进，加以补齐。

第一大短板：针对政府推进县域电商发展，我们有必要提出"电商化和品牌化"协同互动的问题。为什么？

当前，许多地方政府十分重视电商基础设施和服务体系建设，花费大量的人力、物力、财力，但对品牌化的重要性，有待进一步加深认识。在电商化和品牌化两者之间，电商无疑是工具和方法，缺少了品牌化的引领，我们的电商化势必将失去方向，也将失去动力。这就如同修建了等级很高的高速公路，但行驶的汽车却缺乏匹配的动力，时速还达不到每小时80公里。

那么，县域电商如何品牌化，我认为，当务之急是创建区域公用品牌。这不仅是县域电商发展的迫切需要，也是诸多生产主体共同的期盼。中国农业的基本特点是家庭承包经营。目前，无论是农业龙头企业还是专业合作社、家庭农场，我们的生产主体大多十分弱小，要他们依靠自身实力创建品牌走向市场，尤其是在竞争白热化的电商平台上杀出重围，无异于缘木求鱼。因此，我们只有提供区域品牌的公益背书，才能助其一臂之力。

区域公用品牌如何运营，我们已经积累了较为丰富的经验。这就是区域公用品牌和企业产品品牌结合的双商标制度。前者由政府做后台，由专业协会出面创建，通过对历史文化以及产业共性特色的挖掘、包装、传播，为后者进行背书，降低企业进入市场的成本；后者解决的是产品生产者的法律责任问题。当然，通过后者的广泛使用和传播，也为前者进一步创造知名度。前者彰显的是共性，后者凸显的是个性。前者是共有的，后者是私有的。

在长期研究和实践中，浙大"卡特"中国农业品牌研究中心至今已创建了50余个区域公用品牌，总结出几种模式。

1. 当一个地方的某个主导产业在全国享有较大的规模和影响力时，就在政府主导下，创建单一产业的区域公用品牌，通过这一"爆款"，带动其他产业共同发展，如烟台苹果、中宁枸杞、西湖龙井等。

2. 如果缺乏"爆款式"主导产业，而是多个产业齐头并进，那么应该用整合的办法，在共性中挖掘个性，打造综合性品牌，如丽水山耕、毕节珍好等，就是我们为地方政府量身定制的综合性区域公用品牌。

3. 而全域品牌，是在三产融合背景下，将生产、加工、旅游进行深度整合，是未来品牌创建方向所在。

区域品牌对电商的带动，已经有鲜明的案例。2015年，我曾就此对遂昌和临安进行调研，发现就电商化而言，至少2015年以前，遂昌的知名度更高，但实际的销售数据却与临安相差悬殊，其中原因固然繁复，但有一点毋庸置疑：一个具有强大的"临安山核桃"品牌，人们只要一看到临安，立马就联想到山核桃，而通过山核桃的热销，又进一步带动当地其他农产品品类的销售；而遂昌则没有自己的品牌，消费者不仅无从联想、达成购买，更不可能形成品牌记忆。这一对比说明，电商化发展再热闹，假如没有品牌化引领和支撑，有可能成为巨大的泡沫。

本次农业品牌研究中心与阿里研究院所进行的区域品牌网络声誉评估也证实了这点：网络声誉与产业发展呈正相关关系。凡是品牌影响显著的，其电商销售、网络声誉表现都比较良性。因此我建议，在推进电商化进程中，

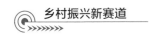

各地一定要将品牌化放在突出位置，进行协同推进。

第二大短板，是针对企业电商而言，我认为应该实现电商品牌化和组织化的协同推进。

前几天我看了微信转发的一篇报道，说的是"清承堂"的发展。"清承堂"是一家茶叶电商，尽管成立时间不长，但有几个品类（淘宝龙井茶和绿茶）已经做到第一。报道说，"清承堂"采购团队秉持对消费者高度负责的态度，每天早晨4点到6点，在新昌"中国茶城"，挨家挨户收购2000斤茶叶。但我们试想，面对如此分散的、千家万户的生产经营主体，"清承堂"如何严格把关？靠肉眼、靠经验吗？不仅每个茶农的茶叶品种、采摘时间、采摘标准有所不同，质量相差很大，标准难以统一，更重要的是，你根本无法判断茶叶的安全问题。无论你如何加强监测、抽检，只能是挂一漏万，因此，你长年如履薄冰，战战兢兢，随时有遭遇身败名裂的危险。

2016年"3·15"曝光的"三只松鼠"就是一个鲜活的案例。它的问题产品很清楚，出在代加工上。但事后"三只松鼠"企业的声明是，将投入数千万元，建立检测体系，建立线下体验馆，确保产品的质量安全。我不是否定其做法，但我可以肯定，仅凭检测和体验，"三只松鼠"是无法真正解决问题的。因为它没有控制源头，没有控制生产端。

好，现在让我们来回顾下品牌的三个要素。一是品牌的个性和形象，二是品牌的服务和体验，三是品牌的根基，也就是产品。

我们会发现，我们的电商，对品牌个性和形象十分关注，对服务和体验同样十分努力，比起传统农业企业，可谓十分超前，而对产品的质量安全，尽管高度重视，却大多十分陌生，找不到解决办法。

本人认为，农产品电商发展至今，已经不是小打小闹的阶段了，有必要，也有责任，通过组织化方面的突破，真正把控供应链前端，解决电商品牌化进程中质量安全以及标准化等一系列深层次问题，为品牌夯实基础。这是从根本上解决问题，以杜绝后患的办法。

那么，有的电商可能会说，最可靠的办法是自己种植。我们的研究结论是，这将让企业陷入进退两难的"重模式"。这方面，已经有许多失败的案例。

也有的电商会说，产品的标准化和质量安全问题应该由前端负责，我们电商只负责品牌营销，这是社会化分工合作的需要。研究告诉我们，面对中国农业的现状，这并不现实。

最为理想的是，通过公司加合作社加农户的方式，将三方利益连接在一起，风险共担，利益共享。电商企业负责品牌营销，并下达生产要求和标准，通过参股或者控股合作社建立基地，由合作社组织农户按要求进行生产，并获得一定的市场收益。

这种组织化模式并非创新，但对电商品牌化实用有效。一是避免了投入过大、模式过重的问题；二是扬长避短，充分发挥了各方的优势；三是从根本上解决了标准化和质量安全中存在的隐患。当然，因为产业特性不同、生产力发展水平不同等，这种模式也需要根据具体情况进行落地。

回顾一下，在如火如荼的电商化进程中，我认为，针对县域电商发展，应该及时创建区域公用品牌，实现电商化和品牌化的协同推进；针对企业电商的发展，应该及时在组织化上实现突破，为品牌化保驾护航。最后，在电商化、品牌化、组织化三个方面实现"三化互动"。这也是浙大"卡特"分别成立农业品牌研究中心、农村电商研究中心、合作社研究中心的出发点所在、初衷所在。

（本文为作者2016年4月12日在云南弥勒举办的
"首届中国农产品电子商务峰会"上的演讲）

从1.0到3.0：农业品牌价值认识的三个阶段

世纪初至今，从历史发展的脉络梳理，我认为，对有关农业品牌化意义和价值的认识，经历了三个阶段、三个层次。

首先是最初的十年。 从上世纪末开始到本世纪初，由于农业市场化改革步伐的加快，大家开始站在消费的角度，重视品牌化工作，认为品牌化不仅可以解决农产品销售难题，而且可以实现溢价，给农户带来增收。从中央政府到地方，大家正是抱着这种朴素的想法，出台政策，推进实践，取得了一定的进展。可以说，这一阶段，对农业品牌化价值和意义的认识，是比较平面、初级的，是从产品销售目的出发的。套用一个不甚准确的说法，犹如"产品价值"。

尽管农业品牌化的概念已经提出，但是，大家对于这一新理念可谓"不得其门而入"。品牌与营销相结合，属于人文学科领域专业，对于长期以来抓生产的农口干部而言，"雾里看花"自是情理之中的事。因此，这一阶段，我们发现，无论是哪一层级领导的讲话，只要涉及农业品牌化，大都只是滔滔不绝论述其重要意义，而对于如何打造品牌，则无一例外，都是语焉不详、避重就轻。

企业品牌是这一阶段当之无愧的重点。除了极个别实力较强、市场化程度较高的企业外，大多数农业企业刚刚起步，连生存都十分吃力，遑论花钱打造品牌。因此这是一个最典型的、雷声大雨点小的时代，是一个"茫然无措"的时代。

本世纪初开始，单品类区域公用品牌走入我们的视野。

我们研究发现，对中国农业而言，要走农业品牌化之路，必须依靠政府，先打造区域公用品牌，然后以"母子品牌"的形式，带动企业品牌走向市场。这是中国农业的基本经营体制所决定的，也是农产品所具有的地理标志本质特征所决定的。

在这一阶段，我们发现，农业品牌化所要解决的，不仅是产品层面的问题，更多的是产业层面的深层次问题，诸如标准化、规模化、组织化、电商化、数字化等。这些工作以前都在大力推进，但基本是就事论事、相互割裂，因此效果并不明显。这就迫使我们去思考背后的深层次原因以及解决路径。

当我们站在产业发展的高度，去系统地思考问题时，其实我们很快就发现，根源在于没有将品牌化作为一系列工作的核心。因此这一阶段，"产业价值"很快代替了"产品价值"。反映在营销上，则是地方政府充满热情地到处吆喝，推介自己的产业，一大批以产业为核心的农事节庆应运而生。

2014年丽水山耕的问世，意味着中国农业品牌化进入到第三阶段。这一阶段最为明显的特征，是多品类品牌的出现。

如果说，在以单品类品牌为主的第二阶段，政府能够迅速总结出办法进行品牌传播，如举办农事节庆。尽管品牌资产的积累尚有欠缺，但毫无疑问，对品牌知名度和影响力的提升所带来的作用是不可抹杀的。但进入到第三阶段，面对多品类品牌，政府再一次明显感到束手无策。然而也正是因此，政府大胆引进了专业机构，共同探索。品牌定位、市场区隔、媒介投放、渠道建设、品牌运营等，成为大家必须面对的问题。

丽水农业品牌化的成功实践，让我们对区域公用品牌的作用和意义的认识，也再一次提到了新的高度：

我们发现，除经济价值外，品牌的"社会价值"得到前所未有的重视。

中国70%领土都是山区，生态环境优美、产品质量上乘，要让产品走出穷乡僻壤，走向消费市场，实现从绿水青山到金山银山的价值变现，品牌作为路径和方法，十分值得关注研究。

谈到"两山"转化，现在有两种值得注意的现象。一是认为绿水青山就是金山银山，只要加以保护，"两山"就能自动转化，因此滋生出坐等靠要思想；二是有关转化的研究，大多集中于生态产品价值评估、交易方法、补偿机制、产权界定等，品牌反而无人关注。

作者以为，制度研究固然重要、不可或缺，是一种基础性工作，事关长远，但系统复杂、创新性强，恐非一时一地的探索所能奏效。而品牌化更偏重通过人的主观能动作用，实现资源变资本的梦想。相比较而言，品牌化可能更实际，更具市场操作性。

2018 年 9 月 18 日，作者在《农民日报》头版头条显著位置，
以《品牌化打通"两山"》为题，
就品牌化在"两山"转化过程中的地位、作用等，首次进行了解剖。
对区域公用品牌价值的认识，由此上升到了一个新的高度。

正是基于这一认识，在习近平总书记长江经济带座谈会点赞丽水之后，作者以"丽水山耕"为对象，采写刊发了《品牌化打通"两山"——丽水生态产品价值实现机制探秘》这一报道，首次提出了品牌化在"两山"转化中的重要意义和作用：品牌化不仅是现代农业发展的助推器，而且是"两山"之间实现价值转化的超级引擎。近年来，丽水生态环境更美、百姓生活更富、经济发展更快，毫无疑问，"丽水山耕"品牌功不可没。

在"两山"转化中，区域公用品牌通过定位、设计、传播等创意手段，进行文化赋能、价值再造，最终将生态产品价值实现变现、增值。这种方法不是被动转换，而是主动人为干预，能充分体现人的主观能动性；不是竭泽而渔式的掠夺，而是一种保护式开发；是通过产品资源力与文化力的相结合，产生附加价值的一种"转换"方法。

图为作者在衢州 2020 "两山"价值转化与区域公用品牌建设研讨会上就 3.0 版区域公用品牌地位及其作用进行阐述。

　　生产生活现实中，各种资源处于高度分散状态。无论是生态产品资源还是行政资源，都是各自为政，互不相干；物质的产品和精神文化之间，也是两张皮，相互并无交集；农户的田间生产和消费市场之间，更是横亘着巨大的、难以跨越的鸿沟。而我们的区域公用品牌恰恰是有效的资源聚合平台。大家围绕区域公用品牌这一抓手，打破之间的藩篱，通过统一品牌、统一标准、统一传播、统一管理等，共同发力，可以迅速获得市场知名度和影响力。尤其是"母子"之间通过相互赋能，在市场上结成较为紧密的联合体，一荣俱荣、一损俱损。

　　概括区域公用品牌在"两山"转化中的特点，作者以为表现在：市场化、可持续、全覆盖、强辐射。它不仅可以将政府的行政行为和企业主体的市场行为进行很好的结合，充分激发、挖掘其市场内涵，而且其收益具有不间断的、可持续的预期；不仅能覆盖全区域、全品类、全产业链，而且对生产、供销、信用等各个环节均产生赋能。

　　那么，区域公用品牌是如何产生辐射作用的？

　　我觉得，所有品牌无不通过品牌形象的构建、品牌传播体系的设计、品牌渠道体系的完善这"三驾马车"，来完成自身的蝶变。区域公用品牌也不例外。

这中间，将农产品和地域文化相结合，创造个性特色鲜明的品牌形象，是实现品牌溢价的核心。

中国地大物博，不同的区域，生态资源也各有不同，江南的绿水青山就是金山银山，西北的戈壁沙漠也是金山银山，东北的冰天雪地也是金山银山，不同区域的生态资源一旦与地域文化相融合，势必将产生不同凡响的品牌创意策划。创意就是为消费者造梦，让消费者产生消费冲动，这既是互联网时代情感消费的基础，也是我们实现"两山"转化的一种要素支撑。

实现"两山"转化，需要政策、资金、技术、人才等要素的投入。没有相应的投入，山还是那座山，水也将还是那片水，是无法产生变化的。而品牌的介入，我认为，就是一种新的生产要素的投入。

好的创意策划还要借助多种形式的传播和营销，在消费市场中产生认知，形成购买。因此，在"两山"转化过程中，我们还必须重视品牌的传播和营销。

"丽水山耕"六年来实现品牌销售额累计达到 199 亿元，平均溢价30%。2020 年 9 月 18 日，我前往百度搜索"丽水山耕"，共找到相关结果约475,000 个。这就是品牌形象创意和品牌传播、品牌营销共同作用的结果。这样的奇迹，令人赞叹。

今天，从农产品到美丽乡村，再到农业特色小镇、农业园区等。在区域公用品牌创建运营的道路上，我们在不断发现问题，不断解决问题，不断拓展自己的认识边界。通过日趋完善的品牌生态结构，进一步探索"两山"转化的超级密码。

附：区域公用品牌，"两山"转化的重要引擎
——毕美家理事长的报告

前不久，习近平总书记对供销合作社工作作出重要指示，强调要牢记为农服务根本宗旨，持续深化综合改革，努力为推进乡村振兴贡献力量。我觉得结合总书记这一最新的指示，来探讨"两山"转化与品牌化之间的关系，可以让这一命题的价值和意义得到进一步的谱写。众所周知，中国农业的基本经营制度是千家万户分散经营的家庭联产承包责任制度，大国小农是我们国家的基本国情，我们要厘清"两山"转化与品牌化之间的关系，很显然离

不开中国农业的这一基本制度。家庭承包经营，是党改农村政策的基石，这是一个地基的石头，是不能轻易移动的，也就在遵循这一制度的前提下，我们才有可能提出具有针对性的服务手段和服务模式。因此党的十九大报告中明确要求，要解决小农户与现代农业发展相衔接的课题，我想与我们今天的主题，应该说是紧密联系、息息相关的。

其实，来之前，我也一直在思考，站在今天这样一个节点，从未来发展的更高层次来看，如何来定义区域公用品牌在"两山"转化过程中的地位、作用和价值。我认为，用"重要依托""重要抓手"或者说"重要引擎"来形容，可能是比较妥帖的。品牌是综合竞争力的体现，是物质和精神两方面的集大成者，在打通"两山"转化渠道过程中，品牌所发挥的功能，不仅仅是一个名字、一句口号、一套符号这么简单，也不仅仅是营销工具、传播策略，它更像是一种具有综合动力的引擎，聚集了各种资源和各方力量，进而引领着经济社会的转变。

接下来，我将从四个方面，来具体阐述我的观点。

图为农业部原党组成员、中国农村合作经济管理学会理事长毕美家在论坛上做主旨报告。

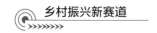

首先，探索生态产品价值实现机制已经迫在眉睫。

我认为"两山"理念，首先是一种辩证法，一定要尊重自然和技术资源，保护自然，要秉承人与自然和谐共处的价值。人定胜天，对于我个人来说，它是一个悖论。人本身也是属于天的一种有机物质，必须要顺应自然。二是在无法做到鱼与熊掌同时兼得的情况下，要有所取舍，要坚持生态立县。

最近几年，我们有些地方把"两山"理念当成一个"坐、等、靠、要"的借口，认为把生态环境保护好，把绿水青山圈养起来就万事大吉、大功告成了，金山银山就形成了。但是事实上金山银山不会从天而降，在市场经济条件下，"两山"转化只有依靠品牌产品才能实现。道理很简单，好山好水出好产品，这个产品可能是旅游产品也可能是好的农产品。但是好的产品不一定是个品牌产品，因为大众还没有认可你。品牌就是通过人们口口相传，在品味、品评、品鉴过程中共同树立起来的一种财富，人人都说好，它才叫作品牌，它发于感官、存于内心，因此好的产品还要靠智慧创新、靠产业、靠政策、靠技术、靠资金等多要素的支持，通过市场的历练，得到大众的认可后，才能发展为品牌。

今年，习近平总书记在安吉考察时再次强调，在保护好生态的前提下，把生态效益更好地转化为经济效益、社会效益。这为我们探索和建立生态产品价值实现机制提供了重要的遵循。我认为，建立生态产品价值实现机制，就是要让生态环境成为现代经济生产的核心要素，让生态产品成为老百姓美好生活品质的重要构成。由此，就产生了生态产品，从生产、分配，到交换、消费等全过程。

我们现在讲"两个循环"，如果能形成品牌产品的循环，我觉得这是我们需要积极追求的。这几年随着生态产品价值实现机制试点的覆盖，很多地方想方设法在开展探索，但大多数就集中在建立评估体系和生态产品交易体系，健全生态补偿机制以及民企生态产品产权工作。这些固然是不可少的，意义也是很重大的，是战略性、技术性的制度突破，但是我们也不能由此忽视基于产业本身的创新性价值转换，这就是品牌化的思路和方法。品牌的本质，是连接消费者与产品之间的桥梁，这其实也是一种人工干预，通过与自然因素、人为因素的结合，通过创意、探索等方式对生产产品产生作用，进而开始对消费市场产生影响，来实现价值的转化，可以说，从品牌视角去审视"两山"

转化，是一个全新的视角，具有很强的现实紧迫性和理论的指导。

那么，由此带来了第二个讨论的重点：怎么样才能更科学地来认识品牌，认识区域公用品牌？

品牌战略，说到底，就是一种差异化的竞争战略。生态产品的价值实现过程，就是打开"两山"转化通道的过程。在产品与市场进行对接和衔接时，品牌成为一种沟通对话消费者，以及实现价值提升与再创造的差异化竞争战略。

中国农业走向市场化改革，品牌化是个重大命题。早在 2006 年，胡晓云教授就提出了"中国农产品品牌化"的相关论述，这个在我们国家是最早的。从消费角度看，我们处在一个个性化、品质化、多元化的消费时代，以及与国际品牌竞争的竞争社会，需要通过品牌来发展推进，制造差异，实现品牌溢价。从整个竞争格局的变化来看，如果说过去的竞争，更多是单个品牌、单个产业之间的较量，如今则越来越偏向于区域、综合实力，还有国与国之间的竞争，就是综合国力的竞争，这种竞争存在于国家与国家，以至于地区之间，以人的意志为转移。这就倒逼着我们去思考，如何加强各项资源的整合与协同，建立起一个科学的品牌生态体系。党的十九届四中全会聚焦的是治理体系和治理能力现代化，而品牌本身，就是各项历史文化和现实资源的高度概括与集成，作为资源优化配置的有效途径，其就是共建、共享、共治的一种治理创新。

根据"中观经济学"的理论，在市场经济条件下，政府的职能不仅包括服务和公共事务管理，还包括了协调、促进、引领区域经济发展，形成区域政府"超前引领"下的区域领先优势，这是政府的责任。从这个角度来讲，区域公用品牌就是政府的一种"超前引领"，用"有形之手"来填补"无形之手"带来的欠缺和空白，用"强市场"有效配置资源，用"强政府"营造和保护好市场环境，最大程度地降低经济的纠错成本。这种作用，不仅是由区域公用品牌的"准公共品"性质所带来的，更是由地方政府的经济管理职能所决定的。国家治理结构里面政府搭台，市场主体唱戏，这是改革开放 40 年一条重要的经验。尤其是在区域公用品牌这个方面，政府的作用是不可替代的。但是政府不能代替市场主体，要有分工，这叫政府搭台，市场主体来

唱戏。

站在这样的高度去理解区域公用品牌，我们可以发现，品牌不再是简单意义上产品营销、助农增收的工具，而是整合了区域内的各种资源；也不光是在小农户衔接大市场中发挥着独特作用，而且能够为整个区域经济社会的繁荣发展带来积极作用、正面影响，以及全方位的价值引领。培养一个品牌就像一个合唱团有了一个领唱一样，这样才能使得整个的产品往品牌上、往更高端的品牌状态冲刺。

第三，区域公用品牌如何在"两山"转化中发挥作用？

今天，区域公用品牌的创建已经进入百花齐放、姹紫嫣红的时代。人们最为耳熟能详的，是基于地方单个主导产业、优势产业、特色产业的区域公用品牌。比如：阳澄湖大闸蟹、五常大米、西湖龙井、安吉白茶、赣南脐橙等，不一而足。当然，针对山区农业产业分布多小散，而历史文化、自然经济特质鲜明的客观现实，为了更好地整合资源，近年来出现了覆盖全产业、全区域、全产业链的农产品区域公用品牌。比如：浙江丽水的"丽水山耕"、内蒙古巴彦淖尔的"天赋河套"，云南保山的"一座保山"，黑龙江黑河的"极境寒养"，山东济宁的"济宁礼飨"等。

此外，我也关注到，这几年，随着乡村旅游的兴起，一些地方将行政意义上的乡村、乡镇，以及产业意义上的特色小镇作为品牌建设的对象，这种品牌类型已经超脱了农业产业范畴，而是全资源意义上的一种品牌，是一个综合品牌。

我想，无论在农业还是农村领域，区域公用品牌都以自己的文化创意，推动着中国农业品牌化的进程，丰富着中国农业品牌化的适用性、多元化道路，在推动"两山"转化中发挥着重要的引擎作用。

一、品牌是形象的浓缩。品牌通过品牌定位、核心价值、符号体系的确立，再利用各种传播媒介、传播渠道，传递给消费者的是统一、鲜明的品牌形象。区域公用品牌作为一个"准公共品"，目的就是让区域内的主体闯市场"借船出海"，以最快速度形成自己的市场竞争优势，打开销售市场，实现产品溢价，发挥农民自身的作用。

二、品牌是一种信用的背书。品牌背后发挥作用的，正是市场在资源配置中的基础性作用。通过建立一套利益紧密联结、产销密切衔接的机制，提升产品供给质量，既满足了人们对美好生活的向往，又完成了自身产业的转型升级，这就是可持续发展的动力。

三、品牌作为区域内各项资源的整合，其本身就是一个大平台。它使得部门与部门之间、地区与地区之间、主体与主体之间、产业上下游之间形成有效的协同，从而发挥更强大的作用。在这中间，品牌化打通的是一座座看不见的山，那些被称作体制机制的阻隔。品牌的引领能够突破我们在行政领域、市场竞争领域的弊端。因为追求了品牌，大家都利益共同化，找到了共同点。

四、区域品牌说到底是一种强烈的"地域标识"。通过这一品牌的传播，提升了整个区域的知名度和影响力，继而对其他农业产业、服务业，甚至是城市品牌都会带来正面的影响，并且会间接推动一个地方的招商引资、人才引进、文化归属等，从更大范围内推动"两山"转化。

这里提出几条希望，也作为我对于中国农产品品牌化的寄语。

第一，要站在更加宏观的高度，重视区域公用品牌建设和发展。区域公用品牌不仅仅是简单的形象，还是"两山"转化的重要引擎，是生态产品价值实现的有效抓手，是小农户与现代农业发展对接的桥梁。要站在这样的高度进一步完善底层设计，出台扶持发展的政策文件，进行人力、物力、财力的持续投入，久久为功，让品牌产生更为显著的带动作用。

第二，要站在市场化的角度，将行政推力和市场引力相互赋能。打造区域公用品牌，必须通过整合行政的力量，形成合力，加以大力推动。但归根到底，必须要实现生态产品价值变现，这就需要我们站在市场化的角度，采取市场化的手段，通过有效传播和渠道建设，真正让产品在消费者心中形成认知，最终产生购买，而且是可持续的重复购买。我昨天跟黄祖辉教授讲了，工业创造品牌，相对来讲是比较难的，农产品相对来说比较容易。工业品牌100年不变不可能，但是农产品达到百年老店是很容易的。因为人们的口味变化很小，我相信5000年前老祖宗和我们现在是差不多，但是工业品的变化太快了。

第三，要站在未来发展的角度，超前进行理论研究和成效评估。区域公用品牌毕竟是一个新生事物，如何建设，如何运营，特别是如何进行绩效评估等，各个方面都需要探索实践。希望"三衢味"超前谋划，协同有关高校、科研机构等专业团队进行研究，尽快形成理论体系，为生态产品价值转化提供具有公信力的实证案例，在这个方面走在全国的前列。

（该文为农业部原党组成员、中国农村合作经济管理学会理事长毕美家在浙江衢州召开的"2020'两山'价值转化与区域公用品牌建设研讨会"所作的报告）

第二章
逢山开路，遇水架桥

最初进入农业品牌领域，更多的是由于感性冲动，但采访中得到的诸多现实印象，则不断强化着、修正着、引导着我们前行的方向：

全国各地频频爆发出农产品滞销问题，这让中央政府、地方政府头痛不已；年轻一代消费观念正在发生变化，他们愿意花更高的价格购买更为优质的农产品；地方政府已经意识到机会和责任，开始筹划产业的整体突破。

用恩格尔理论解释这一现象，就是我们的经济收入正在日益提高，而食物支出的比例正在逐步下降。这是一个历史性的过渡阶段，我们面临的市场将发生千变万化，我们对品牌的需求将不言而喻。

但正所谓前途是光明的，道路是曲折的。尽管我们意识到巨变即将来临，现实的反映却是麻木的、模糊的。我们处在一个特殊的转折时代：有冲动，没研究；有清谈，无落地；有方向，缺抓手；有目标，少路径。

谁来破局？

这里面，既有理论的也有实践的；既有规划层面也有运营层面的。理念如何普及、规划如何落地、经费如何确保、团队如何组建、力量如何协同、服务如何完善、案例如何推广，等等等等，问题千丝万缕、不一而足。

逢山开路，遇水架桥，在一片蛮荒的原野上，向着终点不知在何方的未来，我们跋涉而去。

所有的实践，如果没有理论支撑，必定苍白无力。

纵观中国农业品牌研究，可谓一片空白。一则因为国内高校科研机构并无专业人员的储备；二则农业品牌是新兴学科，需要跨专业的理论知识，研究起来难度较大。

天赐良机。2005年，我正在报读澳门科技大学DBA，遂决定以区域公用品牌为论文选题进行研究，厘清种种疑问。

澳科大聘请浙江大学中国农村发展研究院院长黄祖辉教授作为兼职指导教师，负责对我的论文进行指导。黄师水平高、影响大，尽管对区域公用品牌也是第一次接触，但他一丝不苟，从管理学角度给予多方指导，让我先后修改了三遍才予放行。

农产品区域公用品牌的概念、作用、意义，与企业品牌的"母子"关系，政府、企业、农户在其中所扮演的不同角色，等等，一系列问题在此得以初步厘清。

与此同时，我的太太、浙江大学胡晓云老师也逐步将精力从城市品牌转向农业品牌研究。20世纪初，她在日本访学，关注到"精致农业"，回国后完成了浙江省社科课题"现代农业与品牌化关系研究"。随后她整合各个大学的学生，利用假期，对全国各地的农业品牌进行了大调查，出版了第一本相关专著《中国农产品的品牌化：中国体征与中国方略》。

因为这本专著，胡晓云获得"2007年度中国广告年度人物"。颁奖词写道：她有许多条路可以走，但却选择了最难走的一条，因为那是更需要她的路。

双剑合璧。从此，我与胡晓云携手，在中国农业品牌化领域中，施展组合拳。她利用自己系统扎实的理论功底，义不容辞、责无旁贷，承担起理论研究旗手的角色；我则发挥身在媒体的优势，不断瞭望、发现现实问题，并策划活动进行理论研讨、案例推广。

而黄祖辉、顾益康这两位中国农经领域的顶级大咖，为了给我们站台，为了给我们鼓与呼，也将研究领域逐步拓展到品牌，让我们的研究实践陡增底气。

理论研究的拓荒：双剑合璧

在团队研究、实践过程中，黄祖辉教授、顾益康主任倾注了大量心血。
图为两位大师参加"芒种"团队活动时在沉思，展望中国农业品牌的明天。

附：基于区域公用的农产品母子品牌建设模型

导 言

西奥多·W. 舒尔茨认为，发展中国家的经济成长，有赖于农业迅速稳定地增长；而传统农业不具备迅速稳定增长的能力，要使农业发展，必须将传统农业改造成为现代农业，即实现农业品牌化。我国农产品品牌一直处于滞后状况，主要原因是没有认识到农产品区域公用品牌是一种公共产品，进而没有清楚地界定政府、企业和农户三类主体在创牌中的作用。农产品区域公用品牌在我国具有很强的现实需求。区域性的品牌农业是新形势下加速发展我国农业的一条新路子。尽管农产品品牌建设主体的品牌建设热情较高，但在品牌建设方面还存在诸多问题，有着极大的提升空间。那么如何发展农产品区域公用品牌，如何建设农业企业自主品牌，两者之间又存在着怎样关系？本文将对此进行分析和探讨。

模型背景

区域公用品牌是指一个地域内生产经营者所共同使用的品牌，其基础是特定产业或产品大量聚集于某一特定的行政或经济区域，形成了一个稳定、持续、明显的竞争集合体。它包括集体商标和证明商标两大类型。

企业自主品牌，指的是由农业生产经营者通过栽培农作物和饲养牲畜等生产经营活动而获得的特定产品，经由一系列相关符号体系建设和传播，形成特定的消费者群、消费联想、消费意义、个性、通路特征、价格体系、传播体系等因素综合而成的特定的整合体。

（一）目前我国农产品品牌建设中存在的问题

1. 区域公用品牌建设行为少，效果差。由于缺乏明确的投资、受益主体和外部性，很多著名农产品区域公用品牌常常由于各种机会主义行为而陷入了困境，品牌的维护和再创造失去了动力主体，而许多新的农产品区域公用品牌之路更是举步维艰。

2. 区域公用品牌负面新闻事件多，影响大。如果说从企业角度出发，针对区域公用品牌的负面新闻直接地打击了原产地域产品生产企业，使企业本身遭受了影响，那么这种打击还不是致命的，至少损失是可以估量的。

3. 区域公用品牌与企业自主品牌各自为阵，合作少。

（二）其他国家和地区的操作经验

1. 美国模式。（略）
2. 东亚模式。（略）

模型框架

母子品牌战略是农产品区域公用品牌和企业自主品牌的整合战略，就是当地政府（或行业协会）拥有一个区域公用品牌（如绍兴黄酒），谓之"母品牌"；辖内企业主体拥有子品牌（如塔牌）或产品品牌（如10年陈绍兴酒），两者相辅相成，互相呼应，共同建设品牌生态的模式。一般母品牌表示区域的地理特点和文化历史，子品牌则表示产品的性能特质、适用场合以及文化内涵。

根据中国农产品品牌建设现状，结合国内外经验，笔者推出符合我国国情的农产品母子品牌建设模型策略。农产品品牌建设模型分为两个层面，第一个层面是宏观层面的区域公用品牌，属于母品牌；第二个层面是微观层面的企业自主品牌，是隶属于母品牌——区域公用品牌的子品牌。

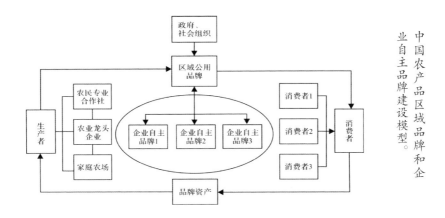

中国农产品区域品牌和企业自主品牌建设模型。

模型各维度涵义

（一）政府

在农产品品牌建设中相关的政府部门为地方政府、农业科技研究机构和准政府机构。准政府机构即通过政府授权建立的具有独立法人资格的机构，包括企业和其他事业单位，进行区域公用品牌的建设与管理。

政府部门通常负责区域公用品牌的规划，但并不直接运营管理该品牌，而是通过农产品品牌环境打造，对农业合作社的工作指导等方式，间接对农产品品牌建设造成影响。具体表现在以下几个方面。

1. 行业导向，行业建设。农产品的生产具有很强的地域性，每个区域特定的土壤、降水、光照等自然条件决定当地的农产品特点。

2. 制定和完善相应的法律法规。政府为了更好地推动农业建设，发展农产品品牌，完善和强化有关法律制度和行政制度，规范市场秩序，加强执法力度，对假冒伪劣侵权行为进行严惩，使之无利可图，并要绳之以法。

3. 管好市场秩序，维护公平竞争。政府培育良好的农产品品牌发展环境。依靠地方政府和社会的力量推动农产品品牌建设。地方政府应借鉴国际经验，结合国情，为提高农产品品牌的竞争力创造良好的社会大环境。品牌的成长离不开当地政府的扶持，要充分发挥政府的作用。

4. 产品更新，技术创新。建立区域内企业间，以及企业与科研机构间的长期合作基础上的稳定关系。完善农业科技服务体系，通过地方科研机构加强区域农产品良种培育及栽培技术的创新，确保区域品牌农产品的品质，这是农产品区域品牌建设的基础。

（二）行业组织（专业协会）

行业组织是农产品区域公用品牌建设的主体，负责集体商标或证明商标申请、注册、符号系统建设、实施品牌整合管理等工作。区域公用品牌既具有区域特征，同时又具有行业特性、产品特性，行业组织进行区域公用品牌的建设管理，既可以突出区域公用品牌的区域特色，又可以突出产品的特色。具体工作如下。

1. 出台标准，构建农产品区域公用品牌的准入机制。一般就产品质量、生产加工流程、企业规模和信誉等方面作出规定，要求企业达到标准的才可加盟使用。

2. 对授权企业经营行为的管理和监督。区域公用品牌作为一个开放的体系，采取"优胜劣汰"的机制，不合格的企业随时都将遭到淘汰。

3. 实施各种措施进行区域公用品牌建设。制定区域公用品牌战略规划，进行广告宣传推广，以提高区域公用品牌的知名度，提升区域公用品牌价值。

4. 咨询服务和信息传递工作。为加盟企业提供各种技术推广和咨询服务。如商标注册、防伪打假、技术培训等。

（三）企业主体

这里的企业主体既可以是农业龙头企业，也可以是专业合作社、家庭农场。

1. 企业自主品牌个性特点塑造

个性鲜明的企业自主品牌识别系统是品牌形象资产的一部分。个性鲜明的企业自主品牌识别系统是品牌战略制造市场区隔的利器，借此可以创造和保持领先的品牌形象，并能引起人们对品牌美誉度的联想，创造品牌价值，最终建立强势品牌。站在消费者的立场上来讲，个性鲜明的品牌识别是在经历优胜劣汰的市场竞争之后，最终胜出并获得信赖的结果。

2. 企业自主品牌价值延伸

品牌价值管理包括对品牌的核心价值以及相关价值体系的管理。品牌价值管理过程的规范性和品牌价值管理的有效与否，直接决定了品牌价值是否被稀释、被降低，被分化。企业自主品牌在品牌建设中，充分吸收区域品牌优势，发挥自主品牌竞争力，促使品牌价值延伸。这样，一方面能保证区域品牌的优势，同时又可增加企业自主品牌的竞争力，达到更好效果。

3. 农户和生产基地是产品保证

生产基地是企业自己拥有的，属于企业内部管理范畴。如果农户自己拥有子品牌，性质同企业一样。如果农户替企业生产产品，它的行为受到企业的要求和管理，所生产的产品必须符合标准，这些产品的选种、种植、加工、包装等过程都受到自主品牌企业的管理。他们的产品受到双重要求，一是必须符合区域品牌要求，二是要求产品达到自主品牌企业要求。

模型的意义

通过以上模型分析，不同部门在品牌建设中的工作各异，他们发挥各自优势，保证品牌更好发展。如安吉白茶，作为一种史书上有记载的特殊的茶类，本已失传多年，经发现后，被赋予了浓厚的历史文化色彩。此后当地申请了原产地域保护，注册了证明商标，使之成为安吉所有茶农共同使用的一个区域农产品品牌。在政府的大力推动下，经过 20 年的发展，安吉白茶的种植面积已经从 50 亩增加到 6 万亩，年产量达到 370 吨，产值超过 4.2 亿元，为当地农业增效、农民增收发挥了重要作用。近来，安吉白茶获得"中国驰名商标""中国名牌农产品"的殊荣，很好地证明了该模型的可取之处。该模型的普遍意义如下。

1. 充分发挥区域公用品牌的品牌优势

一个国际知名品牌的诞生需要经过几十年甚至上百年的历练和沉淀。区域品牌的诞生、发展和壮大也是一个文化的沉淀和传统的历史累积过程，它是某个地域的生产经营者品牌知名度和美誉度的综合体现。

2. 充分保证企业自主品牌个性

企业自主品牌保证企业产品独立性。个性鲜明的企业自主品牌识别系统是品牌战略制造市场区隔的利器，借此可以创造和保持领先的品牌形象，并能引起人们对品牌美誉度的联想，创造品牌价值，最终建立强势品牌。它是消费者对品牌的第一印象、第一概念，也是建立强势品牌必不可少的在众多产品中能够第一眼就被识别的清晰面孔。从品牌外围来看，品牌识别系统是品牌形象的表现形式，是品牌差异化的基本特征；从品牌内核来讲，是品牌识别系。

3. 企业自主品牌建设和价值提升反过来对区域公用品牌有促进作用

子品牌使用母品牌，要成为母品牌的延伸，需要得到母品牌的授权和许可，它生产的产品必须得到相应管理机构的认可，达到产品的标准。企业自主品牌的美誉度、吸引度和忠诚度也提高了区域公用品牌的知名度，在一定程度上也带动了整个产业的发展。

4. 企业自主品牌相对独立，减少受负面事件的影响

媒体频频揭露大量食品加工领域造假掺毒的恶性事件，幕幕场景触目惊心。在授权企业使用区域品牌时就必须坚持各个不同的企业申请、注册各自的商标，防止在相同原产地域范围内的一些企业，打着区域品牌的旗帜，而行侵犯他人合法权益之实，建立产品质量的标准体系。如果企业有自主品牌，消费者就能知道生产负面新闻的企业，对其他企业的影响相应减少，对区域品牌的负面效应也同时降低。

总之，在农产品品牌建设中，必须建立"企业—行业组织—政府"三足鼎立的格局，充分发挥行业组织在政府和企业之间的桥梁、纽带作用，三者一起共同创建强势品牌。

（摘自作者 2005 年博士论文《农产品区域公用品牌研究》，

王心良教授对模型设计有所贡献）

越是关注农产品区域公用品牌，就越是觉得其价值和意义非同小可。2004年，在浙江省农业厅支持下，作者策划了第一个农业品牌论坛。借助浙江省农博会这一平台，吹响了农业品牌的冲锋号。当时请来主讲的有《经济日报》总编辑艾丰和上海美高广告的高峻。当时，艾丰是品牌领域的旗帜性人物，但对农业品牌却并无涉足；高峻讲的是美国艾达荷土豆的案例，给大家的启发很大。

但外来和尚讲完了经就走了。我们如何借助研究机构的平台，进行持续的研究？我想到了浙江大学中国农村发展研究院（简称"卡特"）。

"卡特"是教育部批准设立的全国第一批人文社科重点研究基地，其学科依托是浙大的皇牌专业农业经济管理。当中国的改革日趋进入深水区，问题的解决、理论的研究也须需整合各个学科的力量。以前那种仅仅依靠单个学科来解决现实问题的做法，已经越来越不能适应研究的需要。"卡特"由此应运而生。

当我将在"卡特"组建农业品牌研究中心的设计思路报告给院长黄祖辉时，得到了他的充分肯定、大力支持。他认为，利用"卡特"这一开放性平台，充分发挥浙江大学多学科优势，将农经、农学、设计、传播等多学科组建在同一个平台上，相互交叉融合，解决中国农业发展中的现实问题，这本身就是"卡特"这一平台应该承担的历史责任。

2009年5月，经学校批准，"卡特"正式发文，组建成立了全国高校、科研机构中第一个农业品牌的专门研究中心，由浙大传媒与国际文化学院的胡晓云老师直接跨界过来，兼任主任。

顾名思义，农业品牌涉及农业和品牌两大领域。但在我国高校

组建全国第一个农业品牌研究中心

中，因为学科设置的关系，就出现了"三不管"现象。农科院校如中国农业大学没有艺术、传播学科，而中国传媒大学这类研究品牌的高校，又对农业十分陌生，因此对大家而言，即使心有余也是力不足。也只有浙大这样学科最为齐全的高校，才有可能发挥优势，发起对农业品牌的冲击。

登高声自远，浙江大学成立农业品牌研究中心的消息，很快引起农业部高度重视。图为市场司司长张合成率先到访，进行政研互动。

借助这一平台，我们策划举办了多场农业品牌方面的专题活动，并很快引起社会各界高度关注。不能不承认的是，黄祖辉老师对农经研究的把控是前瞻性的。这位50岁不到就在浙江农业大学担任副校长的学者，在浙江大学四校合并时，拒绝仕途发展的诱惑，一心一意留在校内做研究，把小小的一个农经管理专业做得风生水起，令人瞩目。在教育部举办的学科评估中，这个专业居然连续多届蝉联全国农经管理类第一。

在浙大"卡特"，他不仅组建成立了农业品牌研究中心，还推动创办了数字乡村，合作组织两个研究中心。针对这三个中心，他力主"三化互动，相互赋能"，解决中国农业发展的瓶颈制约。而在随后的发展中，这三个中心也确实互动得越来越紧密，在现代农业农村发展中发挥着越来越显著的作用。

2009 年 12 月 28 日，寒风凛冽，但在北京会议中心却是温暖如春。这里正在举办的，是全中国第一场有关农业品牌的专题论坛：中国农产品区域公用品牌高峰论坛。200 余人济济一堂。刘坚副部长、张玉香总师、王太总编辑等一众农业部领导出席了这一论坛。

农业品牌尽管十分重要，但对中国而言尚属十分陌生。当我前去农业部有关部门汇报论坛策划方案时，许多领导都十分惊诧：农业品牌？农产品还要打品牌？在许多人看来，鱼呀、鸡呀、羊肉牛肉呀，连包装都没法解决，谈何品牌？因此他们大多不愿介入这票不着边际的工作。

所幸论坛得到农业部信息中心大力支持。郭作玉主任，这个北京大学毕业的高才生，胸襟和眼光自是超前。他认为品牌在今后农业发展中必将具有举足轻重的地位。因此，信息中心充当起破冰的勇士。

每一个论坛，背后实际都是一次系统的策划：讲什么？谁来听？怎么吸引听众参加？这里不仅要有明确的主题来引领发展，而且需要触及地方政府神经的题材。

为此，我们事先对全国数以百计的区域公用品牌进行了价值评估，并在这次论坛上予以发布。胡晓云老师此前在日本访学，研究的就是品牌价值评估，回国后出版了专著。对她而言，这正是一次具有重要意义的理论研究成果的应用亮相。

举办全国第一个高峰论坛、第一个农产品品牌大会

由浙江大学 CARD 中国农业品牌研究中心策划的全国第一个"农产品区域公用品牌高峰论坛"于 2009 年底在北京隆重举办，发出了农业品牌创建的强劲声音。

地方政府平时忙于事务，如果仅仅是一个论坛，可能很难引起他们的兴趣。但对自己辖区内的品牌所具有的可感的价值，他们往往比较关心。区域公用品牌究竟是什么？为什么要打造区域公用品牌？区域公用品牌和企业品牌之间是何种关系？政府如何创建区域公用品牌？等等。参会嘉宾围绕这一系列核心话题，在论坛上展开了热烈的交流互动。

多少年了，尽管中央文件也发了，农业部文件也发了，许多有识之士也确实认识到农业品牌化的重要性，但就是不得其门而入：没有方法、没有路径、没有政策举措，也没有平台交流，没有专业人士一起探讨。因此，我们组织的论坛，犹如一缕春风，唤醒着沉睡的中国农业，而我们的系列研究成果，也通过这一论坛，得到了广泛的关注和传播。

"高峰论坛"的举办，吸引了一大批地方政府的领导。其中就有杭州市人民政府副市长何关新。论坛尚未结束，他就当场跟我提出，下次能否移师杭州举办？在他看来，农业品牌化确实十分重要，区域公用品牌的打造刻不容缓。

天堂杭州，有西湖龙井等驰名世界的农业品牌，又是全国闻名的创新、创业之城，自是最佳人选。

2009 年首届中国农产品区域公用品牌建设论坛上，
胡晓云代表浙江大学 CARD 农业品牌研究中心首次发布
"中国农产品区域公用品牌价值评估榜"。

要搞出影响力，推动全国农业品牌化进程，就必须取得农业部的支持。

杭州市农办副主任林国蛟、处长孔利水等一班人每天跟我们一起探讨：会议主题、分论坛内容、参会嘉宾等。我们作了初步分工：涉及专业策划的主要由我们负责，杭州市则负责会议流程、后勤保障、省部沟通等事项。

经过不断的沟通、紧张的筹备，2011年1月4日上午，全国第一个真正意义上的"中国农业品牌大会"在杭州环球中心隆重举行开幕式。

大会的规格、规模都十分抢眼。由农业部、浙江省人民政府共同主办，杭州市人民政府、浙江省农业厅、浙江大学共同承办。来自全国各地的10位市长，在农业品牌宣言上签署了自己的大名。宣言郑重其事印制在杭州的丝绸上，作为永久纪念。诸多领导铿锵发言，强调农业品牌重要性。

大会的专业性、丰富度更是令人瞩目。下午，针对区域公用品牌打造中的许多问题，我们分门别类设计了几个子论坛。其中有"中国农产品区域公用品牌高峰论坛"发布品牌价值排行榜，"中国农事节庆高峰论坛"发布农事节庆影响力排行榜等。此前，我们专门调查收集了一百余个农事节庆，并就其影响力进行评价。这也是我国第一次将农事节庆放大，置于农业品牌建设的方法高度进行专题研究讨论。

全国第一个"中国农产品品牌大会"在浙江杭州隆重举办。
在开幕式主席台上就座的有农业部副部长陈晓华等。
图为杭州市副市长何关新发言。

晚上,杭州市政府设宴招待来自全国各地的参会代表共计100桌1000人。因为是品牌大会,许多地方政府带来极品农产品,进行体验推介。大会的气氛十分热烈。

我看到,中国农业品牌之火已经开始熊熊燃烧。

2010中国农事节庆影响力指数排行榜

农事节庆名称	影响力指数				
河南省洛阳牡丹花会	89.3	中国·余姚杨梅节	74.1	浙江仙居杨梅节	69.1
西湖龙井茶开茶节	89.1	北京平谷国际桃花节	70.7	中国(兰西)亚麻旅游文化节	69.0
中国盱眙国际龙虾节	87.6	中国国际茉莉花文化节	69.9	蒙顶山国际茶文化旅游节	68.8
中国(金乡)国际大蒜节	76.0	安吉白茶开采节	69.5	沙家滨阳澄湖大闸蟹美食节	68.5
中国·陕西(洛川)苹果节	75.7	中国潮州(长兴)陆羽国际茶文化节	69.4	中国(滕州)马铃薯节	67.5
				中国白茶文化节	66.9

没有「产品」，一切等于空谈

尽管通过不断的推动普及，各级政府对农业品牌的认识有了很大的提高，但一个不可否认的事实是，当他们寻求我们的专业支持时，我们却拿不出"产品"。

农业品牌化的重要意义自不待言，问题的关键是，我们究竟如何帮助地方政府创建和传播品牌。我们的工作总不能永远停留在意义和价值的谈经论道上吧？

正是基于市场需求，也是出于对农业品牌工作的落地推进需要，我们不得不亲自动手设计产品。我们必须通过产品的销售服务，来切切实实提高中国农业品牌化水平。

那么，这应该是一个什么样的产品呢？当我们环顾四周，可以想象到的是，根本没有任何的参考。我们只能赤手空拳、白手起家，在一片荒原上开始构划这个产品。

这个产品应该包括哪些内容？一开始，我们并不十分清楚，地方政府更是不得要领，只能极其被动地跟着我们跑。我们说什么，他们就频频点头，连连称是。因此，当我们拿出第一代产品时，甚至连符号体系都没有。

随着服务的逐步深入，产品板块的组成也日趋完善：品牌名称、品牌定位、品牌口号、包装符号体系、价值体系、产品体系、传播体系、保障体系。其中每一个组件，都分别解决一个现实生产中普遍存在的共性问题。而这个产品包，我们将其称为品牌规划。

年终的盘点和展望，一直是团队渴望的聚会。图为 2019 年在富阳龙门古镇召开的以"行者无界 思者无疆"为主题的年终畅享会。

作为一个产品，因为解决了品牌创建中的诸多问题，当然有其价值，相对应的，也应该有其市场价格。

时至今日，尽管有众多的广告公司、咨询公司进入了农业品牌这一蓝海，但基本上，地方政府和专业服务机构采用的服务模块，仍然是我们开发的这套产品体系。

产品的开发和应用，让我们为农业品牌服务跨出了关键的一步。这一步让我们十分自豪：如果将区域公用品牌概念的发现视为一项科研成果，那么，"品牌规划"这一产品的设计，就让我们跟市场真正联结在了一起。我们跟市场同呼吸、共命运，我们终于在服务中找到了自己的定位。这种政产学研之间的良性联动，不仅放大了我们的专业价值，让我们的专业能力得以充分发挥，更为重要的是，中国农业的品牌化进程终于找到了抓手。我们各方都能从高高在上的论坛中走下，投身于中国农业，为其品牌化发展形成合力。

但是，以创意为核心的产品，固然理论上能够解决市场营销、产品溢价等问题，但在整个品牌创建过程中，创意只是其中一个重要环节。要想让创意落地，发挥作用，还得跟进解决一系列问题。而每解决一个环节，就需要一个专业的团队。

面对这一挑战，团队内部意见并不一致。有的认为，我们是一个创意团队，做好创意是我们的天职，其他落地的问题应该交由其他更专业的团队去完成。否则，我们将面临战线越来越长、竞争力日渐稀释的困境。但问题的关键是，市场上并没有这方面的专业团队。

对地方政府而言，拿到规划文本之后，并不清楚接下去应该做什么。而市场上，又难以找到匹配的专业服务团队。因此，要解决品牌落地难题，我们必须打破框框，将服务链延长，不仅设计出比较标准的落地产品，最好还要亲自提供落地服务。

正是基于这一考量，我们在品牌的后续服务方面呕心沥血，进行了大量探索，最终形成了一站式农产品区域公用品牌服务链。其服务内容包括：

中国农业品牌建设联盟
CHINA AGRICULTURE BRANDING UNION

以浙江大学"卡特"中国农业品牌研究中心和浙江永续农业品牌研究院为引领，
以芒种品牌管理机构为业务核心的"中国农业品牌建设联盟"
秉承一站式服务理念，以日益完善的服务模块，为地方政府提供专业服务。

品牌规划＋形象片拍摄＋品牌发布会＋节庆会展 ＋产品营销＋品牌运营等

每个服务板块都由相应的市场主体承担职责。而主体与主体之间，可以是利益紧密联结型的，也可以是松散的业务合作关系，但我们鼓励相互之间进行利益的深度链接，形成同呼吸共命运的一个整体。

当然，所谓的一站式，永远是相对而言的。比如品牌运营，也就是品牌顶层设计完成之后，由哪个主体来承接推广的问题，就是我们正在谋划而尚未解决的新问题。

值得一提的是，年轻的燧人影像团队，不断以他们的专业精神，刷新着我们对他们的期待。他们用镜头诠释着文字所不能表达的核心价值，让品牌从规划文本中走出，以可以触摸、感受的方式，获得新的生命。由于他们的敬业和专业，让品牌规划和视频之间是如此的和谐，之间的链接是如此的准确。也正是由于其精益求精的态度，让他们的创作在"金水滴"等各种大赛中屡屡有所斩获。

年轻的燧人影像团队，不断用奖杯证明着自己的实力和在团队中不可或缺的地位。

比燧人影像团队稍晚组建成立的，是兆丰年活动团队。他们的专业化程度同样令人赞叹。当我们面对地方政府千篇一律、毫无创意、行政化色彩超强的节庆、会展，而又无可奈何之时，是兆丰年活动团队，以其专业化服务中呈现出的时尚、年轻的气息，让我们再次抱有希望。在一次次大型活动策划、承办中，年轻的兆丰年团队从未让我失望。

当然，还有更年轻的团队，是我们的"芒种数字"。经过一年时间的磨合，他们已经跨越文科和理工科之间的鸿沟，开始找到感觉。相信也将在数字和品牌的相互融合中找到定位，进一步赋能我们的品牌服务。我对他们也充满着期待。

每一次的超越，后面无不是理论的支撑。

2018 年左右，数字化浪潮澎湃。不仅数字农业大行其道，而且数字乡村也开始如火如荼。尤其是袁家军出任浙江省委书记之后，更是将数字化作为经济社会发展的一号工程，不遗余力加以推动。这位神舟飞船系统总指挥出身的工学博士，将改革的期望寄予数字化工程，每两个月就听取一次汇报，隔三差五就去各个厅局检查落实。

数字化的投入是巨额的，但其累积的数据却没有得到相应开发。在大田，我们安装了大量传感器，得到大量气温、土壤、光照、投入品及农作物生长数据；在加工储运营销等环节，我们也积累了大量产品标准、营销地域、消费者参数等数据，但是，人们似乎就是为了数字化而数字化，没人去考虑这些数据究竟可以发挥什么作用。

另一方面，品牌化的投入也日渐巨大，对产品品质的描述却往往停留在感性层面。面对消费者，面对市场，我们始终感到无法进行有效的说服。换句话说，如何给产品以无可辩驳的背书，让消费者心服口服，始终是我们品牌创建中的短板。而实际上，说一千道一万，切切实实的数据，才是品牌强大而不可动摇的内在力量。

当今时代，消费者形成品牌信任，不仅仅是通过你的文字和镜头表达，而是在这一表达中，必须展现无可辩驳的可以量化的数据，否则一切都可能被怀疑是不负责任的忽悠。

令人遗憾的是，数字化和品牌化似乎是两股道上跑的车。部门与部门之间，各花各的钱，各做各的事。事实上，品牌化离不开数字化支撑，数字化必须通过品牌化变现。失去数字化支撑的品牌化，犹如基础动摇的建筑，经不起消费者的质疑；而脱离了品牌化的数字化，产生的只是一大堆毫无意义的数据，是没有灵魂和目标的。

因此，要实现农业农村的科学发展，片面地提出数字化或者品牌化，都是不够全面的。我们必须实现"双化互动、相互赋能"，将"两张皮"给他黏合到一起。在这一构想引领下，我们展开进一步探索，试图将数字和品牌相融合，创造新的模式。这不仅是为了

与数字化共舞，组建数字品牌研究所

业务推广搭乘上"高铁"，而且是在新的历史条件下，对品牌内涵的再丰富、再充实、再拓展，甚至是对农业数字化巨大投入的"解套"。

尽管我坚信数字化将赋能品牌，让品牌展现出新的发展空间，但是我们团队里却难以达成一致认识。有人不能深入理解两者之间的关系；有的认为数字化是理性思维，品牌化是感性思维，两者走不到一起去；有的干脆予以否定。

作为始倡者，我搭建各种平台，想尽各种办法进行推广普及。奈何我知识老化，又说不清楚，说不到位，只能约请韩波、袁康培等老师不断前来辅导。

2021年，在我和袁康培老师共同推动下，浙江大学城乡规划设计研究院组建成立了"数字品牌研究所"。浙江省农业农村厅副厅长唐冬寿、省发改委农经处处长叶建军等亲临参加，并一致认为，这一融合将有效解决投入和产出之间的深层次矛盾，具有历史性、开创性意义和价值。

问题是：数字化和品牌化究竟如何融合，海量的生产数据又如何支撑品牌？

这天，凤起东路来了两位客人，一位是浙江大学城规院数字品牌研究所副所长朱振昱，另一位是浙江永续农业品牌研究院副院长杨巧佳。他们带来的方案和构想正是：利用海量数据生成品牌综合指数，犹如豆瓣评分和大众点评，让生产管理部门一眼就能明白短板所在，让消费者一键就能选择心仪品牌，最后实现对生产的倒逼。

目前，品牌综合指数的构架正日渐清晰，包括了品质指数、管理指数、态度指数和行为指数，其核心就是真正打通生产管理与市场消费之间的链接。而这不仅是"浙农优品"的痛点所在，也是不少"一县一品"产业发展遇到的最大阻梗。

近年来，浙江不少地方农业主导产业纷纷布局了大数据平台。但稍加研究就能发现，这些平台虽然沉淀了海量数据，却都停留在生产管理环节。至于产品卖到哪里，谁在消费，是否适销对路，消费评价如何，复购率又有多少，等等，都是"瞎子摸象"。

这些数据不可能掌握在行政部门手里，而全在阿里巴巴等终端销售平台上。因此接下来，在打破行政壁垒的同时，如何与市场化平台实现数据共享，让品牌综合指数更具科学性和指导价值，成了关键所在。

浙江大学城乡规划设计研究院组建成立了「数字品牌研究所」，试图实施数字化和品牌化「双轮驱动」战略。图为浙江省农业农村厅副厅长唐冬寿和研究院院长历华笑共同为研究所揭牌。

　　不管如何，数字化与品牌化的螺旋互动，这一概念的提出，已让数字化找到了下一步迭代升级的方向。对于农业产业集群，考虑到各个产业之间需求不同、切口不同，浙江省农业农村厅正积极探索"农业产业大脑＋未来农场"发展模式，启动种植业、畜牧业、水产养殖业各100个数字农业工厂试点建设，尤其强化生产与消费的双向打通，以数字化变革催生新动能。

召开「中国农业品牌百县大会」

轰轰烈烈的"首届中国农产品品牌大会"落下了帷幕，但第二届什么时候能够召开？

政府的人事更迭是常态。而不同的领导对农业品牌重要性的认识并不相同。因此，农业品牌工作常常会受到人事等各种不同因素的影响。但我们的研发、实践、推动不可能半途而废。因此，我们必须搭建自己的会议平台！

在这种情况下，"中国农业品牌百县大会"的动议由我提出。

谁来主办？谁来参会？费用如何解决？等等，一系列问题摆在我们面前。

这时，中国农业新闻网总裁刘伟建出现了。这个情怀满满的我的同龄人，感到这是具有深远历史意义的大事，因此，愿意与浙大"卡特"合作，联合举办"百县大会"。

第一届「中国农业品牌百县大会」于2016年10月21日在浙江大学紫金港校区启真酒店如期举办，共有118个县的领导参加了这次大会。

第三届「中国农业品牌百县大会」的主题是「新路径、新生态、新目标」。

左图为"百县大会"主办单位中国农业新闻网总裁刘伟建。
右图为农业部原常务副部长尹成杰（中）应邀参加"百县大会"并作主要演讲。

　　站得高才能看得远。"中国农业品牌百县大会"这一平台，让我们收获多多：第一，传播了理念，扩大了影响；第二，锻炼了队伍，提高了水平；第三，广交了朋友，形成了合作。

　　每次会议，我们不仅都根据农业品牌发展所出现的阶段性特征，确定鲜明的主题，把会议时间安排得满满的；而且即便到了晚上，我们仍然举行座谈会，让天南地北的来宾围绕品牌交流沟通。大家不辞辛劳的精神，也着实感动着我们，让我们感到肩上的担子更加沉重。

在农业品牌化推进过程中，我们逐步摸索总结出一套"四轮驱动"模式：理论研究、社会活动、价值评估、规划实践。相互之间紧密相关，互动赋能。

第一轮：理论研究。由浙江大学CARD中国农业品牌研究中心和浙江永续农业品牌研究院担当，每年把脉发展进程，研究重大问题，引领农业品牌化发展。至今由胡晓云领衔出版各种专著、论文、研究报告近800万字，填补了大量空白。其中专著如下：

2007年，《农产品的品牌化——中国体征与中国方略》（独著），浙江大学出版社；

2010年，《品牌代言传播研究——信源·符号·适用性》（独著），浙江大学出版社；

2011年，《品牌传播智慧——20个农产品品牌典范的专业解读》（合著），中国农业出版社；

2012年，《符号的力量——中国农产品包装设计大赛优秀作品集》（合著），中国农业出版社；

2013年，《中国农产品区域公用品牌发展报告(2009—2012)》（合著），中国农业出版社；

2013年，《模式制胜1——中国农业龙头企业群像解析》，中国农业出版社；

2013年，《品牌价值评估研究——理论模型及其开发应用》，浙江大学出版社；

2014年，《模式制胜2——中国农业龙头企业群像解析》，中国农业出版社；

2015年，《模式制胜3——中国农业龙头企业群像解析》，中国农业出版社；

2015年，《价值再造——中国农业品牌战略规划选本精要》，浙江大学出版社；

2017年，译著《品牌的诞生——实现区域品牌化之路》，浙江大学出版社；

2018 年，《价值决胜——中国茶叶品牌价值成长报告》，浙江大学出版社；

2018 年，《品牌赋能——"丽水山耕"营造法式》，中国农业出版社；

2019 年，《价值再造》（第二版），浙江大学出版社；

2021 年，《价值升维——中国农产品地理标志的品牌化个案研究》，浙江大学出版社；

2021 年，《中国农业品牌论》，浙江大学出版社；

2022 年，《行走的意义》《创造的魅力》，浙江大学出版社。

虽无智库之名，但具智库之实。自从进入区域公用品牌研究与实践领域，我们每年基本都有专著问世，引领着前行的方向。

第二轮：活动推广。理论研究成果需要通过各种办法进行推广，才能为大众所理解、所接受，才能引起社会关注，最后发挥作用。而最佳的推广渠道无疑就是社会活动和公益培训。因此，我们每年都不间断地策划举办论坛、培训和活动，并且坚持公益性质，不向参会者收取任何费用：

茶叶产业因为文化底蕴深厚、产品附加值较高，因此在中国农业品牌化进程之中率先发力。图为《价值决胜——中国茶叶品牌价值成长报告》一书发布会现场合影。

2009年,"首届中国农产品区域公用品牌高峰论坛"(农业部农业信息中心、浙江大学中国农村发展研究院主办);

2011年,"首届中国农产品品牌大会"(农业部和浙江省人民政府联合主办,浙江大学、杭州市人民政府、浙江省农业厅等单位联合承办);

2011年始,"中国农产品包装设计大赛"(与农业部优农中心联合举办);

2016年始,"中国农业品牌百县大会"(与"中国农业新闻网"等联合主办);

2019年始,"中国茶叶包装与视频大赛"("中华茶奥会"主办);

2019年始,"农产品区域公用品牌运营闭门会"(独立主办)。

举办活动的目的并不是为了活动,而是借助活动营销我们的理论和方法。而活动成功与否,关键在于内容是否有料,也即是否具有引领发展的真知灼见。因此,每次活动尽管基本都是由我提出设想,但团队却耗费大量心血进行总结、研究、创新,力求每次都有新的突破,给参会嘉宾奉上"饕餮大餐"。

推广活动的连续举办,让我们凸显出与众不同的品牌优势,这就是以研究为引领的专业、权威形象。

图 1

图 2

图 3

图 4

包装是品牌形象的直接体现。长期以来，农产品给人的印象是"地摊货"，质次价廉。为了切实改变这一状况，我们联合农业部优农中心，连续多年举办"农产品包装设计大赛"。

图为农业部优农中心主任张华荣（图1）、梅高国际广告总裁高峻（图2）在2012年第一届大赛评审现场。

部党组成员、优农协会会长朱保成出席发布会期间，与胡晓云进行交流（图3）。

评选活动结束后，我们将优秀作品结集出版，并借国际农交会舞台，隆重召开"成果发布会（图4）。

第三轮：价值评估。理论研究和活动推广尽管开创性地普及了品牌理论，唤起了地方政府对品牌的重视，但仍然若即若离，不仅无法构建起与地方政府的紧密关联，也无法让地方政府意识到品牌发展所形成的切身利益。因此，我们依托胡晓云老师日本访学期间对品牌价值评估的研究成果，决定推出农业品牌价值评估。

品牌价值不仅是品牌区别于同类竞争品牌的重要标志，更可以借此对发展中问题进行预警和分析，为品牌发展提供依据。因此从表现形式上看，更直观，更能为社会大众所接受。但是，无论国际还是国内，都只有对工业品牌的评估，而缺乏对农业品牌的评估。

农产品作为一个生命体，受到生长环境、加工工艺、历史文化传承的影响显然更为显著，因此，在胡老师主持下，我们研发出第一个专门针对农业品牌的价值评估模型，建成"CARD模型"，对区域公用品牌进行价值评估。并且一开始我们就将该模型公之于众，接受社会评判。

从2009年发表第一个综合性榜单至今，我们每年投入大量的人力、物力，进行品牌价值评估，并发布评估报告。比如茶叶，从2010年开始，已经在浙江新昌连续发布12轮价值榜单，在《中国茶叶》杂志连续刊发12年"价值评估报告"；中国果业品牌价值评估则与中国果品流通协会合作，至今也已举办多届，在社会上产生了不可估量的巨大影响。

品牌价值评估是一件专业的、严肃的、认真的工作。特别值得一提的是，这一评估自始至终坚持公益特性，从不向参评品牌收取任何费用。

品牌知识对农业领域而言，是如此重要而又如此短缺。为了普及知识、传播理念，"芒种"在全国范围内开展公益巡讲。

第四轮：规划实践。不管是做研究、做推广，还是做评估，作为一个应用型成果，最终必须推动社会生产力发展。而要达成这一最终目的，必须得依靠市场化运作，在市场中找到转化的原动力。可以说，转化得越快，推广得越广，你的成果价值就越大，对社会的贡献也越大。这是不言而喻的。

通过不断地调整、完善、优化、升级，如今，我们不仅有单品类的，也有多品类的，还有特色小镇、美丽乡村等的针对性品牌规划方案，并且已经服务200余个地方政府。其中，有一类属于新创品牌，如省级的重庆的"巴味渝珍"、江西的"赣鄱珍品"、山西的"山西药茶"等，地市级的"丽水山耕""天赋河套""济宁礼飨""一座保山"等；更多的一类则属于老品牌重塑，赋予其新的个性内涵，如"长白山人参""烟台苹果""户县葡萄""武功猕猴桃""公主岭玉米"等。

筚路蓝缕，甘苦自知。可以毫不夸张地说，从提出农产品区域公用品牌这一概念，到如何完善丰富这一理论概念，到如何推广普及，如何设计产品让市场接受，如何落地推动市场营销、产生溢价，一切的一切，我们都是在前无古人、一片空白的基础上，从一砖一瓦开始原创而成。期间许多的创造都具有开创性的"全国第一"印记。

"四轮驱动"战术，让我们的农产品区域公用品牌创建站上了巅峰。
图为芒种团队为全国各地地方政府量身定制的部分品牌LOGO。

俗话说，只要站在风口上，哪怕是头猪都会飞。在某种意义上，通过"四轮驱动"战略的实施，我们引爆了这阵风、加剧了这阵风，而这场风，也让我们成为风口上高飞的一只"猪"。

附：山东农业如何"双峰插云"
——在山东省品牌建设大会上的演讲

很高兴来到山东这个农业大省，跟大家一起交流农业品牌化的话题。

首先向大家报告一个我的研究结论：中国农业改革开放之后的历史，可以划分为两个阶段，一个是产业化发展阶段，另一个是品牌化发展阶段。

产业化发展阶段，其本质是生产导向，追求的是规模和产量，追求的方法，是通过生产要素的重组，达到效率的最大化；

品牌化发展阶段，其本质是消费导向，追求的是质量和效益，方法则是通过彰显差异化，达到价值的最大化。

产业化发展和品牌化发展，既相互联系，又相对独立。产业化发展是品牌化发展的基础，而品牌化发展是产业化发展的升级版。两个阶段的话语权和主导权分别掌握在生产者和消费者手中。

产业化发展阶段，山东已经成为大家公认的标杆：农业总产值、增加值和农产品出口额全国第一；粮食产量全国第三；棉花、油料产量全国第二；蔬菜、果品、肉蛋奶、水产品总产全国第一。但是，随着规模的扩大，随着消费的升级，我们是不是感到前所未有的压力？以前我们生产什么消费者就买什么，但今天，农产品滞销、积压、跌价等现象屡见不鲜，层出不穷。我觉得，背后最重要的原因之一，是我们没有按照品牌化的要求进行生产，而出路也十分清楚，那就是品牌化。

好，现在我们将现代农业发展的两个阶段和山东农业发展联系起来，就可以发现一个规律：在产业化发展阶段，山东已经奠定了自己农业大省的地位，所依靠的是规模和产量；那么，在新的历史阶段，山东如何再创辉煌，从农业大省向农业强省跨越，答案很清楚，就是做好品牌化这篇文章。只有品牌强，山东农业才算强。

现代农业发展至今，我们抓过 N 个化，比如规模化、标准化、市场化、组织化、机械化、信息化、电商化等，这些化都很好，很有必要，但我觉得，不管多少个化，都不能离开品牌化。没有品牌化的规模化是没有竞争力的；没有品牌化的标准化，是不可持续的；没有品牌化的电商化，那只能是一个空架子。所以，我们现在高度重视品牌化，将品牌化放在"现代农业发展的核心指标"这一高度加以推进。

那么，山东农业如何实现品牌化，今天我结合浙大 CARD 中国农业品牌研究中心长期以来的研究和实践，谈五点想法。

一是内涵的认识。谈到农业品牌化的作用，我们的习惯表达是，品牌化可以让农业增效、农民增收，可以促进农业转型升级，推进供给侧结构性改革，可以提高农业竞争力。但这些表达都是站在政府工作层面。品牌是什么，是产品在消费者心目中的整体印象，因此，我们今天就站在消费的角度，对品牌农业的内涵进行一个解读。

首先，品牌经济是一种符号经济。以前，我们消费农产品，消费的是物质层面的功能利益，比如吃饱、穿暖等，现在消费的，则是超越物质层面的符号。许多年轻人就是冲着这个符号，而不是那个产品。

举一个例子：烟台苹果，在我们没有将其符号化之前，它和别的苹果没有任何区别。但在我们深入挖掘其优势，为其归纳出"中国第一个苹果"这一口号之后，他就显示出与众不同之处。说明一下，符号可以是文字，也可以是图像，可以是声音。在消费者心目中，"中国第一个苹果"一定是个好苹果。那么，我们如何将烟台苹果这个"好苹果"符号化，用一种比文字更直观的方式进行呈现呢？

通常情况下，我们表达对一个人、一件事的赞许时，会竖起大拇指，意思是真棒，真厉害，真不错！那么，当我们将苹果和大拇指结合在一起时，会产生一个什么样的符号呢？这就是我们为烟台苹果创造的超级符号。消费者通过这个符号，可以马上联想到烟台苹果的历史文化和地位，符号是一种对产品优势的抽象表达，是一种最为直截了当的传达方式。

其创设的烟台苹果LOGO。府信赖立下汗马功劳。图为我们为这个中国农业大省、赢得其地方政一个携手合作的品牌，为我们结缘烟台苹果是我们进入山东市场时第

第二，品牌农业是一种关系经济。以前我们到农贸市场购买农产品，到这家，到那家，都没有区别，因为都是对物质产品的简单占有，现在不同了，品牌农业要求构建产品和消费者之间的深层关系。那么，怎么构建呢？

在这里，我们可以发现，人是生活在不同的世界中的。最基本的，是生物人，

生存在日常世界中；社会人则生存在现实世界中；符号人是生存在象征世界中的。每一种人都有不同的需求。比如社会人，有社会交往的需求，有向上晋升的需求，有表达个性的需求，还有休闲娱乐的需求。我们只有把握各色人等的不同需求，才能建立起相互之间的牢固关系。

举个例子。台湾的大米品牌"掌生谷粒"，当品牌创建者用日记的方式，将一粒大米从耕耘到播种、管理、收获整个过程中的每一点每一滴都记录下来，展现给了消费者，这个时候，他满足的是消费者对产品质量安全、文化故事的好奇。消费者有时候很盲目，只要建立起相互之间的信任关系，你就可以进行品牌延伸。这个时候，你卖什么，他就买什么，你开什么价格，他也不再跟你还价。最后"掌生谷粒"从一个大米品牌，延伸到茶叶、食用菌等多个品类。"掌生谷粒"的成功，是关系经济的最佳诠释。

第三是价值经济。以前，消费农产品是以价格作为衡量标准的，哪个价格低就买哪个，但现在，价格的因素退居其后，消费者要求的，是价值的提升与满足。比如这里有四杯茶，第一杯用搪瓷缸装的，是最为普通的解渴的茶；第二杯，色香味俱全，是一杯具有审美价值的茶；第三杯的诉求是"平常心"，看上去具有了哲学意义；第四杯，则与宗教只有一步之遥了。这里的每一杯茶，在价值的提供上都有着天壤之别，作为消费者，你在其中所能得到的满足自然大有不同。

好，现在，我们对品牌经济、品牌农业的内涵作一个总结：品牌是创造、提升实体经济价值的符号经济，是创造以消费者心智占领为目的的关系经济，是创造以产品与符号的意义为价值的价值经济。

二是道路选择。山东农业品牌化应该走"母子品牌"相互赋能的道路。"母"指政府助推打造的区域公用品牌，"子"指企业创建的品牌。两者相辅相成，互促共进，整合发展。

今年初，咱们山东正式出台文件，要求地市一级创建2~4个，县市一级创建1~2个区域公用品牌，最后全省形成50个左右强大的区域公用品牌。通过区域品牌+企业品牌的"母子品牌"架构，构成整个山东农业品牌体系。区域品牌虽非新概念，但以政府尤其是省级层面的政府的名义，进行整体部署推出，这还是第一个。是创新之举。

那么，有人可能要问，我们为什么要创建区域公用品牌？

我认为在于四个方面：

一、这是由中国农业的基本经营制度决定的。改革开放以来，我们实行的是家庭联产承包责任制，千家万户分散经营，带来生产主体的高度分散。一个县里，龙头企业加合作社加家庭农场，少则百家多则上千家，对他们来说，要资金没资金，要人才没人才，要实力没实力，要独立创建品牌，走向市场，无疑困难重重。怎么办？政府打造区域公用品牌，扶着他们闯市场。

二、农产品优势区域布局规划的推进，形成了产业集聚度的大幅度提高。虽然各家各户的生产规模比较小，但就县域而言，产业发展已经具有了相当的规模，一些地区还初步形成了一二三产业融合发展的产业链。在这种情况下，区域公用品牌呼之欲出。

三、县域电商的发展加快了区域公用品牌创建的速度。这两年中央和地方投入了大量资金发展县域电商，但绝大多数的农产品品牌，在地方上小有名气，到了网上，人们根本不知道你姓甚名谁，网络只是一种工具，没有一个统一的品牌，根本发挥不了作用。

四、法理上的推演，为政府创建区域品牌找到了依据。有人认为，品牌是市场经济的产物，应该由企业创建。我认为，政府的职责是创造环境，提供公共服务，而区域品牌本身就是公益性质的一种服务。这个解释，为政府创建区域品牌提供了有力的支持。

那么，我们怎么才能快速打响区域品牌呢？

我认为，最为关键的，是发挥政府的整合的力量，实现四个统一。统一品牌，统一标准，统一管理，统一传播。

既然是公用品牌，就可能存在"公地灾难"问题，我们又应该如何解决呢？我详细研究过，"公地灾难"一词出于1956年英国哈丁的文章。他的意思是，因为没有管理，牧人们过度放牧，导致草场退化。但这里有个关键的假设：没有管理！也就是说，如果加强管理，应该可以避免"公地灾难"。一，我们用"母子品牌"构架，母品牌作为子品牌的背书，而子品牌则是企业从法律上对消费者就产品的质量和信誉作出的承诺；二，我们在加入协会的条件中进行预先设定，加入协会的必须实现产品的可追溯，这就从根本上解决了"公地灾难"问题。浙江大学CARD中国农业品牌研究中心从2008年开始，为全国各地创建了60多个区域公用品牌。在实践中总结出区域品牌有三种模式。

单产业。要求该产业有特色，有规模，在行业内具有一定的影响力和知名度，比如我们为山东创建的烟台苹果、苍山蔬菜，还有现在正在做的海青茶、烟台海参等。当然，因为每个品牌的情况有所不同，我们会对症下药，在关键问题上有所突破。像烟台苹果，是个老品牌，我们着重要解决的，是如何焕发其新的生机的问题；苍山蔬菜是新品牌，我们着重挖掘的就是其共性的消费价值。

济宁礼飨是我们在山东打造的比较成功的一个多品类品牌。如何将当地异常深厚的儒家文化与现代农业相结合，是我们着重要解决的难点。图为我们为济宁量身定制的品牌形象。

全产业。如果此地没有一个特别突出的产业，而是所有产业旗鼓相当，难分伯仲，我们就会建议创建全产业品牌。比如聊城的"聊，胜一筹"，浙江丽水的"丽水山耕"等，在此地域之内，不管哪个产业，哪个县市区，也不管是种植加工营销，只要取得许可，都可以使用该品牌。

跨产业。要求在农业和旅游业两个领域内都有比较优势。品牌所发挥的带动作用，不仅仅在农业，而且延伸到旅游业。这类品牌适应了当前消费需求，"边走边吃"，今后会越来越受到地方政府的追捧。比如我们创建的"和合蒲江""浪漫山川"等。

三种模式尽管各有特点，但有其共同特质。这就是在客观上具有一定优势，如自然风物的独特性，区域资源的独占性和共享性。而在主观上必须作出共同的努力，将区域整合力和区域联动力进行充分发挥。只有客观优势与主观努力相加，才能成就一个区域公用品牌。

那么，有人可能会问，国外有没有区域品牌这一说？有！美国的爱达荷土豆，别小看这个土里土气的马铃薯，每年，它为爱达荷州贡献25亿美元的产值，相当于 15% 的生产总值。原来，爱达荷的土豆也由各个农场主分散经营，造成资源分散、无序竞争。1937 年成立了"土豆协会"之后，生产、加工、包装、运输当地土豆的经济主体有了统一的组织。协会向会员收取每 100 磅土豆 10 美分的推广费，但协会不是营利机构，他所收的费用全部用于为会员服务、商业广告、营销推广、课题研究、产品开发、技术培训、维权保护、标准制定等。对每个成员如何使用"爱达荷土豆"商标，协会制定有非常严格的标准。在活动营销上，协会更有许多创新设计，十分值得我们学习。

除了美国的"爱达荷土豆"，著名的农产品区域公用品牌还有新西兰的"佳沛奇异果"、日本"神户牛肉"等，都运作得很成功。我这里就不一一展开了。

新奇士水果、爱达荷土豆、新西兰奇异果 LOGO。

三是运营模式。品牌规划完成之后，由谁来运营就成为一个十分突出的问题。根据我们所掌握的情况，当前一般有这么几种情况：

第一种是协会运营。主体明确，成效也比较理想。这种运营方式多表现在单产业品牌。如果是企业老板担任会长，那么问题可能就比较多。有的不感兴趣，听之任之；有的近水楼台，据为己有。对此，我的观点是：区域品牌的成长壮大与行业协会发育密不可分，一定要想方设法加快培育行业协会。

第二种是委托民企运营。前段时间我刚刚调研了"毕节珍好"，这是我们中心帮助贵州创建的一个品牌，发布不久，就由毕节市政府委托给当地一个传媒公司运营。但运营主体面临压力较大，有人认为这是国有资产流失。我的观点：公有制也有多种实现形式，政府创建的公用品牌委托给民企运营，从理论上不存在问题，但必须制定严密完善的管理制度。

第三种是组建国企运营。如"丽水山耕"，品牌由"丽水市生态农业协会"所有，再由协会委托丽水农发公司运营。运营经费则来自市政府购买服务。但注意，品牌运营并非产品经营。否则就有与民争利、国进民退之嫌。

第四种是组建合资公司运营。如四川金堂县的田岭涧。

总的来看，不管谁来运营，政府的支持必不可少。区域品牌本身就是公益性质的，政府不去支持谁去支持？生了儿子不养，还不如不生。今后，批评运营的重点，我认为应该逐步向行业协会过渡，最后像美国爱达荷土豆，能够自我管理、自我发展，达到良性循环。

四是传播问题。为什么要讲这个问题？因为创建区域品牌时，许多地方存在模糊认识。认为规划编制完成等于品牌创建大功告成；认为新闻发布会召开了，就意味着品牌创建完美收官。实际上，完成品牌规划仅仅是万里长征第一步。

品牌是需要传播的。品牌活在传播中。没有传播，品牌是死的；只有传播，才能赋予品牌以生命。就此我提出传播中存在的几个问题。

1. 加大传播力度，持续推进传播。规划完成之后，财政还要加大力度，投入品牌的传播，而且要有持续的投入。不能今年投了，明年再说。那是没有效果的。

2. 传播活动要有一致性。不管何时何地何活动，只要是传播，就要围绕品牌定位，要以品牌资产的积累为目的，不能发生偏离。

3. 掌握传播方法。地方政府比较擅长的，是公关及活动传播，此外还有新闻传播。渠道及产品传播是最直观、最有效的传播。此外还有广告传播等。

4. 把握传播方式。我们已经从传统的纸媒时代进入读图时代，现在是视频时代。人们不想太累，不想看文字，因此我们要学会用视频的方式，让受众轻松地接受。

5. 瞄准传播对象。传播给谁看，看上去不是个问题，但事实上问题很严重。比如视频，我们看到的，是几乎千篇一律的"程式化"表达。我们要搞清，受众到底是领导还是消费者。如果是领导，应该"高大上"，如果是给消费者看，那就要讲故事。

6. 认识传播规律。现在是信息碎片化时代，以前中央电视台一统天下的时代已经一去不复返，传播的资源正在日益分散。在这种情况下，我们的传播应该从口碑开始。

五是政策体系的调整。这么多年来，我们的政策体系，都是围绕着扩大产能这一目标制订的。现在从食物短缺时代走向过剩时代以后，政策体系必须作出调整。

1. 扶持政策：从扶持生产到扶持品牌营销。原来扶持的如良种、农机、植保等政策，应该转变为扶持品牌和营销。

2. 科研体系：从研究生产技术到研究品牌营销。原来鼓励的，清一色的都是高产品种，许多传统的品种、优异的品种由此惨遭淘汰。

3. 评价及奖惩体系：我发现，目前现代农业评价指标体系中居然没有品牌方面的指标，这样评价出来的结果科学吗？可信吗？

4. 人才培养：从培养生产技术人才到培养品牌营销人才。中国那么多农业大学，大家看看，培养的是不是全都是生产技术人才？包括继续教育，我们举办过几期品牌营销的培训班？

另外，像我们的舆论导向，也要从报道规模和产量到宣传质量和效益，营造并推动我们的转型升级。只有从方方面面都落实到位，我们的品牌化才有希望。

让人欣喜的是，山东在行动！

产业化时代，山东通过规模和产量，创造了一个"量"的高地，成为农业产业化的先锋；而品牌化时代，山东则完全有可能通过"母子品牌"，再造一个"质"的高地，成为农业品牌化的标杆。从量到质，山东将自始至终引领中国现代农业的发展。

谢谢大家。

（本文为作者 2016 年 6 月 16 日在山东省品牌建设大会上的发言）

第三章
五问有关区域公用品牌

　　尽管通过各种努力，区域公用品牌一时成为十分流行的概念，许多地方纷纷投身其中，但对区域公用品牌的争论，自始至终没有停止过。其中，政府部门许多人因为不解产生了疑问；也有研究人员借助一些片面化的理论展开争论。一些咨询机构则一开始以导师身份，反对区域公用品牌，但在现实面前又很快回头，转身扮演起区域公用品牌导师。

　　赞成也好，反对也罢，作为一种全新的品牌形态，区域公用品牌受到关注、产生争论自在情理之中。毕竟，中国进入商品经济为时不长，人们所熟知的，只是企业品牌、产品品牌而已。大多数研究者所擅长的，也只是解释这个世界，而不是改变世界。

　　但历史既然选择了我们作为突破者，我们就有责任、有义务尽自己的绵薄之力，利用任何一个场合，不厌其烦地进行解释，哪怕一而再、再而三地不断重复。我们甚至举办了"芒种品牌大讲坛"，在全国各地进行公益性质的巡回报告。只要地方政府有需要，我们都会欣然前往，共同探讨一些根本性的问题。

区域公用品牌的大行其道，自有其深刻的制度背景和行业锁定。在农业市场化进程中，人们日渐发现，在现行农业基本经营制度下，要依靠企业主体创建品牌，实在难以稳操胜券。只有通过政府创建区域公用品牌，进而带动主体进入市场，降低其风险和成本，才有可能快速达成农业的品牌化。那么，这种"快速达成"又是如何产生的呢？

每一次论坛、每一届大会，都是我们探讨区域公用品牌的最佳平台。

我们知道，创建品牌需要比较大的、持续的资源投入，包括资金、人力、物力等，这些资源很难为弱小的农业生产主体所拥有，但却基本都掌控在地方政府手中。财政部门掌控预算、农业部门掌控项目、宣传部门掌控媒体，市场监管部门掌控商标注册和维权打

假。这种种的资源，平时都散落或者闲置在各个部门，尽管有心解决产业发展、农民增收问题，但却缺乏平台整合资源、共同发力。而现在，这个理想的平台终于浮出水面。在四统一的基础上，政府可以协同各个部门，集中发力，迅速打响区域公用品牌。

例如传播，政府部门不仅拥有专职机构单位宣传部，也拥有媒体诸如电视台、报纸、电台、自媒体，可以围绕品牌策划举办一系列活动，通过整合资源，进行传播资源的集中释放，快速形成市场影响力。

这正是与企业品牌、产品品牌相比，区域公用品牌能够在短时间内获得成效的奥秘所在。政府作为一架庞大的管理机器，一旦启动品牌创建工程，所有的资源都将得到充分调动。而政府的介入和干预，则将传递给消费市场以信心，并且将信心转化为销售和溢价。

这一品牌能量释放的逻辑，已经不再是秘密，而是不断为区域公用品牌创建的实践所证明。比如"户县葡萄"，在品牌顶层设计完成之后，组织四套班子领导分往四个主销城市推介，同时通过高炮广告、机场广告进行品牌传播，双管齐下，不仅当年就销量大增，而且每斤价格上涨1元。

随着竞争的日益加剧，陕西户县葡萄倍感压力。面向消费者，户县葡萄说什么，怎么说？
当一切规划设计完成，地方政府即兵分几路，赴全国各地进行统一推介。
统一的口径、统一的形象、整合的媒体传播，很快就在消费市场形成了"户县葡萄"认知。
当年，户县葡萄的售价就超过竞品每斤1元。

自从经济学诞生以来，政府的行为边界始终是经济学家所热衷讨论的问题之一。

有种观点认为，品牌是竞争的产物，是市场经济的产物，因此品牌应该由市场主体创建。有的人还根据党的十九大报告"要充分发挥市场在资源配置中的决定性作用"认为，政府不应该插手品牌创建。

这种理解明显脱离了中国小农经营这一基本国情：在中国，农业从来不仅仅是简单的农业，而是具有独特属性的一种商品。在农产品尤其是粮食等大宗农产品身上，不仅附着了商品的属性，更烙印着社会稳定的色彩；中国的小农有其长期存在的合理性，如何帮助小农户与现代农业进行有机衔接，不仅是社会各界需要探讨的课题，更是政府义不容辞的职责。

那么，在市场经济条件下，在大市场、大流通背景下，小农需要什么服务？品牌营销无疑将是其中不可或缺的内容。就此而言，政府创建区域公用品牌，不仅不是越位，而且是找到现代农业发展的痛点之后所提供的一种公共服务，体现的是政府的职责和担当，是政府主动介入改造小农户的一种道路和方法选择。

创建区域公用品牌，政府是不是越位？

有关区域公用品牌的一切，都是大家迫切希望打开的谜团。
哪怕在一整天忙碌的会议之后，大家仍然希望聚在一起，不断地进行探讨、切磋。
图为"中国农业品牌百县大会"召开之际，代表们利用晚上休息时间，
相聚一堂，共同探讨政府定位问题。

　　长期以来，谈到公共服务，我们都习惯于认定为基础设施、技术服务等，而将管理范畴的品牌建设排除在外。这显然是历史形成的一种缺憾。

　　只不过我们必须时刻警醒：政府的持续关注和投入毕竟勉为其难，我们应该未雨绸缪，探讨一种政府适时退出而进行市场化运作管理的方法。

附：浙江茶叶品牌建设论剑

艾丰：中国名牌培育委员会主任、著名经济学家、品牌专家

高峻：梅高（中国）创意咨询有限公司公司董事长、纽约国际广告节常任理事、首届中国十大广告经理人

胡晓云：浙江大学广告研究中心主任、《中国广告》杂志编委

浙江缺的不是名茶，而是名牌

　　艾丰：今年，由浙江省农业厅组织，评出了全省的十大名茶，还到香港等地做了大规模的推广宣传。客观上讲，评选有现实的用处，能促销，能帮助浙江名牌茶叶脱颖而出。评选的主体，我们暂且不做评论。就评选的结果来看，只要坚持客观、公正的原则，有个八九不离十的认可就不错了。世界上没有绝对可言。但我们必须认识到，名茶并不是名牌。名茶是会过时的，但名牌是不会过时的，甚至是越老越值钱。

　　高峻：名茶是政府评选产生的，名牌是社会公认的。政府的认可和社会的认同有时候是一致的，但两者之间并不能画等号。可口可乐、万宝路的品牌价值是社会赋予的。我们没有见过政府颁给他们"十大名饮""十大名烟"称号。现在，浙江缺的不是名茶，而是名牌。浙江也不该再坐而论道，奢谈品牌的重要性，而应该以实际的行动来代替一切。

　　胡晓云：在浙江，可以说，无茶不得奖，是茶都有"名"。一方面，这是好事，说明我们的企业创牌热情高涨，说明他们认识到了品牌的作用。但另一方面，家家得奖，就无奖可言；人人皆"名"，"名"就一文不值。另外

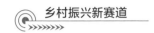

一点，我觉得，名茶的评选更多的是从茶叶的理化指标入手，而品牌，则更多的是从文化的层面来进行考量。

浙茶要捏成拳头

艾丰：浙江的茶叶是一个优势农产品，浙江完全有条件做好、做大这一产业。从茶叶产业来看，易储藏，易运输，附加值高，有搞头。从浙江地域来看，全国茶叶中心的雏形已经形成。这里有农业部的茶叶研究所，有中国茶叶博物馆，有中国茶叶学会、国际茶文化研究会，有全国的茶叶检测中心，有茶学界唯一的院士。现在，杭州又明确提出要打造"中国茶都"。浙茶要发展，可谓占尽天时、地利、人和种种优势。

高峻：中国是最早发现茶、利用茶的国家。中国茶主要是绿茶，绿茶的代表性产地就是浙江。应该说，浙江对中国茶是有解释权的。我们要巩固这种解释权，强化这种解释权。我们有条件制定自己的标准。标准是一个基础，没有标准就没有办法判别好坏。我们要让别人来接受这个标准。在这一基础上，浙茶要整合品牌，捏成拳头，从"浙茶"的角度形成自己的大品牌。

浙江应该打出"中国茶始文化"的概念，代表原创，这是最有说服力的。现在各地都在"挟天子以令诸侯"，浙江应该很敏感，应该有所行动。要打开视野，把陆羽搬出来，塑造成茶神。这个"茶神"就出在浙江，让世界各地的人都来朝拜。这样，才能把浙江茶叶的地缘优势、产业优势放大。我们还要让人有东西可看，可读，可玩，可传播。就是说，浙茶要编故事。做品牌其实并不难。做品牌其实就是编故事。

胡晓云：中国也有红茶，但是，红茶已经不可能代表中国，"立顿"等品牌已先入为主。在人们的印象里，说到红茶，就想到英国。在日本，人们有一种错觉，以为中国的茶就是乌龙茶，一直到茶饮料兴起，才知道中国茶应该是绿茶。

以上说明，中国茶的代表只能是绿茶，但以浙茶为代表的中国茶，在国际上还没有广为人们所了解。浙江茶叶的春秋战国时代即将来临，浙江茶叶品牌面临着一场洗礼。到最后，众多的品牌可能会被淘汰出局，只留下三五个。谁能在这场激烈的竞争中脱颖而出，最终成就自己的霸业，关键就看谁能未雨绸缪，积极、主动地建设好品牌。在这个问题上，可以说，谁觉醒得早，谁走得快，谁就是受益者，谁就多一分胜算。

茶叶牌子太多太散太乱

艾丰：农产品销售，没有自己的品牌不行。从全国的角度来看，农产品的品牌建设需要大力加强。但是，具体到浙江茶叶，不是品牌太少，而是品牌已经太多。浙江全省一共有 200 多个茶叶牌子。丽水就有 39 个之多，遂昌一个县有 16 个，西湖龙井也有 9 个牌子，让人眼花缭乱。浙江茶叶品牌要"计划生育"。

高峻：品牌是需要规模的。浙江的茶园面积 200 万亩，茶叶牌子是 200 个，平均一个牌子 1 万亩，这样的规模是做不好品牌的，做出来的牌子也不可能走向世界。斯里兰卡的茶叶主要就是一个"狮牌"，美国加州的农产品统一牌子叫"新奇士"，韩国所有的农产品出口也只有一个牌子。事实证明，越是集中，越是专业，越能做成大品牌。

胡晓云：茶叶牌子太多、太乱，反映出我们对品牌的认识还不到位、不深刻，以为牌子越多越好；同时从本质上反映出我们的政绩观、我们的政绩评价标准有问题。许多政府官员认为，你有不等于我有，为官一任，总该留下一点自己的家产。因此，你搞你的，我搞我的，大家都忙得不亦乐乎。这种现象最后只能导致残酷的内部竞争，导致财政的极大浪费。

政府应该回归本位

艾丰：品牌建设的主体，我认为有两个半。一个是企业，企业品牌的知识产权十分明确，因此最有前途；第二个是中介组织，他们建立的大多是公用品牌、证明商标；另外半个就是政府。在农产品品牌建设初期，政府有责任出面主导。而且可以说，这个主导是至关重要的。但是，从长远来看，政府必须彻底退出品牌建设主体的位置。

高峻：在茶叶品牌的建设过程中，浙江有一种共同的做法，甚至已经形成模式，为中西部所广泛效仿。这就是政府掏钱做公用品牌，领导亲自出马四处吆喝。对此，我们表示敬佩，我们也不能不承认，这种做法是卓有成效的。但是，我们必须警惕。在市场经济的环境里，政府最重要的职能是制定游戏规则，是创造氛围，是监督标准的执行。政府应该及时回归本位。

胡晓云：品牌是市场经济的产物，只有在市场经济的残酷竞争中存活下来的品牌，才是真正具有生命力的。从另一个角度看，产茶的地方往往是山区，交通不便，经济欠发达，政府每年要投入数百万元做品牌，并不是一件简单的事。政府如何摆脱重负，必须探索从行政行为尽早转向市场行为的路径。

（作者蒋文龙，原载《农民日报》2005 年 2 月 24 日）

1968 年，英国作家哈丁在《科学》杂志上发表了著名的"公用地的悲剧"，该文描述了理性地追求个体利益的最大化将导致公共利益的受损。"公地"制度是英国的一种传统土地制度，封建主拿出一块尚未耕种的草场，供牧民无偿使用。结果是因其公共特性，牧民无节制地扩大生产规模，最终导致草场的过早退化。"这就是灾难之所在，每一个人都被锁在一个迫使他在有限的范围内无节制地增加牲畜的制度中。毁灭是每一个人都奔向的目的地，在信奉公用地自由化的社会中，每个人都追求各自的最大利益。"由此，"公地灾难"广为人知。

依据"公地灾难"理论，反对者对区域公用品牌的未来不抱希望，甚至举出一个又一个的案例，如阳澄湖大闸蟹、五常大米、西湖龙井等，说明公用品牌一旦广为人知，随之而来的，就是假冒伪劣泛滥，认为这是必然的、无法破解的规律。

但我们必须认识清楚，"公地灾难"的两个假设条件：一是人性的自私和贪欲，二是缺乏严格而有效的监管。这也就意味着，只要加强管理，公地灾难并非牢不可破。

今天，我们打造区域公用品牌，并不是简单地使用这类品牌，而是采取"母子商标"相结合的方法，这就是一种有效的管理：假如产品出现质量安全问题，我们随时可以通过追溯系统，查找到相应的生产主体。

哈佛大学做过一项研究：给考察者每人 10 美元，要求他们从中自由捐出一部分，捐出的钱会被翻倍，重新分配给捐钱的每一个人，但最后发现，这个游戏玩不下去了，因为捐钱是匿名的。每个人都希望自己不必捐钱而能翻倍拿到奖励。

后来改变了规则：没有捐钱的人也可以参加分配，但必须公布名单，这下，大家都拿到了翻番的钱，因为人人具有羞耻感，不愿意被人视为"不劳而获"者。

经济学上有许多类似的研究都表明，制度的制定、技术的应用将极大地改变问题的走向和结果。

图为浙江鸿程数字机构的小伙伴正在探讨"西湖龙井"数字化管理系统构建

附：数字赋能，"西湖龙井"品牌突围

对一个地域而言，地理标志品牌究竟意味着什么？西湖龙井，对于杭州来说，无疑代表着一种灵魂和品位。

令人遗憾的是，这个足以让杭州自豪的品牌，假冒伪劣一度如影随形，挥之不去。只要一提到西湖龙井，消费者联想到的，不是源远流长的历史文化，而是提心吊胆的购物体验。

近年来，在西湖龙井品牌保护上，尽管有关各方想方设法、绞尽脑汁，但似乎收效甚微。一方面，品牌知名度如日中天，人尽皆知；另一方面，每年将近年关，茶农还在为卖茶伤神。

西湖龙井，一个承载着杭州形象的品牌，一个寄托着中国茶叶国际声誉的品牌，究竟如何才能获得消费者信任？

打假困境

世所公认，中国是茶的故乡。而说到茶叶，绕不过西湖龙井。

因湖而名，傍城而生。西湖龙井的每一片叶子都浓缩着历史，诉说着文化。在杭州城市宣传片中，与湖光山色相融，西湖龙井更是不可或缺的元素。

但假冒伪劣一直侵蚀着品牌诚信。西湖龙井只有 2.16 万多亩茶园，年产量 500 多吨。杭州作为国际旅游城市，每年游客数以亿计。茶叶市场缺口之巨可谓天文数字。然而，浙江 18 个县区均生产和加工龙井，虽然分为西湖产区、钱塘产区和越州产区，但无论茶叶品种还是制作方法都如出一辙，客观上造成了龙井之间"真假难辨"，以致本地茶农制假售假屡禁不绝，外地客商浑水摸鱼，借机牟利。

"劣币驱逐良币"的悲剧，不仅使茶农利益受损、欲哭无泪，也让消费者权益受损、投诉无门，更让西湖龙井品牌蒙污、被人诟病。

对此，西湖龙井茶产业协会屡屡出台办法，进行应对。据知情者回顾，在茶界，西湖龙井最早实现原产地域保护，但当年由于工商和质检分属两个系统，要贴原产地保护和证明商标两个标识，不仅手续繁琐，而且缺乏后续监管，导致品牌保护形同虚设。

情急之下，2011 年开始，协会开始聘请专业律师团队前往全国各地市场打假。

此后，杭州在市级层面成立了西湖龙井茶管理协会，希望通过雷霆手段，整肃西湖龙井的市场乱象，但由于注册商标由西湖区茶产业协会控制，没有及时转让，以致无法实施有效监管，最后功亏一篑。

2019 年 3 月，个别茶农制假售假、买卖茶标现象被媒体曝光，再次掀起轩然大波。

西湖龙井何去何从？

解决方案

西湖龙井的品牌保护，固然必须进行市场打假，但如果没有做好内部管理就贸然出手，不仅解决不了根本问题，还容易造成市场过激反应。接过"烫手山芋"的杭州市农业农村局综合分析认为：西湖龙井产业集中度低，所涉主体不仅有茶农，也有茶企；不仅有本地，还有外地；不仅商品流通环节过多，而且质量难以用肉眼分辨。面对如此复杂多变的现状，依靠传统的管理方法势必难以奏效，必须充分发挥杭州优势，利用现代化的数字手段进行应对。

在这一理念驱动下，杭州市出台"西湖龙井茶产地证明标识管理办法"，并运用移动互联网、大数据等先进技术，构建"西湖龙井茶数字化管理系统"，将168平方公里保护基地内的所有茶农和茶企统一进行数字化管理，以图一雪前耻。

"尽管表象扑朔迷离，但茶叶产量每年基本稳定。因此只要管住茶园，就能管住根本。关键是我们怎么去管，通过什么技术手段去管。"杭州市农业农村局局长赵国钦认为。

记者了解到，其数字化管理体系构建思路大体如下：

首先，由区、镇、村三级根据测绘数据，对茶农和茶企的茶地面积进行核定，并统一填报到数字化管理系统；然后在管理系统中，为每家主体建立独立的电子账户。该电子账户按照实名制管理，并按其茶园面积核定干茶数量。

这样一来，当农户将鲜叶销售给茶企时，其电子账户中的干茶数量（鲜叶干茶按4∶1换算）将同步核减，收购企业电子账户中的干茶数量则同步增加，两者一一对应。如不匹配，系统将自动报警。对外包装销售时，茶农和茶企可凭其电子账户中干茶数量，提前换领实物证明标。

所有发放的实物证明标统一编号管理，茶农、茶企申领证明标时，其电子账户中同步显示申领的证明标编号。根据编号，可随时追溯源头。按规定，所有对外销售带包装的西湖龙井茶，必须在外包装上张贴实物证明标，否则将依法进行查处。

由于数字化管理系统堵住了制假售假的几乎所有漏洞，因此遭到许多人或明或暗的抵制。其利益盘根错节，关系四通八达。"数字化管理尽管有可能让大家的利益一时受损，但只要一以贯之，物以稀为贵，品牌受益将是长远的、可持续的。"赵国钦态度坚如磐石，不为所动。

随后，西湖龙井实行品牌授权经营，与100多家经营主体签订承诺协议，并开展大规模的业务培训，普及数字化管理的必要性和操作要领。另一方面，与天猫、京东等电商平台签约合作，规范电商市场销售行为，并与中茶所联合成立西湖龙井茶质量鉴定中心，提供鉴定服务。在此基础上，聘请专业的律师团队打假，邀请媒体明察暗访，提供线索。一经发现问题，统统按律严处，绝不偏袒。屡教不改的，直接吊销"营业执照"。

"西湖龙井的确深不可测。但如果熟视无睹，或者敷衍了事，我们就是践踏'金名片'，断子孙饭碗，做缺德事。"赵国钦充满感情地告诉记者，接下来，杭州准备通过立法，形成工作闭环，最终将西湖龙井打造成"国内领先、国际一流"的茶叶品牌。

"龙抬头"

数字化管理系统施行不到一年，尽管市场上茶农零星买卖茶标、包装标识不规范、"打擦边球"等现象仍有存在，但"做真、做优、做精"的共识正在加快形成。很多人对数字化管理系统的态度，也从刚开始时的摇摆、抵制，变成了普遍欢迎和支持。

一个让人兴奋的事实是，西湖龙井的产值实现了大幅增长。2020年，受倒春寒以及疫情等影响，尽管春茶产量同比减少了4.3%，但平均售价同比增长55.1%，产值同比增长48.6%。这一逆势增长的背后，正是数字化管理帮助西湖龙井实现了优质优价。

与此同时，制假售假基本绝迹。由于西湖龙井茶标发放、划转、流向等实行全程闭环监管，有效堵住了实物茶标买卖的漏洞，最终，茶农们还主动将因减产而结余的22吨茶标退还给协会。线上线下，西湖龙井泛滥成灾、低价叫卖的现象基本销声匿迹。茶农手里的西湖龙井茶不仅不愁卖，而且都成了抢手货。

反映到产业上，则是集中度得到有效提升。往年，西湖龙井的企业实际收购比例不高，主要是因为茶农自产自销。2020年，约45%的茶农选择将茶叶出售给企业，其中"头部茶企"正浩茶叶、西湖龙井茶叶、浙茶集团的收购量较上年实现翻番。更多的茶企摩拳擦掌、信心满满，准备来年大干一场。

据最新发布的《2020中国茶叶区域公用品牌价值评估报告》，西湖龙井以70.76亿元的品牌价值蝉联榜首。在单位销量品牌收益上，西湖龙井同样高居第一，比第二位的安吉白茶高出7.2倍。特别是一级保护区的明前西湖龙井，市场售价每斤基本上都在 3000 元以上，遥遥领先于其他茶叶品牌。

胡璧如是正浩茶叶品牌当家人。这位从国外留学归来的"新农人"，一开始对数字化管理也有诸多顾虑。公司老员工告诉她，茶标管理十多年前就搞了，搞不好的。因此，在政府征求"数字化管理系统"意见时，她洋洋洒洒写了一大篇，表示质疑。后来又一股脑儿全删了，只写了两个字"同意"，还重重打了个惊叹号。

在当时的胡璧如看来，既然是政府在推动，顾虑也好，担忧也罢，总之只能配合。但这种被动情绪很快被冲淡，尤其当看到政府有条不紊推出后续举措时，她的信心在逐步增强。向茶农收购茶叶时，她明确要求"不给标就不收"。就连其年近六旬在杭州茶界很有号召力的父亲，也开天辟地做起了直播，帮助政府推动新的管理体系实施。

正浩茶叶品牌的发展没有辜负胡璧如的一腔热情。2020 年，公司的茶叶销量、价格、盈利都出现令人意想不到的增长。"西湖龙井是我们企业的根基，贴标销售是我们的生命线。只有保护好品牌，我们的经营发展才能可持续，才能心安理得。"胡璧如说。

实践启示

地理标志农产品是中华农耕文化的重要传承，值此多元消费时代，有的备受青睐，却难逃"公地灾难"；有的则在规模化冲击之下，左顾右盼，无所适从。因此，如何保护传承，采取什么手段，是值得共同关注的问题。浙江大学城乡规划设计研究院数字品牌融合研究所副所长朱振昱认为，西湖龙井的实践给人诸多启示。

一是在消费层面。有人认为，数字化管理虽然做到了保真，但物以稀为贵，随之而来的高价却只能让普通消费者望洋兴叹。实际上，像西湖龙井茶这样的地理标志产品，受到生长环境、人文历史、加工工艺等因素影响，产量和规模十分有限，不可能让所有人都消费得起。只有坚持高端精品定位，进一步凸显品牌的核心元素，才能真正保护好、传承好地标品牌。

二是在产品层面。为了追求高效益，许多人曾经牢牢盯住早产和高产，有的甚至不惜以次充好、以假乱真，赚"昧心钱"。数字化管理体系的实施，让更多的茶农和茶企认识到，只有通过提纯复壮，恢复群体种的品种特性，只有恢复手工炒制，凸显西湖龙井的工艺特质，从而延续品牌的历史和文化，才是西湖龙井高质量发展的应有内涵。西湖龙井的实践说明，政府保护品牌的初衷和动机，与茶农、茶企增收的目标并不相悖，而是完全一致的。

三是在技术层面。地标品牌固然是和璧隋珠，不可多得，但因为农业生产的特殊性，一直缺乏有效的监管保护手段。西湖龙井的实践说明，通过互联网、大数据、云计算等技术手段，进行技术创新和制度创新，是改变信息传递模式，重塑政府管理模式、服务模式，提升政府治理能力的必然选择。

朱振昱建议，下一步，可进一步结合区块链技术，让生产加工主体、政府主管部门、社会化服务机构及消费者等利益相关方，采用数字化的方式共同参与品牌建设，实现品牌数字化认证，提高品牌美誉度，提升品牌价值。

（作者蒋文龙，原载《农民日报》2021年2月5日）

消
费
者
会
为
区
域
公
用
品
牌
买
单
吗
？

在"济宁礼飨"品牌规划论证会上，山东工业大学一位参与评审的教授提出疑虑：尽管品牌规划设计做得好，但消费者会为区域公用品牌买单吗？

持这种观点的人其实不在少数。他们缺乏对区域公用品牌的深入理解。我们使用区域公用品牌，不是让它单独面对市场，而是与生产主体的品牌相结合，以母子品牌的构架共同出战。母品牌和子品牌有着不同的功能和作用，如同海陆空密切配合的登陆战。

空军的任务是投掷炸弹，消灭对方的有生力量，破坏其障碍，形成强大的舆论压力和震慑力；而占领阵地，则需步兵面对面拼持刀，最终将己方的旗帜插上山头。你不能荒谬地要求空军直接夺取阵地。

多品类品牌犹如政府发展现代农业的抓手、推介优质农产品的平台、招商引资的媒介。消费者并非直接购买这一品牌，而是通过这一品牌，进一步认识旗下的企业品牌、产品品牌，从而最终实现购买。

政府创建的区域公用品牌，只是一种背书，它通过统一品牌、统一标准、统一运营、统一传播，短时间内形成强大的知名度和影响力，为企业品牌进入市场减轻风险、降低成本。

每到一地进行产品推介，政府都需要一个抓手，这就是区域公用品牌。利用这个品牌，政府搭建桥梁、举办推介会、参加博览会、投放广告，都是给企业占领该地市场创造条件，但这不是说区域公用品牌"赤膊上阵"，直接面对市场，实行产品销售。

区域公用品牌和生产主体品牌之间，实行的是一种完美的协同战。

"母子品牌"的不同性质和作用

母品牌	子品牌
权属：共有、统一	权属：私有、自主
作用：为区域性产业背书	作用：为企业产品背书
运营主体：国有企业/社团组织	运营主体：企业
目的：共性与个性的统一	目的：突出个性

「母子品牌」之间有何异同？

"母子品牌"的互动赋能

让我们首先来看看"母子"有何不同：

从权属上看，"母品牌"的商标通常是证明商标或者集体商标，由政府部门（事业单位）或行业协会出面注册，具有开放性、公益性，是所辖生产主体或会员共同使用的，而"子品牌"由企业注册，为企业所有，是一种私有的、自主的品牌。

从作用来看，"母品牌"起到的，是为当地产业进行背书的作用，体现的是当地政府的意志，而"子品牌"为注册企业的产品背书，是为了凸显企业文化和意志。

不同属性的品牌，其运营机构也完全不同："母品牌"一般由"公家"单位运营，通常情况下，单品类品牌多由行业协会负责运营，多品类品牌则往往由政府成立国企实施运营，而"子品牌"当然由企业自己负责运营管理。

从要求来看，"母品牌"必须注意共性和个性的有机结合。所谓共性，指的是要体现出本区域内农产品的共同特性，如共同的文化价值坚守，共同的质量体系因循，共同的产业发展愿景。它们是各个产业主体共同的价值财富。放在全国层面看，这种共性则成为鲜明的个性，以彰显自身与其他区域公用品牌的区隔。作为区域公用品牌，母品牌的存在价值，是因其拥有"双面性"，而子品牌只

需要突出自身个性价值。

母子品牌之间，不是矛盾对立的关系，而是相互赋能的互补。当企业子品牌尚处弱小之时，以政府为后盾的母品牌，因为聚集了诸多资源，且实现多个统一，能够迅速打响，给予子品牌以背书支持，降低子品牌进入市场的成本和风险；而子品牌在使用母品牌这一背书时，实际上就是给母品牌以支撑，尤其当子品牌成长之后，完全有可能反哺母品牌。这是一种辩证的共同成长方案，而非此消彼长的相互制约。

那么，鼓励创建区域公用品牌，是否意味着不要生产主体的子品牌呢？我以为这根本就是无稽之谈。因为区域公用品牌的标配就是双商标的"母子品牌"。而"母子品牌"的最终目标，不是做大母品牌，而是通过母品牌的背书支持，做大做强子品牌。

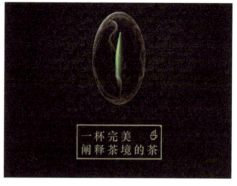

区域公用品牌的奥妙在于揭示区域共性的文化地理价值，而企业品牌要做的，是针对细分的消费市场，进行价值的再聚焦、再呈现。图为四川竹叶青对消费诉求的表现。

附："一座保山"一品一爆项目总结

"一座保山"作为保山市农产品区域公用品牌，按照"一座保山"一品一爆项目协定，目前项目已经执行完毕，本报告将从供应链改造、营销推荐、平台销售、品牌曝光、产业建议五个维度对项目进行总结。

项目意义

该项目以"一座保山"为品牌载体，保山小粒咖啡为产品载体，通过建立"一座保山"区域公用品牌和保山小粒咖啡地标品牌、企业品牌的三级联动机制，试图摆脱纯经销商模式，逐步探索"一座保山"品牌的主动机制。

保山作为云南小粒咖啡三大产区之一，是中国小粒咖啡种植和加工的先驱，小粒咖啡种植历史悠久，栽培经验丰富。保山小粒咖啡的优异品质，为"一座保山"提供产品基础。"一座保山"品牌为咖啡进行背书宣传，实现品牌与销量互相促进，做到真正品效合一。

此外，项目与京东、每日优鲜、微店等建立合作的契机，为保山小粒咖啡及其他保山市的优质农产品打好渠道基础，是一次"一座保山"品牌运营团队的品牌电商运营实战，能大大提升团队在电商活动中的策划与运营能力。

供应链梳理

1. 产品形态

为突出产品特色并使之适应电商渠道需求，项目组通过多种产品的挑选对比，基于市场情况以及用户群数据分析，并结合多位咖啡师的专业建议，在众多产品中最终确立了速溶3合1、精品咖啡挂耳包、蓝山（意式浓缩）风味烘焙豆、铁皮卡四款产品，尤其主打精品咖啡。无论是产品品质，还是活动价格，都比较有核心竞争力。

2. 产品包装

项目组根据"一座保山"整体视觉规划调整设计了产品包装。通过统一的主视觉，进一步传播"一座保山"区域公用品牌，实现产品销售的背书功能。

3. 发货流程

初步培训村公司的员工，普及线上电商运营、打单发货、客服回复等，让员工有初步能运营线上店铺的基础技能，保障"一座保山"咖啡项目基础的发货物流执行。

营销推荐

本次活动主要以微店为核心进行营销推荐，活动期间累计推荐信息覆盖超 2800 万人次。

1. 营销亮点

（1）用渠道做内容，用内容衬渠道

咖啡，通常被认为是舶来品。如何借助"国潮咖啡"风潮赋能"一座保山"咖啡，成为本次项目的核心突破点。项目组将资源重心设置在了微店上，一方面符合窄众与优质小资人群的定位，另一方面以"咖啡新国潮，定味云南"作为活动主题能与目标人群快速建立强链接。通过策划 S 级活动方案，微店官方 App 上搭建"咖啡新国潮，定味云南保山"大型专题页面、App 开屏广告位、官方公众号推文首推。

（2）小圈层 + 大 IP 模式

为"一座保山"及"保山咖啡"快速建立专业、精致的品牌印象，产品的知名度和美誉度离不开行业大师及意见领袖的品评和向下传播，项目组携手国内 5 位顶尖的冠军咖啡师一起奔赴保山，利用小型品鉴形式给当地咖啡产品带去专业的建议及反馈，并在咖啡圈内打造出云南小粒咖啡以及"一座保山"区域公用咖啡品牌认知。

2. 专题推荐

"一座保山"咖啡项目利用 9 月 23 日微店官方公众号资源，首页推文 1 篇，次推文 1 篇，分为咖啡和农产品两个专题，其中首推文阅读量 10 万 +，次推文 4.6 万 +，总计信息推送覆盖超 2000 万人（微店公众号粉丝 2300 万）。活动中，联动中国故事第一台 988 电台资深主持人进行直播，跟微店官方推文做一个完美结合，直播 + 推文双渠道模式，销量和品牌传播双丰收！

3. 事件推荐

10 月 21 日结合当时大热电影《一点就到家》的云南咖啡热点，争取到微店又一次官方资源，重点介绍了此次合作的庄园及"一座保山"背后的故事，由故事引出产品，将"一座保山"整体形象再次拔高并大面积传播。推文整体阅读量 10 万 +，总计信息推送覆盖超 800 万人（微店服务公众号粉丝 825 万）。

4. 直播推荐

直播平台利用：微店直播 9 月 23 日当天直播最高同时在线 2.6 万人，总计 30 万人观看此次直播，为此次"一座保山"及"保山小粒咖啡"知名度和认知度打开了局面。

5. 专题页推荐

微店官方流量：搭建云南咖啡专题页，在微店首页设立入口，直接导入流量。

平台销售

截至 11 月 15 日，总计销售"一座保山"及关联产品 2 万单，整体销售额在 45 万元左右（以产品成本口径统计），后续微店、京东、淘宝、每日优鲜可继续销售及合作。

1. 微店销售

活动主推咖啡产品，并带动保山当地农产品共同推广。本次活动共计上架保山产品 13 个，全国特产 5 个。截至 11 月 15 日，产品销售单量 6000+，销售额近 15 万元。活动总浏览量为 79107，活动当天商品转化率约 10%。

2. 淘宝店销售

主推咖啡，提升店铺的 DSR，联合抖音每日优鲜主播"老板上班了"做营销推广。本次活动共计上架产品 2 个——保山速溶咖啡和保山挂耳咖啡。截至 11 月 15 日，产品销售单量 9000+，销售额近 14 万元。

3. 京东店销售

主推咖啡，提升店铺的 DSR，对接京东的官方小二资源群。本次活动共计上架产品 2 个——保山速溶咖啡和保山挂耳咖啡。截至 11 月 15 日，产品销售单量 2100+，销售额近 3.2 万元。

4. 线下销售

"一座保山"运营团队通过该项目产品对接线下扶贫渠道，新开发的精品挂耳销售超 2700 盒，销售额 11.3 万元。

5. 每日优鲜

主推速溶咖啡，实际销售单量近 300+。因脆柿产品的标准问题导致对接出现问题，但为"一座保山"品牌与每日优鲜平台的下一步合作打下初步基础。

6. 其他产品销售

项目期间，线上线下积极为保山市优质果蔬产品对接渠道。实地调研后，选定保山甜柿并已列入渠道采购列表，由于供应商寄送样品不合格，导致线下部分无法进行，线上少量销售。其他搭配果蔬产品销售额 59 万元。

媒体曝光

活动期间整合新华网、人民网、环球网、国际咖啡网等多个媒体平台进行新闻报道，点击及曝光量 500 万。

后续产业建议

1. 重视产品商品化及标准化打造

本次重点梳理了咖啡供应链，其他产品供应出现一些问题。其中，由于

保山脆柿给每日优鲜寄样出现大小不一等情况，导致渠道对接失败，后续务必引起重视。

2. 重视店铺基础运营

活动期间，淘宝店铺连续扣分及京东店的拉黑不在计划内，这大大影响了活动效果，也增加了活动营销成本。

建议后续建立以天猫为核心，京东、微店、抖音小店等并行的店铺运营矩阵，加强日常运营投入，做好客服体验的优化，搭建起品牌线上销售体系；通过线上销售体系持续整体运营，积累对应粉丝流量基数，并将之转化为品牌资产，从而促进品牌实现长期稳定发展。

3. 重视内容赋能提升品牌溢价

"一座保山"项目在前期面临消费者认知不足、传播声量不大的课题，因此在策划初期就将"做内容+强认知+提溢价"作为核心策略，尤其在微店整体购买转化率非常高。建议"一座保山"包含咖啡在内的其他农产品在互联网营销+销售项目的初始阶段都对策划内容有计划，找到契合实际的话题+内容+渠道引爆点，打造爆款。

4. 加强"一座保山"项目团队电商培训

为保证"一座保山"区域公用品牌运营可持续化，建议增加保山团队进行电商相关基础操作的培训频次，提升运营人员整体电商运营能力，为保山培育自己的电商运营人才。

项目后续配套服务

1. 提供咖啡产品设计一套。

2. 后续直播、渠道对接活动中，将持续搭配保山小粒咖啡及其他（果蔬为主）产品进行销售。

（本总结由"芒种""一品一爆"项目组提供）

第四章
写进 2017 年中央一号文件

　　2017 年初，传来一个令人振奋的好消息：我们多年倡导、推动的农产品区域公用品牌，终于引起高层重视，被写进了中央一号文件。在"做大做强优势特色产业"部分，文件写道：推进区域农产品公用品牌建设，支持地方以优势企业和行业协会为依托打造区域特色品牌，引入现代要素改造提升传统名优品牌。

　　农业品牌化早已成共识，但中国的农业品牌化究竟应该走一条什么样的道路，长期以来并没有专门机构研究，更没有定论。尽管我们做了大量工作，不断创造、构建各种平台，不遗余力推动"母子品牌"组合的路径，客观上也影响了一大批人，但在全国层面形成统一的思想认识，应该说还未能达到。一些社会咨询机构因为一直以来服务农业企业品牌，而对区域公用品牌十分抵触。为了突出自己的权威地位，信誓旦旦，试图将这一新事物打入"另类"，这在很大程度上混淆了社会的视听。

　　一号文件的颁发，让区域公用品牌第一次登堂入室，以鲜明的形象走进农业领域。大家开始认识到，品牌之于中国农业固然十分重要，但只有区域公用品牌才是地方政府发展产业的最佳抓手。中国农业的发展终于开辟出一条崭新的赛道，大洗牌时代开始了。

在整个中国农业发展的格局之中，本地农业产业的优势究竟在哪里？如何扬长避短确保红旗不倒，或者出奇制胜、弯道超车？作为"父母官"，无论从政绩角度还是农民增收角度，这些都是难以回避的问题。

综观省级层面，习近平总书记走到哪里，说到哪里，应该说，早已有明确思路：云南发展高原特色农业；浙江主攻生态高效农业；上海致力现代农业样板区、示范区；河南承担粮食生产；山东聚焦农产品加工；贵州着力山地农业……

总书记的耳提面命，大大强化了省域农业定位，让许多地方学会了差异化、特色化发展的思路。而2017年一号文件的出台，又大大推进了现代农业发展进程，让大家懂得了如何通过品牌创建将定位进行落地。省级、市级、县级政府纷纷将目光聚焦到区域公用品牌。

如果稍加注意，人们就能发现，品牌组合拳、品牌名录、整体品牌形象、核心价值、品牌代言……这些平时陌生而又拗口，与农业生产似乎八竿子打不着的词汇，陆续进入农业干部的工作日志。

是啊，经过近30年的发展，中国农业的产能得到大幅度提高，人们不仅不必为了农产品的短缺担忧，反而陷入了另一个怪圈，人们不得不为了农产品营销殚精竭虑。

在种植业，各地的大米、马铃薯、苹果、茶叶、玉米纷纷谋求崭露头角；中国的养殖业，牛、羊、猪都在抢跑。毕竟，全国性的大市场、大流通格局初定之后，区域品牌的崛起，让每一个地方都有机会出圈，都有在新赛道上弯道超车的可能。

大洗牌时代到来

大流通、大市场是品牌的竞技场、绞肉机，适者前景广阔，不适者退出舞台。图为芒种团队为山东、贵州、河南、山西等地打造的苹果品牌。

2017 年后，农业部在区域公用品牌建设上明显加大了力度，推出了各种论坛、大会、评选、代言，还有品牌目录等。这些活动的科学性、严谨性、持续性尽管有待提高，但无论如何，在营造区域公用品牌建设的氛围，推进品牌化前行问题上发挥了无可替代的积极作用。而品牌建设的专业性日渐显示出重要的一面。

附：一盛一衰看品牌
——临海蜜橘与黄岩蜜橘调查记

一个声名如雷贯耳、妇孺皆知，有着 1700 多年辉煌历史的柑橘品牌正在日趋没落，另一个名不见经传，屈指算来只有 10 多年历史的柑橘品牌则正呈崛起之势。这一富有戏剧性的对比和变化发生在浙江的黄岩和临海。

黄岩和临海水土相近，气候相同，精品柑橘品质难分高下。然而，黄岩蜜橘和临海蜜橘两个品牌，却面临如此不同境况。

一盛一衰看品牌 对比触目惊心

黄岩蜜橘有 1700 多年历史，唐代时为朝廷贡品，南宋时被称为"天下第一果实"。

计划经济年代，全国人民吃的橘子，七个里面有一个是黄岩蜜橘；世界人民吃的橘子罐头，两罐中有一罐就是黄岩生产的。可以毫不夸张地说，黄岩蜜橘曾是我国柑橘第一品牌。

然而，1983 年水果市场放开后，各种品牌柑橘纷纷抬头，消费者选择空间骤然变大。从此，黄岩蜜橘节节败退。

1986 年，著名漫画家华君武创作了《黄岩蜜橘，榜上无名》，刊登在《浙江日报》上。漫画中，驰名中外的黄岩蜜橘向隅而泣。当时，这幅漫画震撼了黄岩所有的干部和老百姓。

20 余年来，为黄岩蜜橘动了许多脑筋，想了许多办法，但并未挽回颓势。而与此同时，与其一墙之隔的临海蜜橘则从无到有，开始打造品牌，并且迅速崛起，知名度和美誉度甚至超过了黄岩蜜橘。

如今，论规模，黄岩蜜橘已萎缩到 8 万多亩；临海蜜橘则扩张到了 19 万亩，临海无核蜜橘产量跃居浙江老大，全国老二。

论价格，黄岩蜜橘最高卖到 8 块钱一斤，临海蜜橘则卖到了 30 多块一斤。

橘子成熟季节，在黄岩，满街叫卖的竟都是临海的涌泉橘，一些橘农为了图个好价钱，甚至拿上好的黄岩蜜橘充作临海的涌泉橘。

黄岩一位人大代表告诉记者，一次，黄岩召开人代会，桌子上摆的招待用橘，竟然是临海所产。人大代表们不由感慨万千，纷纷建言献策。

黄岩蜜橘的沦落，直接影响到士气。黄岩蜜橘合作社的社长业已转行，黄岩农副产品配送中心的董事长也准备另投他处。而临海涌泉柑橘合作社的冯社长，则信心十足地告诉记者，要通过大棚栽培，把橘子送进奥运会。

品牌运作有规律

黄岩蜜橘何以不敌临海蜜橘？人们分析，除了客观上黄岩行政区划调整、城市化进程加快等带来影响外，品牌运作是成败的关键。

黄岩蜜橘早就是家喻户晓的强势品牌，临海蜜橘则是初生牛犊，两个品牌处在不同的发展时期，品牌建设的思路、方法、策略理应有所不同，但据记者了解，两兄弟在宣传上如出一辙。

临海在高速公路竖大型"临海蜜橘"广告牌，黄岩在高速公路上竖了更大的"黄岩蜜橘"广告牌。

临海在中央电视台打广告，黄岩也连续在央视打了几年的广告。

临海举办了四届"临海中国无核蜜橘节"，黄岩的"中国黄岩柑橘节"已举办了九届。

此外，黄岩还花重金打造中国柑橘观光园、中国柑橘博物馆。

应该说，在品牌建设上，黄岩也是重视的，也投入了人力、物力、财力，历年来所花费的资金绝不在临海之下，但同样的策略在临海是正确的、必须的，在黄岩就是一种浪费，甚至造成对品牌的伤害。

浙江大学品牌研究中心主任胡晓云认为，每个品牌都有生命周期，每个成长阶段都有核心问题需要解决，这是我们必须认识和把握的品牌建设规律。具体到黄岩和临海两种柑橘上，很显然，一个应该在品牌维护上做文章，另一个应该在品牌知名度上下力气。因为一个处在成长期，一个处在初创期。

胡晓云总结分析说，品牌的基础是质量。品牌的灵魂是文化。文化依附在产品质量之上。离开了产品质量去片面追求文化，那是舍本逐末。柑橘观光园、柑橘博物馆的建设是为了彰显黄岩蜜橘的品牌文化，如果黄岩蜜橘连质量都无法保证，品牌文化无疑就成了空中楼阁。

品质追求有方法

品质是品牌的生命，是顾客产生信任感和追随度的最直接原因。没有高品质，就没有真正的名牌。在品质上，黄岩蜜橘和临海蜜橘也体现出各自不同的追求。

品种是品质好坏的关键。临海蜜橘从 20 世纪 90 年代末期开始大规模改良品种，改良成"温州蜜柑－早熟宫川"的每亩补助 200 元，新发展成一定面积的每亩补助 100 元。经过近 10 年的努力，如今 19 万亩的临海蜜橘中，95% 都属同一优质品种——"温州蜜柑"。

而在黄岩，8 万多亩的柑橘分属 180 多个品种，其中能与临海"温州蜜柑－早熟宫川"品种媲美的"黄岩本地早"还不到 2 万亩。品种的参差、杂乱，让消费者难辨良莠。

保证品质，必须加强基地的管理建设。近年来，临海把大量的真金白银投在基地、合作社上，出台了大量的扶持政策。对建立临海蜜橘精品园的基础设施投入 30 万元以上的，给予一次性补助 3 万~5 万元；对新建柑橘钢架大棚 10 亩以上的给予一次性补助 2 万~5 万元。对带动农户销售较好的合作社，补助 3 万~5 万元等。

目前，柑橘农民专业合作社在临海已经达到 52 家，社员超万户，辐射整个临海蜜橘面积的 80% 以上。市里制订了统一的《临海蜜橘地方标准》《临海蜜橘生产技术规程》《优质安全柑橘生产模式图》，实行统一生产管理、统一技术标准，达到统一产品质量。

在黄岩，由于比较效益下降，果农积极性受到严重打击，多数都是兼职果农，柑橘收入只占橘农总收入的 20%~30%，果农自然无心种橘。黄岩的柑橘合作社总数只有 6 家，社员才 500 户，远远不及临海。合作社数量偏少，规模偏小，没能很好起到带动辐射作用，黄岩蜜橘品质必然下降，变得个大、水分少、甜味不足，失去了当年的风采。

要保证品质，还必须严防假冒。然而由于种种原因，"黄岩蜜橘"至今只是一个产品名称，而不是一个证明商标。没有商标的保护，各地橘子纷纷假冒，黄岩蜜橘真伪难辨，品牌的诚信度受到严重冲击。

2004年8月，黄岩蜜橘终于成功获得原产地标志。黄岩政府在杭州、上海开了新闻发布会，宣告黄岩蜜橘品牌从此有了"保护伞"。然而，电视报道了，报纸刊登了，消费者却买不到标有原产地标志的黄岩蜜橘。时至今日，两年过去了，"黄岩蜜橘"原产地标志还锁在政府的文件柜里，并没有真正发挥作用。

与黄岩蜜橘形成鲜明对比的是，临海蜜橘在品牌保护上的成功运作。

1999年，临海人第一次使用"临海蜜橘"这四个字；仅仅过了两年多，"临海蜜橘"证明商标便注册成功。又过了两年，"临海蜜橘"原产地标志也申报成功。

有了商标后，临海对境内的柑橘品牌进行整合，采用"子母商标"的设计，统一打"某某"牌"临海蜜橘"。既突出"临海蜜橘"母商标的中心地位，又不失各个子品牌的个性，调动个体的积极性。

临海把"临海蜜橘"牌子交给协会这个实体来运作。协会为"临海蜜橘"设置严格的门槛：基地规模、品质水平……只有达到标准，才能穿上"临海蜜橘"这件外衣。2002年首批有14家符合条件的单位顺利跨过门槛，5年过去了，这个数字也只上升到25家。

有了品质的保障，"临海一奇，吃橘带皮""临海蜜橘天下第一贵"这些广告语迅速传播，"临海蜜橘"的身价也一路飙升，"优质优价"得到体现。

黄岩蜜橘由盛而衰，临海蜜橘从无到有，两个蜜橘品牌的鲜明对比告诉我们，建设现代农业必须掌握品牌经营的规律，掌握规律者事半功倍，逆规律而动者自取其咎。

（作者蒋文龙、郑盈盈，原载《农民日报》2007年4月17日）

理由 1：小农接轨大市场的需要

改革开放之后，我国实现的农业经营制度，是千家万户的联产承包责任制。这种制度带来的好处是极大地调动了生产者的积极性，解放了生产力，以最快的速度解决了农产品供给难题。但无可避免也形成了弊端，这就是劳动生产效率的低下。中国的基本地形特征是七山一水二分田。北方地区规模化生产程度比较高，但在 70% 的南方山区半山区，业态分散、主体弱小是无可避免的现实。

中国是一个多山的国度，国土面积中 70% 为山区半山区。加上家庭联产承包这一基本经营制度的实施，造成农业产业多、小、散的基本特点。面对这一背景，中国农业品牌化何去何从，答案不言自明。图为浙江丽水典型的地形地貌。

不管走到南方山区的哪个县域，我们都会看到统计报表上的数据是，主导产业有十大之多，而新型经营主体的数量在 500 家以上，但每家主体的产值或销售额，都只有区区几百万。如此规模的主体，无论是龙头企业还是合作社或者家庭农场，怎么可能独立创品牌，怎么可能通过品牌走向市场、创造溢价？

对广大的生产主体而言，他们不是不需要品牌，而是没有办法创品牌。首先，一亩三分地的规模，创品牌明显并不经济；其次，

创建区域公用品牌的 Z 个理由

即使有此想法，也是要钱没钱、要专业没专业，要资源没资源，而品牌打造需要持续的、长线的投资。

生产方式决定着品牌建设的道路选择。我们注意到，欧美尤其是一些新大陆移民国家，实行的是私有化的大农场制，其生产规模往往让人叹为观止。与中国广大的小农截然不同，他们完全有能力独立创建品牌。

在中国，区域公用品牌可以视作政府提供的一种公共服务，是一种帮助小农对接现代农业的抓手。在现代农业发展中，小农最需要政府提供的服务是什么，无疑是市场与营销不可或缺的品牌。

中国政府是全能型的强势政府，在资金、人才、资源上都有充分的资源掌控，他们对地方农业发展负有责任，也具有推动经济发展的冲动，因此无论是客观条件还是主管意识，都具备打造区域公用品牌的基础。只要在生产标准、品牌传播等方面实行统一，区域公用品牌将很快树立起形象，并收到效果。

理由2：由农产品生产的基本特征所决定

众所周知，农产品因受品种、加工工艺、生长环境、历史文化等因素影响，具有独特的品质特征，这种特征完全受地域因素决定。脱离了独特的区域，农产品的独特风味就可能消失殆尽。这就是农产品地理标志认证的基础，是世界公认的，也是与工业和服务业具有本质不同的地方。"橘生淮南为橘，橘生淮北则为枳。"

因为农产品具有显著的区域特征，因此，往往成为大众认知一个地方的金名片。比如浙江安吉，在成为"两山"理念发祥地而广为社会所知之前，许多人常常将浙江安吉误以为是江西吉安。而恰恰是通过安吉白茶，让许多人认识了浙江有安吉这么一个地方。

正是基于对农产品独特作用的深刻认识，基于对地域和产业之间辩证关系的把握，诸多地方政府抱有巨大热情来打造农产品区域公用品牌。这不仅有利于产业发展、农民增收，而且将大大推动地方形象的塑造和传播，给当地经济社会发展带来全方位的、深刻的影响：当一个地域与一个产品品类紧密相连，难分难离之时，这个地域和产品就将变成永恒的记忆。因此，建立地域和品类之间强关联，让两者相互赋能，是经济发展的一种理想模式。

那么，区域性的全品类品牌，是否像有人所说的那样，因为品类模糊、内涵不清，因此应该被摒弃呢？我认为并非如此。因为品牌内涵的挖掘涉及历史文化、生态环境、产业特色等诸多方面，只要提炼出具有区域特性的核心价值，品牌被人认知并非不可能。例如我们打造的"丽水山耕"，原生态的环境和农耕文化扑面而来；"济宁礼飨"则将山东孔孟之乡的儒家文化尽含其中；"天赋河套"则展现了九曲黄河中河套文化的精髓。如此等等不一而足。

事实上，作为认证型品牌，并不一定需要具体产品作为支撑。很多时候，它揭示或者说明的，只是一种文化概念。犹如好客山东、老家河南、多彩贵州、诗画浙江、大美新疆等。尽管并没有对应具体的产品，但在整体提升地域形象上，所发挥的作用无疑是不可估量的。

理由 3：基于消费者的消费习惯

研究发现，人们消费农产品时，往往表现出与消费工业品时不同的习惯，就是先问产地，再问价格。这是基于消费者认为，尽管是同一品类的农产品，但因为所处两地，而必然具有品质差异。工业品的生产和消费则不存在这种状况，这是由工业品高度标准化的特点所决定的。

同一个品种的苹果，因为产地的不同，具有着不同的品质特征。如烟台因为地处海边，所产苹果果个较大，硬度偏低，皮薄汁多，糖分含量偏低；万荣苹果因为地处黄土高原，土层深厚、光照充足，往往果个适中，硬度适中，皮薄汁多，甜度适中；新疆阿克苏苹果，由于温差较大，适于糖分转化，因此果个较大，硬度较高，皮厚汁多，甜度较高。这为消费者提供了多元选择的机会。

品牌是产品链接消费者的工具；品牌也是消费者感知产品的路径。多元化的消费习惯，决定了我们必须强化品牌的地域概念。通过地域的区隔，来彰显独特的产品品质。

尽管区域公用品牌的概念因为一号文件的颁发而广为人知，但基层的实践探索进展之快，永远超越部委办局的有关政策文件。

在一部分人看来，区域公用品牌指的似乎就是单品类品牌，但人文社科并非自然科学，有明确的对错之分，而永远处于生动、丰富的发展与完善之中。

也许，这才是区域公用品牌真正的悲剧所在：一些缺乏人文社科素养的机关干部，总是试图用一种模式罩住所有的实践和探索。

是年底，我们打造的"丽水山耕"就这样成为"众矢之的"。

"丽水山耕"是浙江丽水的综合性全品类品牌，由我们团队创建于 2014 年底。这里很有必要将丽水创建这一品牌的客观条件和出发点交代一下：

丽水一直是浙江经济发展的拖油瓶。因为境内群山连绵，90%属于山区，由此带来交通不便、信息闭塞，表现在农业产业上，则是多、小、散。丽水农业主导产业有九大之多，新型生产主体有数千家，生产规模则大多只有数百万。

面对这一客观现实，丽水不可能走北方规模化农业的道路，而只能向"生态精品"要溢价、要效益。事实上，整个丽水农业"天女散花"，根本上就缺乏主导产业，这就决定了丽水必须打造一个涵盖所有农业产业的品牌。

在这种情况下，团队帮助丽水构建起全国第一个全区域、全品类、全产业链的品牌 ——"丽水山耕"。为了运营品牌，丽水组建成立"农投公司"，开展了大量前无古人的创新性探索（具体详见本人所著，2017 年由"中国农业出版社"出版的《品牌赋能 ——"丽水山耕"营造法式》一书），取得了令人瞩目的成效。

品牌创建的成功，为丽水农业弯道超车找到了路径。产品溢价、主体实力、产业集聚度、发展理念等各方面，几乎都得到了难以想象的成长。与此同时，品牌也大大改变了丽水的区域形象。

长期以来，中国的山区农业何去何从，一直令人揪心。"丽水山耕"品牌引领发展的实践，给山区农业带来的启示与借鉴令人激动。因此，几乎每个星期，都会有政府代表团，从全国各地赶赴丽水取经。一时之间，"丽水山耕"成为网红品牌，万众瞩目。要知道，对一个长期垫背的欠发达地区，突然之间成为众人聚焦的核心，是多么令人欣喜而又能陡增自信！

丽水山耕是我们团队打造的第一个全区域、全品类、全产业链品牌。

品牌需要长期投入、长期运营。要说"丽水山耕"已经功成名就显然为时尚早，但阶段性的成功显然有目共睹，难以抹杀。然而，真可谓树大招风，农业部个别干部就是无视这一实践探索的价值，以行政权力宣判"丽水山耕"死刑。

在农业部举办的一次活动中，市场司一位女处长不仅一口回绝"丽水山耕"参加，竟然还厉声斥责：你们这样的品牌我们要严厉打击！请注意，她的原话用的就是"严厉打击"这四个字。

我感到一阵凉意从后背袭来。"丽水山耕"究竟犯了何罪？谁赋予你如此说一不二的生杀大权？你们到丽水调查过吗？知道为什么要打造"丽水山耕"，"丽水山耕"又是如何运营的吗？

在中国，永远有那么一批人，围着行政权力鞍前马后。一个据说是北京市政协常委的广告公司老板，以耸人听闻的"'丽水山耕'七宗罪"为题，恶毒咒骂"丽水山耕"。似乎"丽水山耕"罪该万死，必须挫骨扬灰！

农业部门的媒体也开始察言观色，封杀全品类品牌。一旦文中涉及这类品牌，就好言劝退稿件。无他，只是不想得罪行政权力。

一时间似乎黑云压城。沉默还是反击？最后丽水农投公司董事长徐炳东一锤定音：走自己的路，让他们去舌燥吧！

但与农业部有关司局截然相反，"丽水山耕"的命运，在浙江不仅一路顺风顺水，而且得到各个领导、各个部门的广泛垂爱：

省委书记夏宝龙、分管副书记王辉忠、分管副省长黄旭明等领导先后十多次就"丽水山耕"的实践探索作出批示，表示明确肯定，并且要求加以调研、推广；

浙江农口部门专门召开"农业品牌大会"，推广"丽水山耕"模式，分管副省长黄旭明亲自与会，发表激情洋溢的讲话；

浙江省工商管理局、农业厅等四部门联合发文，支持"丽水山耕"品牌提升发展；

2017年，浙江省委发出17号文件，要求全省各市在2018年底前，至少打造一个像"丽水山耕"这样全区域、全品类、全产业链的区域公用品牌；

夏宝龙书记还直接指示浙江卫视，拿出新闻联播前黄金段时间，每天免费播出"丽水山耕"品牌广告15秒钟，持续半年；

浙江省农业厅厅长林健东多次在全国性大会上推介"丽水山耕"……

面对"丽水山耕"，农业部和浙江的态度为何相差如此之大？这背后究竟说明了什么？难道不值得有关部门深思吗？

必须指出的是，北京的国家部委也并非全都是高高在上，滥用权力扼杀创新。

比如国家知识产权局，在为"丽水山耕"注册商标时，发现其在助农增收致富中作用显著，但又与证明商标和集体商标注册相关规定不相符，此时，他们不仅没有高高挂起、弃之不管，而是主动替"丽水山耕"排难解忧，想方设法助其注册。更为难能可贵的是，从中受到启发之后，国家知识产权局竟然修改、完善有关法规，为此类品牌注册专门设置了一个新的通道。真正体现出权为民所用、情为民所系的"初心"。

好在事物的发展往往不以人的意志为转移。在电子商务进农村中，在乡村旅游大行其道中，全品类品牌几乎成为标配。内蒙古的"天赋河套"、山东的"济宁礼飨"、云南的"一座保山"、重庆的"巴味渝珍"、湖北的"荆品名门"、浙江的"瓯越鲜丰"等等，一大批全品类品牌先后崛起，在当地经济社会发展中，扮演着不可或缺的、越来越重要的角色。

甚至，在乡村振兴大背景下，一些乡村将生态资源、文化资源、农产品资源、旅游资源等全部进行整合打包，以一个统一的形象面向社会、面向市场，一举扭转了沿袭数千年的乡村发展方式，受到各界广泛、热烈的欢迎。有关这类品牌的创新，我们将在后面详加揭示。

图为胡晓云老师在组织专题论坛进行深入解剖。我们组织专题论坛，进行深入解剖。图为胡晓云老师在组织专题论坛。"丽水山耕"问世后，其现象引起社会各界高度关注，大家迫切希望了解其背后的演进逻辑。2016 年"首届中国农业品牌百县大会"期间，

附："丽水山耕"的品牌蝶变

品牌是现代农业的核心标志。但作为一个"九山半水半分田"的欠发达地区，品类既多又分散，主体既多又弱小，农业品牌化的进行曲如何谱写，品牌化又将如何提升现代农业的发展水平？

一般而言，许多地方将品牌化的希望寄托在企业身上，认为只有企业产品品牌的强大，才是现代农业的福音，但在浙江丽水，则通过创建区域公用品牌"丽水山耕"，走出了一条逆袭之路。不仅让产品销售如虎添翼，而且实现了意想不到的产品溢价，为农业转型升级提供了具有重要意义的借鉴。

农业部优农服务协会副会长郭作玉认为，就区域品牌而言，有单一产业和综合性两类，"丽水山耕"作为综合性区域公用品牌，对产业集中度不高、主体实力不强的山区发展现代农业很有推广价值。

全域化、全品类、全产业链的"丽水山耕"

丽水地处浙南山区，境内崇山峻岭，素有"中国生态第一市""浙江绿谷""华东氧吧"等美誉。在工业文明向生态文明过渡的进程中，丽水山区的价值也开始得到发掘。

丽水最可宝贵的是"生态"，最具竞争优势的也是"生态"。因此，丽水将现代农业发展的方向明确定位为"生态精品农业"。

但是，如何将丽水的生态优势转换成商品优势？或者，丽水农业如何才能让消费市场接受？

丽水农业有茶叶、食用菌、笋竹等九大主导产业，品类十分丰富，但总体规模都不大；下辖9个县市区，几乎都有自己的优势主导产业，如遂昌菊米、青田田鱼、缙云麻鸭、庆元香菇、松阳茶叶等，并且形成了单一产业的区域公用品牌；农业主体数量达数千家，但有实力、有规模的实属罕见。这些产业和企业在浙江可能名气不小，但到了全国层面则竞争力十分有限。

丽水认为，必须打造一个全域化、全品类、全产业链的公用品牌。副市长任淑女分析认为，在网络化时代，面对信息的碎片化，任何一家企业乃至一个产业，要在全国范围内形成影响都越来越困难，只有整合品牌，由政府背书，以统一的形象面向消费者，并不断进行强化，才能最终赢得消费者的青睐。

这样一个独特的、全新的品牌，对丽水是一个挑战，即使在全国，也无先例可循。它必须全面、准确地呈现丽水农业的特点。因此，丽水邀请了浙江大学CARD中国农业品牌研究中心，就品牌命名、品牌定位、品牌理念、符号系统、渠道构建、传播策略等进行全面规划。

主创庄庆超解释"丽水山耕"品牌命名，认为：对丽水而言，"山"是最大的自然特征，原生态环境是农产品的核心竞争力，而"耕"是传统生产方式的体现。结合在一起，"丽水山耕"是对丽水生态精品农产品的高度概括，在文化、机制、物质、品牌四方面具有独特价值。

那么，区域品牌应该由谁所有，又由谁管理运营？对此，丽水作出创新，成立了"生态农业协会"，由协会出面注册"丽水山耕"，然后再由协会将品牌委托给国有的"农投公司"进行管理运营。

"区域公用品牌是公益性质的，因此必须由协会所有；但协会设在农投公司内，可以委托农投公司管理运营品牌。这一技术性的创新完善了'丽水山耕'品牌的制度设计。"庄庆超认为。

"授权使用"　严把品牌信用

区域品牌建设最大的敌人，就是一旦拥有知名度，大家群起使用，结果假冒伪劣泛滥成灾，尽管名义上有人管理运营，实际上无人爱惜，最后品牌信用丧失殆尽。因此有人以"公地灾难"形容这一现象，并认为区域公用品牌都无法摆脱这一宿命。

"公地灾难"的核心，是产品质量的监控和把握。为了解决这一致命问题，丽水抓住"授权使用"这一关键环节，进行了一系列创新探索。

《"丽水山耕"区域公用品牌管理实施细则》明确规定，只有丽水市范围内，纳入质量安全追溯管理系统，通过相应的检验检测，并且在仓储能力和储运条件上达到要求的，才允许使用"丽水山耕"品牌。在包装应用等方面，协会也有诸多明文规定。

农投公司总经理徐炳东告诉记者，在品牌的授权使用上，丽水的原则是"从严"而非"从宽"，是"计划生育"而非"多子多福"。一年时间里，经"协会"授权使用的，只有 103 家企业。

在丽水，使用"山耕"品牌的门槛很高，而"可追溯"是首先必须满足的要求。与其他只能追溯到主体责任的系统不同，丽水自行开发的追溯系统，不仅能够做到"产品溯源"，而且可做到"监管追责"，从生产主体到乡镇街道再到县级政府，每一层级的责任一清二楚、一目了然。丽水还建立了"质量追溯辅导员制度"，帮助企业进行平台操作，确保录入信息的正确性和完整性。

"追溯"是为了用数据取得消费者的信任，那么，最后产品质量安全是否合格由谁说了算？目前我国的现状是，先进的检测设备全部在政府部门或者事业单位手中，无法充分发挥作用。为此，丽水依托农业局原有检测设备，与民营企业共同合作，成立"蓝城"检测公司，每年可检测2万批次农产品。不仅盘活了国有资产，而且确保了检测的方便性、及时性，为质量安全提供了保障。

在农产品营销中，冷链物流一直是短板所在。为了解决这一难题，农投公司吸引社会资本，共同组建成立"绿盒"电商公司，将生产端到销售终端的产品服务全部交由该公司负责。还聘请省农科院按照丽水农产品的具体情况，设计研制储运操作手册，对农产品物流运输进行标准化规范。

"丽水山耕"采取的是双商标运营模式，为了约束企业，确保农产品质量安全，丽水专门推出了保证金制度。另一方面，农投公司则利用产权交易平台，通过产权价值评估、融资担保、流转处置、信托等办法，为加盟的生产主体解决资金短缺问题，助推企业品牌成长。

品牌并非虚无缥缈的，也不仅仅是一个名称，而必须由诸多要件支撑，才能落地、生根、开花。"丽水山耕"正是在解决了追溯、检测、渠道、物流、金融等一系列问题的情况下，开始走向市场。

丽水农业的蝶变

经过品牌价值链的提炼挖掘，经过会展传播、体验传播、事件传播，尤其是与淘宝合作，进行"一月一品"网络营销之后，"丽水山耕"一时间如日中天。在上海、杭州、宁波等地，可以说，"山耕"品牌走到哪里，哪里就刮起一股旋风。

原来，消费者对丽水农产品虽然了解，但一知半解，难以形成鲜明的印象。如今，通过政府的品牌背书和强化宣传，不仅为消费者提供了信心，而且迅速让产品实现了溢价。如缙云麻鸭，原价60元左右一只，通过"山耕"品牌宣传，加上经销商代理，价格提高到118元一只，溢价50%；龙泉高山小黄牛的牛脚圈，属冷门产品，当时库存积压9吨，通过杭州的"山耕"食材推介，冷门变热门，订单激增，库存迅速销售一空；梅献山的有机茶，受到政策影响，正在忧虑重重之时，"山耕"让其价格不降反升，从每斤1700元提高到了1880元。云和的张建芬原来做化工产品，选择农业后，正好遇到"山耕"，双方一拍即合，"有区域品牌在前面开路，让我们省去许多的投入。我们'白鹤尖'只要把质量做好，其他到各地去做营销、搞推介、开拓市场，都由'山耕'

统一组织，效果很好。假如让我们自己去找市场、搞销售，困难是无法想象的。"

加入"丽水山耕"的，原来多是品牌知名度不高、产品营销困难的小企业。市场的热烈反应，很快让大企业也坐不住了，纷纷主动提出加入其中。

"丽水山耕"的作用，不仅在于帮助企业开拓市场、实现溢价，更重要的是通过市场化的手段，倒逼着标准化，引领着农产品质量安全的路径。根据规定，加盟"山耕"的品牌，必须全程记录生产信息，销售之前必须通过检测。如有一例检测不合格，就将取消品牌授权。这扭转了就标准化抓标准化的被动局面，让质量安全通过品牌得以确保。

"山耕"的创建，让丽水农业从"数量扩展"迈入"质量提升"的新阶段，开始用差异化的品牌思维、市场思维指导生产，甜橘柚等一些新品种、新技术得到快速普及推广。

尤其令人欣喜的是，在市场推广中，"丽水山耕"越来越受人欢迎，上海、杭州等地经销商争着成为其代理。当地一家名为"俊达"的农超甚至提出要求，将"山耕"品牌作价入股，在全国发展连锁超市。这让"丽水山耕"这一创建才一年的品牌直接体现出价值，也让区域品牌的运营找到了一条可持续发展之路。

"生态精品是丽水农业发展的方向，但也面临着标准化生产成规模难、农产品质量安全稳定难、单个主体全年供应难、销售以农超为主溢价难等一系列问题。'丽水山耕'的创建运营，一定程度上破解了这些难题。"丽水农业局姜波感慨。

目前，"丽水山耕"的做法已经引起浙江高层高度关注。省委副书记王辉忠、副省长黄旭明等先后作出批示，要求有关部门进行调研推广。

（作者蒋文龙，原载《农民日报》2015 年 9 月 18 日）

庄子论战柯炳生

柯炳生是中国农业大学原校长、国家农业市场研究中心学术委员会主任。媒体做访谈、做节目时，柯校长是常客，因此曝光度很高。

论战的缘起是柯校长在《农民日报》刊发了一篇文章："区域公用品牌要'一个孩子一个名'"。他认为："一个地方可能会有很多个产品，它们都有同一个姓，就是区域名。此外，它们应该有不同的名字，这就是产品名。有的地方在区域品牌建设中存在误区，想用一个品牌把所有的产品都包含在里面，给所有的孩子都叫一个名字，通常这个名字很有诗意，很浪漫，但并不能传达有效有用的消息，消费者从品牌名字上看不出是什么东西。也就无法建立起消费者的认知和忠诚度，也就没啥用处。

农产品区域公用品牌一定是专品，比如洛川苹果、五常大米等，让人一听，就知道哪个地方出产的什么产品，是优质产品。打品牌，最终需要消费者认可，不是政府一厢情愿的事情。品牌，代表的本质意义是质量；名牌产品，就意味着是全国质量最好的之一。一个市县区域内的所有农产品都用一个品牌名称，意味着要告诉人们，所有用这个品牌的产品，质量都是全国最好的之一。这是不可能的。因此，无论这个品牌名称如何好听，都不会成为名牌，因为，消费者不会相信，这个地区所生产的所有农产品，都是全国顶尖产品。"

柯校长的观点引起读者的关注。庄子系芒种品牌机构联合创始人，也就意味着，是柯校长所指的"多个产品一个名"的"始作俑者"。这个浙江大学传播学专业毕业的高才生，年轻气盛，向柯校长发起了挑战：是"误区"还是"误解"？

一个是誉满全国的老校长，一个是晚生后辈的新秀。两人的交锋引来了诸多人的围观。

庄子说："柯校长在文章中言辞诚恳，没有高高在上、厉声打击，更多地体现了一位前辈的关注，以及就事论事的平等探讨。但区域公用品牌在我国毕竟是新生事物，并没有现成的理论可以照搬照抄。也正是基于此，我这个后生斗胆向柯校长讨教。"

庄子认为，"品牌"一词自诞生以来，就争议不断。如今，专业领域内对"品牌"的概念分歧主要是站在生产者角度还是消费者角度思考。柯校长提出的"品牌是产品质量的概括表达"，显然更多的是站在生产者角度。但他更认同的是，"品牌是消费者与产品之间的关系"，品牌需要在品质的基础上，与消费者进行不断的互动沟通，形成良好的关系。

庄子举例说，从名称指向性和含义清晰度来看，"苹果"公司卖的不是苹果，"小米"公司卖的不是小米，这些品牌是通过与消费者的不断互动来获得"信任""认可"等关系。全品类品牌的逻辑如出一辙。他们背后的品牌主，也就是当地政府，是以政府的公信力为背书，以此建立与消费者的信任关系，进而获得消费者认可。

庄子还对柯校长提出的"标准"问题展开探讨：

"柯校长认为我国在国家层面已经制定了一系列农产品安全标准，并开始试行食用农产品合格证制度，所以各地政府在创建农产品区域公用品牌时没必要再搞一套标准，也做不到。实际上，如今，通过'农夫山泉标准门'事件，多数消费者都已认识到，国家标准是行业底线，地方标准、企业标准在底线之上更为严格。

国家标准首要考量的是统一，因此需要普遍性和通用性。但我国幅员辽阔，产业门类齐全，涉及更为具体的产品时，国家标准的针对性便有所欠缺，因此需要地方标准、企业标准加以补充。

总而言之，国家标准十分必要，地方标准更有它的现实意义与必要性。制定一套标准其实不难，难的是如何执行。但既然有人能执行得好，我们不妨多去学习学习吧。"

庄子最后指出："在我看来，柯校长提出的以上两个'误区'，更多的是'误解'。品牌属于人文社会科学范畴，有很强的开放性与包容性，没有自然科学那种非黑即白的绝对性。

'老家河南''好客山东'这类区域公共品牌，呈现出的就是一个区域具有较大共性的整体形象，如果一定要辨析说，并不是每个中国人的老家都在河南，或者并不是每个山东人都那么好客。这种辨析无疑是典型的'工科思维'，与人文社科的开放性与包容性是背离的。"

争论到最后，并没有一个判官会出来判定谁对谁错。但作为长期以来致力于生产，而对研究营销相对陌生的农业系统，这样的争论，无疑大有裨益。从人文学科角度出发，争论的目的也许并不在对错、输赢，而在于通过争论，引领人们更为深入地思考问题。

就此而言，这一争论不失为一段佳话。

第五章
从单品类到多品类

　　正如"丽水山耕"所带给我们的启示，因为辖区内农业产业多、小、散，迫切需要一个综合性的品牌作为抓手，在市场营销乃至生产工作部署中进行统领。这种做法的代表性意义在于，中国是七山二水一分田的国度，而山区农业几乎毫无例外的特征，就是业态的分散、主体的弱小。**在这种背景基础上，全品类品牌的应运而生可谓不以人们的意志为转移的，是顺应了山区农业发展的特殊需要的，是品牌创新对现实需求的一种回应，也是地方政府引领经济发展、弥补市场"失灵"的必由之路。**

　　因此，"丽水山耕"不仅没有被打倒，反而因其巨大的社会价值，被各地纷纷效仿。不仅地市级争相学习，复制出一大批多品类的区域公用品牌，甚至省级层面也开始整体谋划，推出了为数不少的省级多品类品牌，如重庆的巴味渝珍、江西的赣鄱珍品、湖北的荆楚优品、广西的广西好嘢、河北的河北农品等，县市一级更是借助了商务部门"电子商务进农村示范县"建设工程，遍地开花，数不胜数。

　　当然，辩证唯物主义告诉我们，衡量任何一个事物的成败得失，必然是一分为二的。我为全品类品牌的欢呼，并不意味着这种品牌类型是完美无缺的，更不是以此否定单品类品牌。

　　作为一种崭新的品牌形态，全品类品牌自有其规律值得我们深入研讨。

单品类品牌最易成功

对大众来说，目前最熟悉的，莫过于以地理标志认证、证明商标注册为核心的单品类品牌。这类品牌不仅数量多，而且发展成长相对成熟。例如我们打造的长白山人参、烟台苹果、庆元香菇等。其显著特征是地名加品类。

这类品牌在国外也十分常见，涉及粮油、牛羊肉、水果等不同领域。他们的运营，基本都由非营利性组织，如行业协会、合作社联合社、产业农合联等承担。品牌创建与推广所需的人力、物力、财力等，目前基本都由地方政府负担。

为什么说单品类品牌最易成功？

一是自带流量。与全品类品牌相比，因为单品类品牌有明确的产业依托，有独特的产地环境或者独特的加工工艺、独特的产业文化作为支撑，已经先入为主，在消费领域形成了"认知"，拥有了品牌影响力，因此，哪怕政府支持力度有限，也能在既有轨道上自我发展。

二是易于管理。一个地方的一个产业，其旗下有多少家龙头企业、合作社或者家庭农场，行业协会应该了如指掌。而产业文化的挖掘、产品标准的制定、营销活动的组织也相应简单，这就给品牌的管理带来了便利。

单品类品牌往往因为有产业的历史传承以及文化的深厚内涵，早已在消费者心目中烙下深刻印记，因此推广起来事半功倍。图为芒种团队为黑龙江省打造的长白山人参品牌。

三是"一枝独秀"。当前,中国社会的主要矛盾,是人民日益增长的美好生活需要和不平衡不充分的发展之间的矛盾。就农业领域而言,大宗农产品的供给过剩和特色农产品的供给不足并存。在此背景下,"地理标志农产品"因为适应了新的消费需求,正在成为"中国农业"装点门面的"故事"。

单品类品牌是我们研究的切入点,也是国外经验已经证明行之有效的一种品牌类型。多年来,我们为这一品牌类型的普及推广作出了大量的努力。但是,时代在变化,中国的国情与西方也完全不同,我们不应该故步自封,也不应该抱着单品类品牌不放,而是要大胆创新,寻找到适应这个时代、适应中国国情的更多品牌类型。

附:"常山胡柚"的涅槃之路

常山胡柚是浙江常山的"摇钱树"。这个似橙非橙、似橘非橘的水果,曾几何时,为当地农民致富立下汗马功劳;但随着柑橘产业竞争的加剧,由盛而衰,一度跌落谷底,令人扼腕叹息。

常山胡柚这一大起大落,引起业界人士深思:一个承载地方经济发展职能的水果品牌,究竟能否、又如何避免坐上"过山车"? 2009年,记者专程赴常山采访,并于2月26日刊发长篇通讯"胡柚悲歌",就其衰落原因进行深入解剖。

十多年过去了,常山胡柚如今发展得怎么样?最近,应当地邀约,记者再赴常山。

沉浮中的常山胡柚

说到常山胡柚,就不能不提到其品种的独特性。与其他柑橘品种不同,胡柚不仅营养丰富,而且具有多种药用价值,是不可多得的功能性水果。但长期以来,常山胡柚处在深山人未识,只是零星种植在房前屋后,并没有体现多少经济价值。

1986 年，常山胡柚迎来"高光时刻"，第一次抱回了全国优质农产品奖，时任省长沈祖伦喜出望外，每年拨款百万，扶持常山胡柚发展。

1993 年，常山胡柚走上"星光大道"，大红大紫的影视明星刘晓庆不仅破天荒为其做形象代言，还在常山投资建厂，开发生产胡柚汁等产品。订货会上，仅仅半天时间就拿下 2400 万元订单。

此后常山连年策划活动，让胡柚从名不见经传的"野果"，摇身变成了闻名全国的"摇钱树"。不仅种植面积迅速扩大到了 10 万多亩，而且获得了中国驰名商标、国家地理标志、中国农产品地域产品保护认证等一系列荣誉。

常山胡柚盛况空前。常山人走亲访友、外出到省里联络感情，送礼不送别的，而是一袋袋胡柚。农户家里只要有棵胡柚，一年就能买台电视机。一时间，常山胡柚被誉为"中华第一杂柑"。

市场有不测风云，常山胡柚也与一些水果一样很快进入一个低谷。2000 年后随着全国柑橘产业的大面积井喷式发展，新品种如脐橙、丑柑、沃柑等纷纷登台亮相，而常山胡柚则因为口感略苦，加上不注重产品质量一致性控制和消费特性宣传普及，遭到市场无情抛弃。原来 2 元一个的瑰宝，2005 年价格卖到六毛一斤，2006 年起更是每况愈下，甚至每斤两毛三都无人问津，果农们欲哭无泪。当地媒体发出哀叹：常山胡柚比水贱！

果贱伤农。但如果有加工企业垫底收购，果农利益就有基本保证。然而让人难以置信的是，当地农业龙头企业，不去加工常山胡柚，而去处理云南和湖北的甜橙。

鲜果销售一蹶不振，深加工产品寥寥无几。作为常山的支柱产业，常山胡柚何去何从？一时间，常山胡柚的发展牵动无数人关注的目光。

吃干榨尽，深加工异军突起

"经过整整十年疗愈，我们已经在内部培育了几十家加工企业，目前开发的深加工就有饮、食、健、美、药、香、料、茶等八大类系列产品 68 个。"常山农业局副局长杨兴良兴奋地告诉记者。

宋胤之是深加工企业中的代表性人物。这个上海人 2007 年起就收购常山胡柚开发蜂蜜柚子茶。在研发新产品过程中，他发现了香柚的奇妙作用：这种连皮带瓤全身都是宝的香柚，如果与胡柚合璧，开发生产出"双柚汁"，那么，这种饮料就既有香柚的清香，又有胡柚的丰富营养，口感上微苦又微甜，完全符合流行的消费趋势。

宋胤之孤注一掷，卖掉了上海别墅，来到常山投资兴业。结果"双柚汁"投放市场后一炮打响，仅仅八个月时间，产品就铺货到了华东、华中、华南等多个市场。

宋胤之的五年计划是，建成香柚基地 20000 亩，建立精油、果汁、果酱三条初加工生产线，年产香柚 2.5 万吨。按照香柚和胡柚 1∶2 的配比生产柚子汽水、果酱、果糕、果冻、糖果等系列"双柚合璧"产品，就能将常山胡柚所有的加工果消化得干干净净。

在常山，像宋胤之这样的投资者并非个别。大家正是看到了常山胡柚独特的、无可替代的保健功能，越来越多地瞄准这一产业，聚集到了常山，进行深加工开发。仅常山工业园区内，就集聚了 7 家深加工企业，其中国家级龙头就有 2 家。

目前，围绕饮料食品、保健美容、药用芳香、餐饮文创等领域，常山胡柚已开发出大大小小 68 个产品，如胡柚囊胞、果汁、果脯、酵素、柚子茶、青果茶、黄酮素、胡柚面膜、胡柚膏、胡柚酒、胡柚酱等，可谓应有尽有、不胜枚举。其中天子公司胡柚囊胞已经成为美国可口可乐公司美汁源果粒橙主要原料；艾佳公司 MFC 胡柚鲜榨汁已经供应全国各大型商超；恒寿堂双柚汁、柚酵素已经成为本土高端饮料；柚都、忠诚生物研发的胡柚膏、精油面膜等系列产品已经上市；"衢枳壳配方颗粒"已经成功进入部分医院。尤其在药用市场，胡柚青果干片（衢枳壳）已经显出巨大的市场空间，2020 年 12 月底，百年国药企杭州胡庆余堂也看中胡柚理气止咳化痰利于肺的功效，研究开发了胡柚膏，目前市场反响很不错。

"目前，整个常山的加工产品年消耗胡柚鲜果 4 万吨以上，占年总产量的 30% 以上。有加工企业的消化支撑，常山胡柚的产业发展就能高枕无忧。"杨兴良告诉记者，从过去的鲜果独大，到如今青果入药、加工成饮料食品，最后精炼制药，常山胡柚已经实现了吃干榨尽、全果利用。

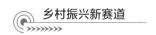

反向倒逼基地建设

加工企业收购的是残次加工果，其他鲜果还得走市场。那么，常山胡柚如何确保质量，能够让消费者接受？毕竟，常山胡柚属于地方柑橘品种，在食用、采摘、运输、储存上有着诸多特殊要求，可谓难以伺候的"公主"。

汪明土是常山胡柚产销行业协会会长，大半辈子都在跟胡柚打交道，亲身经历了整个胡柚大起大落的过程。20世纪90年代始，汪明土就在常山收购胡柚，将其返销到云、贵、川等地，赚得盆满钵满，但由于种种原因，胡柚很快在传统市场上销声匿迹。

痛定思痛，汪明土回到老家，建起600亩的自有基地。从种植到管理、采摘，一路精心呵护，最终打开了连锁超市这一蓝海。走传统的水果批发市场，不仅价格抬不起来而且销量无法保证，而超市的价格和销量都比较稳定，但对质量有较高要求。"现在我已经进入世纪联华217家、永辉345家超市，每天销售50多吨。接下来是水果淡季，正好让胡柚大显身手，估计每天销售80~100吨没问题。"至于售价，汪明土告诉记者，卖给超市普通裸果是每斤3.2元，精品装是每斤4.2元，而上架价格则更高。

麦卡电商的王新至今已经做了6年电商。第一年销出8万斤胡柚后，他就感觉标准不一，对产品质量没有太大把握。为了让用户对自己放心，他开始自建基地，至今已经建成500亩。

电商是轻资产运营。为了建基地，王新已经投入300多万元。"我发现，常山胡柚的复购率很高，许多用户比卖家更精通胡柚。因此，做电商不能简单地停留在做包装，而需要从产品源头抓起。"

尽管王新感到压力很大，但压力变动力，最终获得的是用户信赖。他的胡柚每年销售都在200万斤以上，不仅每年供不应求，而且价格都比较高。8斤礼品装胡柚，卖到了59.8元。

樊燕霞是另一个例证。这个被称为胡柚庄园少庄主的80后女孩，从大城市回到家乡，跟着父亲一起做胡柚。与老一辈不同，她一上来就搞绿色生态，就搞电商销售，结果胡柚销路直线上升。但她很快面临着挑战：有销量但基地不够，随机收又难以掌控标准。

2015年，樊燕霞流转了260亩荒地，建起了自己的胡柚基地。有了基地，拉高价格就有了底气，她的通货卖到10斤35元，精品果9个最高卖到78元。

现在她已经成长为县政协委员、工商联常委、妇联兼职副主席。

记者观察发现，凡是自建基地的，标准和质量就有保证，价格就相对较高，销量也比较稳定。这种优质优价的良性循环，给传统农户敲响了警钟：自然经济的最终出路，只能是到公路沿线叫卖，只能跟隔壁邻居拼价格。

而且，汪明土也好，王新也罢，樊燕霞也是，无论哪位，他们对质量和标准的追求，其动力并非来自国家标准或者地方标准，而是一种市场和品牌的倒逼。正是在这种反向推动中，每个人都在尽力突破影响产品质量的短板，让常山胡柚的整体质量有了明显提高。据了解，常山目前已经建成的规模化精品园达到 30000 亩左右。

在融合中涅槃

与鲜销型企业建立基地目的不同，深加工企业涉足基地建设，往往一开始就是高、大、上，直接奔着三产结合、农旅相融的目标而来。对他们而言，在一产、二产基础上，通过资源整合、跨界发展，是延伸产业链、提高价值链的必然选择。

正是基于这一研判，常山规划实施了百亿芳香产业园、衢枳壳大健康科技产业园、青石胡柚小镇、漫溪柚谷胡柚主题公园等一大批重大项目，希望打破传统的产业界限，实现生产力的新发展。

艾佳果蔬是常山乡贤钦韩芬创建的国家级农业龙头企业，不仅在二产加工方面有所作为，建成了年产 3 万吨胡柚速冻与鲜榨果汁生产线，可全年度供应新鲜胡柚、NFC 胡柚鲜榨果汁，而且在 2020 年 1 月，与同弓乡政府签订总投资 5.8 亿元，总规划用地 4300 亩的胡柚三产融合项目合作协议。预计项目完成后年总产值可达 10 亿元以上。

恒寿堂是三产融合的另一领头雁。记者看到，柚香谷园区已经引进栽培了 60 万株香柚，完成 6000 亩定植，明年初计划完成万亩目标。该园区不仅有生态种植、农业观光，还有农事体验、度假休闲、高档民宿、特色餐饮等项目，预计完成之时，将创造 30 亿元产值、3 亿元税收的奇迹。目前，该园区已经获列入浙江省第二批农村产业融合发展示范园创建名单。

如果说艾佳和恒寿堂的融合之路，是以常山胡柚为原点，向后端三产服务业的延伸，那么，刘峰的融合梦想，则来自其动漫创作，是以文创为基础

所实现的跨界发展。

刘峰是常山本地人，有20余年电影创作经验。2018年，他联合上海美术电影制片厂，创作了动画电影"胡柚娃"。电影公映后，胡柚娃迅速成为"网红"。在这一过程中，刘峰落地了"云湖仙境"民宿村，还萌发出"胡柚娃动漫博览园"的创意。

在家乡同弓乡山边村，刘峰规划了30亩土地，第一期将先建"胡柚娃动漫馆"，让中小学生在此体验、学习动漫作品的制作流程。最后以胡柚为特色，推动常山融入长三角一体化发展新格局。

但殊途同归，艾佳、恒寿堂，以及刘峰的吉盛文创团队，最后所呈现的，都是产业之间的交叉融合。农业＋研学，农业＋文创，农业＋旅游，最终都因为打通了三产之间的界限，而形成了产业新的竞争力。

"鲜果精量、加工赋能、三产融合"，透过这一调整思路，我们看到，常山胡柚已经初步疗愈，走上了涅槃、蝶变之路。

尽管在常山，我们还能看到自行兜售胡柚的零散农户身影，他们的售价仍然较低；尽管当地政府不惜重金，在品牌宣传上还不够精准统一，但我们至少可以预见，那种大起大落，令人心惊胆战的"过山车"历史应该不会重演。常山胡柚已经走出低谷，步入健康、稳定、持续的发展轨道。记者从常山县政府制定的《常山胡柚产业高质量发展三年（2020—2022年）行动方案》中看到，到2022年，全县常山胡柚果品深加工占比要达到40%以上，全产业总产值达到35亿元以上；到"十四五"期末和2035年远景目标，产业纵横融合、三产有机融合水平全面提高，全产业总产值力争达到100亿元以上。

采访结束，县委书记潘晓辉告诉记者，县里已经组建农投公司，进一步服务胡柚产业发展。农投公司不仅在打响胡柚品牌销售、质量宣传等方面起到市场引领示范作用，而且，一旦常山胡柚出现市场异常情况，农投公司就将启动保底价收购。一则通过政府干预，保护柚农利益不致受损，二则给市场释放信号，有效稳定市场价格。"我们有决心、有能力，将常山胡柚真正打造成一棵常山老百姓增收致富的'摇钱树'。"

（作者蒋文龙、朱海洋，原载《农民日报》2021年4月8日）

与单品类品牌相比，另一种类型的品牌可能更受地方政府的欢迎，这就是全区域、全品类、全产业链品牌。它几乎将区域内的农产品，无论种植的还是养殖的，也无论是初级产品还是加工品，都一网打尽，纳入麾下。比较知名的如丽水山耕、天赋河套等。这类品牌因为解决了现代农业发展中全面品牌化的需求，当前正呈现出旺盛的增长势头。

进入中国农业品牌化的研究领域之初，我们就大胆地、旗帜鲜明地提出：区域公用品牌是农业品牌化的有效抓手，但经过一段时间的实践，我们发现，单品类的区域公用品牌并不能完全解决农业品牌化的问题。因为：

中国国土面积辽阔，类型复杂多样，其中山区占三分之二。由于立地条件所限，许多地方不适合发展规模化农业，造成业态高度分散；

中国农业是千家万户分散经营的基本制度，而且这一制度还将长期延续下去，由此造成经营主体十分弱小，农业业态更为分散。

由于以上基本国情，许多地方，尤其是南方山区，即使成功创建了单品类品牌，其农业的整体带动能力仍然十分有限。在这种情况下，探索新的农业品牌化模式凸显出刻不容缓的紧迫性。

全品类品牌有利于整体提升现代农业发展水平

"丽水山耕"成功后，全品类品牌很快被全国各地复制。
图为丽水农投首任董事长徐炳东在做分享。

如果说，区域公用品牌的创建是一种"中国道路""中国方法"，那么，本人认为，这种"中国道路"和"中国方法"，针对性更强的，应该是全品类品牌，而非单品类品牌。因为：

首先，单品类品牌创建的基础是"地名＋品类"的"地理标志农产品"，而这类品牌并非中国首创，而是欧洲的舶来品。欧洲的"地理标志认证"最早开始于1992年，而我国于2007年由国家质监总局引入。从"文化保护"和"消费需求"两方面而言，中国和欧美一样，都需要将"地理标志认证"作为抓手，因此，我们创建单品类品牌，是谈不上"中国道路"与"中国方法"的。

其次，中外之间的最大差异，在于经营体制的不同。千家万户分散经营的体制决定了我们的生产主体十分弱小，业态更为分散，也就决定了我们的生产主体更需要公用品牌的支撑和引领。而欧美等地尤其是新大陆移民国家，采取的是"大农场制"的生产方式，他们有能力、有资金实力创建自有品牌，而无须政府提供这方面的"公共服务"。

据此可以得出结论：我们对单品类品牌的需求，是基于农产品生产本身的特点，而全品类品牌的崛起，更多的是由其制度特征作为深刻背景。

在没有一个产业可以突破，带动全区域农业品牌化的情况下，全品类品牌就顺理成章、应运而生，进入到探索阶段。我在多篇报道和《品牌赋能——"丽水山耕"营造法式》一书中，将其总结概括为"中国特色的农业品牌化之路"。

附：区域公用品牌创建与运营再引热议

作为小农对接现代农业发展的一种公共服务手段，区域公用品牌近年来获得各地政府高度关注。但除了产品、产业层面的作用之外，区域公用品牌还能发挥哪些独特作用？在创建和运营商上又有哪些进一步的思考和突破？最近，在浙江衢州召开的"'两山'价值转化与区域公用品牌建设研讨会暨第二届中国农业区域公用品牌运营闭门会"上，来自全国十多个省份的200余位代表奉献了诸多真知灼见。记者全程直击了该次盛会。

"两山"转化重要引擎——区域公用品牌价值再认识

区域公用品牌价值究竟何在？记者注意到，本次研讨会首度将其意义提升到"两山"价值转化的高度予以探讨。农业农村部原党组成员、中国农村合作经济管理学会理事长毕美家在主旨报告中明确指出，区域公用品牌是"两山"转化的重要引擎。

在毕理事长看来，浙江是"两山"理念的发祥地，在这一理念提出15周年之际，尤其是在中央提出"两个循环"的大背景下，探讨"两山"转化与区域公用品牌之间的关系，具有重要的理论价值和现实意义。

在区域公用品牌研究和实践的过程中，大家走过了产品思维、产业思维两个不同的阶段。从一开始关注产品如何增值、农民如何增收、农业如何增效，到着眼于品牌如何赋能标准化、规模化、数字化，引领现代农业发展。随着研究和实践的深入，人们发现，区域公用品牌具有更深的作用和意义，这就是为"两山"价值转化这一时代命题提供解决的路径和方法。

毕美家指出，近年来，有关这方面的探索，大多集中在建立评估估算体系和生态产品交易体系，健全生态补偿机制，以及明晰生态产品产权等方面，这些探索固然事关长远、意义重大，是战略性、基础性的制度突破，但也必须重视基于产业本身的创新性价值转化。这就是通过生态产品资源和历史人文因素的结合，通过创意、传播的方式，来实现价值的提升和转化。

黄祖辉是"两山"理念研究的权威人士。他认为，"两山"转化大致有三条路径。一是政府路径，二是社会路径，三是市场路径。三条路径都要有抓手，品牌化就是其中不可或缺的抓手。

那么，为什么要打造区域公用品牌呢？黄祖辉认为，这是由农业的公共性所决定的。只有处理好公共性和市场性这对矛盾，区域公用品牌才能在"两山"转化中真正发挥作用。

区域公用品牌运营主体再认识

当前盛行的区域公用品牌一般分为两类，其一是单品类品牌，以地标认证产品为基础；其二是全品类品牌，充分彰显了区位条件、生态优势、历史文化等共性特征。但无论哪一类品牌，运营主体都是绕不过去的坎：究竟哪一类品牌适合哪一类主体运营？

该次区域公用品牌运营闭门会上，浙江大学 CARD 中国农业品牌研究中心主任、浙江永续农业品牌研究院院长胡晓云发表《探索，永无止境》的演讲，将有关运营主体的浙江最新探索带给大家。

胡晓云介绍，区域公用品牌的运营主体目前主要有国企、行业协会、专业合作社三类，但在运营中都存在短板，难以有效整合资源。随着区域公用品牌实践的日渐深入，这种矛盾已经难以回避。

在此背景下，一种崭新的运营主体——"农合联"引起胡晓云浓厚的研究兴趣。所谓"农合联"，是农民合作经济组织联合会的简称，目前，浙江已经建成完善的"农合联"体系，共有会员 6 万多家。

"农合联"又分为"区域农合联"和"产业农合联"。其中"区域农合联"为会员提供土地流转、农资供应、产品营销、电商物流、信贷担保等通用性服务；"产业农合联"围绕产业，为会员提供产业技术、专业农资、市场作业、产品加工市场信息等专业性服务。

胡晓云发现，"区域农合联"和"产业农合联"经纬相交，作为运营主体，恰好与"全品类品牌"和"单品类品牌"形成完美对接，俨然是"天作之合"："农合联""三位一体"改革发展需要区域公用品牌作为抓手；而区域公用品牌的有效运营，也迫切需要"农合联"这样的主体支撑。

调研发现，浙江"农合联"正在推行的品牌运营模式主要有六种类型：如供销社与国企合资成立品牌运营公司的衢州市"三衢味"；国有公司运营、农合联积极配合的丽水市"丽水山耕"；供销社主管、委托第三方专业公司代运营的温州市"瓯越鲜风"；农合联组建公司进行品牌运营的杭州市余杭区"禹上田园"、平湖市"金平湖"；农合联组织直接开展品牌运营的嘉兴市"嘉田四季"；供销社下属全资公司运营的"武阳春雨"模式等。

"数字化"成创新热点——区域公用品牌未来新希望

近年来，"数字化"发展势不可挡。"数字化"如何赋能区域公用品牌，成了本次研讨会的另一热点。

浙江大学城乡规划设计研究院农业与生态分院院长袁康培指出，数字化在区域公用品牌运营创建过程当中，核心目的是调控生产环节、增强消费信任。当数字化成为品牌农业的支撑，做到实时追溯、如实在线，数据就将对产业链上下游包括育种、生产、销售进行升级、转型和再造，不仅能够合理有效地调控生产环节，最终还能智能分析并提供产业发展建议。

在"数字化"赋能区域公用品牌问题上，如果说袁康培更加关注的是技术层面，那么，内蒙古区块链研究院院长韩波则偏重集成应用。

韩波认为，区域公用品牌运营技术事实上是一种组合技术，是技术数字化后重新整合改造的整体升级，本质上是服务的产业链的整体升级，以市场、问题、目标作为升级导向，将科技创新、金融创新、人才创新、产品创新、品牌创新等等在政府组织和产业政策体系的引导下，数字化地集成融入产业链，各个要素均衡调控提高产业协同的效率，从而提高产业链的盈利水平。

农里科技阮浩是互联网"原住民"。他带来的，既有深入思考更有生动实践。阮浩认为，数字化不仅改变的是传统的采销模式，还带来了大量价值数据的积淀。2019 年，公司推出直播带货和"一品一爆"电商营销计划，促使"三衢味"和"常山胡柚"联手，登上了天猫和京东两个平台的销量第一："数字化电商把我们产业存在的短板直观地呈现在面前，根据这些数据，我们逐步优化，细化了消费群体，确定了销售渠道，得到了用户反馈，构建起了'常山胡柚'的销售供应链条，最终大大提升了'常山胡柚'品牌的影响力。"

集结吧，"后浪"——区域公用品牌探索全面展开

浪潮澎湃。"三衢味""天赋河套""济宁礼馔""周至猕猴桃""大佛龙井"等大批品牌崛起，构成了一幅你追我赶、不甘示弱的生态图景。对此，丽水市农业投资发展有限公司副总经理范庆伟戏言："丽水山耕品牌在整个探索过程中一路被追着打！"

集结而成的"后浪"，展开了对区域公用品牌的全面探索。

"三衢味"是衢州市农产品区域公用品牌。2019 年重新进行顶层设计后，不仅明确了核心价值，而且与城市品牌"衢州有礼"构建起了相互赋能的协同传播机制。在所有城市品牌的宣传推介活动中，"三衢味"都成为不可或

缺的重要支撑，一方面让城市品牌更加落地，另一方面也借助城市品牌实现腾飞。

"瓯越鲜风"是温州市农产品区域公用品牌，自成立之日起就喊话要赶超"丽水山耕"。据温州市供销社副主任范春介绍，"瓯越鲜风"将利用经济活跃、在外创业老板众多的优势，启动线上线下全面联通的营销模式。为了弥补自身市场能力的不足，"瓯越鲜风"还大胆引入了第三方运营机构。

在运营主体构建上，山东"济宁礼飨"和山西的"长治神谷"也进行了有益探索。"济宁礼飨"成立了国有资本、民营资本和技术资本共同参股的混合型品牌运营主体，不仅具有政府背书的公信力，同时具有市场运行的灵活性。经过检验，运营效果十分理想。"长治神谷"则直接由加盟品牌的诸多合作社会员出资，共同组建成立品牌运营公司，聘请职业经理进行打理。目前运营成效都比较理想。

内蒙古"天赋河套"与众不同的创新是，品牌授权"少而精"。三年来，该品牌仅授权 12 家企业的 53 款产品加盟，但平均溢价达到 25%，带动全市农畜产品整体溢价 10% 以上，更令人意想不到的是，对地方招商引资、人才引进、文化归属等方面，都产生了明显作用。今天，"天赋河套"已经成为巴彦淖尔的代名词，成为中国北方快速崛起的明星品牌。

创新和探索从来都是对墨守成规的一种挑战。今天，在区域公用品牌的大旗之下，聚集起越来越多的探索者、践行者。大家畅所欲言、互诉衷肠，纷纷要求搭建平台，一方面进行不定期、可持续的交流，另一方面互通有无、互补长短，在产品销售、互动传播等方面实现更多的携手。

（作者蒋文龙，刊发于自媒体"农业品牌研究院"）

市场是不以人的意志为转移的。因为全品类品牌呈现出的前景，地方政府正以巨大的热情投入其中。我们看到，全品类区域公用品牌的发展正呈不可阻挡之势，在全国各地蔓延、发布，从县一级到市一级，再到省一级，屡屡有新的面孔出现。

但尽管如此，我仍然有必要给地方政府泼一瓢冷水：全品类品牌的运营难度比单品类品牌要大得多，对相关支撑要素的需求，对运营能力的要求也强几倍。因此成功的概率也低得多。

这样的坚持，这样的说法，是我们一直以来旗帜鲜明的观点，今后也不会动摇。我们探索全品类品牌，不是要去否定单品类品牌，更不是要无条件地推动全品类品牌。能"单"尽量"单"，宜"多"则可"多"。在"实事求是"的原则下，我们应该对各地的资源禀赋进行科学分析，然后做出科学决策。而不是未经调查，不加分析，就行使手中的"行政权力"，去否定别人的探索。

事实上，在我们手中直接拒绝掉的多品类品牌，又何止八个十个？

陕北横山县（现为榆林市横山区），原来要创塑一个全品类品牌，但经过调研，我们发现，横山县在整个陕北并无多少个性化、差异化优势；所产的产品，除了羊肉，其他的小米、大米、蔬菜等，也难以走出陕北。因此，我们大胆建言：舍弃全品类，集中精力打造"横山羊肉"。近年来，"横山羊肉"品牌在全国大受欢迎。这是要感谢当年从"华能"前往横山挂职的副县长唐凯的。他懂得尊重专业。

能「单」尽量「单」，宜「多」则可「多」

图为芒种团队为陕北横山县打造的陕西横山羊肉品牌。

135

浙江浦江县，原来也希望打造全品类品牌，而且当地有"上山文化"，曾经发现万年前的栽培稻遗存，但我们考虑到县级层面设计全品类品牌容易但运营难以持续的问题，大胆建议他们打消全品类的想法。最后，浦江有关领导从善如流，改弦更张，着力打造"浦江葡萄"单品类品牌。在浦江，葡萄年产量 10 多万吨，年产值 10 多亿元，不仅在当地是当之无愧的主导产业，而且在浙江全省也有较大的影响力。

全品类品牌成功有「三难」

一是品牌定位难、创意设计难

全品类品牌所面对的，是一个地方包括种养加在内的所有农产品，以及一应历史、地理、文化信息，如何在纷繁复杂的世界里，提取到核心要素，赋予品牌以核心价值，可以说，每一次，对创意团队和地方政府而言，都是一个重大挑战。

品牌定位究竟是走产业，还是走文化，或者是走产品路线？创意设计应该提取哪些元素，凸显何种风格？你最终呈现的品牌形象，是否与消费者的认知相对应？

对一个地方的农业特点，人们一定有一个总体印象。对此，有人清晰，但更多的人处在无意识之中。我们只有准确地挖掘并呈现，品牌才有可能取得成功。

二是运营管理难

一方面，全品类品牌是新生事物，究竟谁来运营、如何运营，是否应该营利，等等一系列问题都需要探索，离开成功还有很大的距离；

另一方面，单品类品牌具有深厚的历史文化底蕴以及消费者认知，可谓自带流量，而全品类品牌是一种全新的创造，没有特定产业可做依托，没有市场消费影响，一切都需后天努力才能达成；

再一方面，全品类品牌所涉及的产业门类众多，涵盖了产前投入品管理、产中的标准化掌控、产后的品质化追溯等等一众环节，所需要的资源支持自然面更广、力度更大。这里不仅包括农业农村部门，也有市场监管、文化旅游、宣传推广等机构，协调难度自然也就更大。

三是持续投入难

品牌的成功固然少不了与众不同的创意设计，但更需要持之以恒、久久为功地投入。而反观我们的政府部门，是"铁打的部门，流水的'官'"。只要领导一换,品牌的投入就可能陷入难以为继的"困境"。

对此,我们屡见不鲜的是,一任官员热血澎湃,要创建全品类品牌,推动当地农业的整体转型,规划也做了,资金也投了,传播也做了,通过三五年时间的努力,品牌刚刚有了些起色,领导又得到"重用",到别的部门去走马上任。而新的领导到任后,又有了新的思路,重打锣鼓另开张。

半途夭折的命运,也就不期而至。

市场的需求不以人们的意志为转移。尽管全品类品牌难入有关部门法眼,也尽管全品类品牌本身存在诸多问题需要探讨解决,但这类创新性的品牌,蓬勃发展已如浩荡之势,无人能够阻挡。

图为芒种团队为云南保山设计的全品类品牌"一座保山"。

全品类品牌的用途

尽管我们不断地给地方政府泼冷水，不断强调多品类品牌的操作之难、运营之难，但因为其对中国农业品牌化具有特殊的意义和价值，我们必须砥砺前行，解开混沌中的一团乱麻。

反对者认为，此类品牌没有品类所指，甚至没有地域信息，因此违反了品牌创建的基本规律。实际上这完全是无稽之谈：

一，品牌名称能够体现地域和品类信息固然很好，可以降低品牌传播和认知的成本，但品牌是消费者对产品的总体印象，这种印象的形成，不可能简单地寄托在一个品名上。事实上，品名、定位、口号、符号等设计，经过系统、持续的传播，才能完整呈现出品牌"画像"。这正如"苹果"卖的不是苹果而是手机一般。

二，品牌是政府推进农业转型升级的工作抓手，政策、项目、资金可以通过品牌跟进落地。至于这个品牌是单品类品牌还是全品类品牌并不重要，带动产业也好，驱动全域也罢，只要能够实现发展方式的转换，政府完全可以"照单全收"。因为说到底，品牌名称只是一个象征性的文字符号。

三，消费者无从选择吗？全品类品牌有两种使用方法，一是直接链接产品销售；二是发挥形象传导作用。例如"丽水山耕"，其核心价值提炼为"法自然，享纯真"。这是品牌溢价的基础，也是消费者选择的理由。这一核心价值并非必须对应某个品类，而是完全可以涵盖整个丽水的所有农产品。反对者为什么会提出这个忧虑呢？本人以为，归根结底，一是产品品牌思维在作祟；二是没有深刻把握全品类品牌的内涵特征，深陷在单品类品牌走不出来。

近些年，我们已经习惯了许多地方的城市品牌，如"好客山东""老家河南""七彩云南""多彩贵州""诗画浙江""大美青海""新疆是个好地方""江西风景独好""清新福建""灵秀湖北""活力广东"等等，其命名充分体现出地方历史文化特征，在线上、线下传播十分广泛，但现实中，却并没有将这一城市品牌与旅游景区进行捆绑营销。其作用，只在于给消费者传递城市的整体印象。

农产品全品类品牌犹如上述——例举的城市品牌。我们既可以实做，也可以虚做。所谓实做，就是由实体企业链接城市品牌进行捆绑营销；所谓虚做，就是像城市品牌，只负责传递区域的整体形象。

在参加各种农博会、行业展会，在举办各种招商会、各种论坛、各种农事节庆，在设计各种服务平台、各种传播平台时，我们为什么不可以以全品类品牌为抓手，进行全面的、整体的推广？借以提升整个地方农业的知名度，扩大农产品的营销范围，进而推动区域农业的整体转型发展？

城市品牌与农产品区域公用品牌的互动联结

既然谈到城市品牌，认识到全品类品牌与城市品牌有着异曲同工的表现，那么，我们索性进一步探讨下：这两个独立的存在，是否有可能实现相互间的链接？答案是明确并且肯定的。

城市品牌的问题是显性的：在资金的投入上，城市品牌比农产品的全品类品牌不知要高出多少倍。其他的不说，单看在中央电视台的广告投放，我们就可以作出判断。但如此之高的广告投入，除了提升地方形象之外，还能带来什么？这是专业人士的质疑，也是地方政府的苦恼。

沿着这一方向进行思考，结论不言自明。这就是将城市品牌传播所积累的品牌资产予以变现。如果说城市品牌处在宏观层面，传递的是一种地方的整体形象，那么，将其延伸至相关产业，如文创产业／旅游产业／大健康产业／会展服务业／农业，让这些产业以其作为背书，城市品牌也就做到了"物尽其用"。

对于这样一种构想，衢州率先作出了探索。

品牌实际就是一种个性化的势能。在全品类品牌和单品类品牌、单品类品牌和城市品牌之间，都可以形成良好的互动赋能。图为团队在衢州实践的又一种传播新模式。

附：看"衢州有礼"如何协同"三衢味"

不久前，一张浙江衢州的照片在微信朋友圈引起关注：画面中，衢州两会代表在相互作揖致礼。质疑者认为，"作揖"是封建时代的产物，如此品牌推广岂不影响两会的严肃性？

但更多人则认为，正是拱手作揖这一动作，既是疫情防控保持社交距离的需要，更是生动直观地呈现"衢州有礼"的人文传承，让品牌具有了生动直观的传播性。

如今，在衢州，随处可见当地干部群众拱手作揖。市委书记徐文光更是带头践行。每当会客、见面、告别，他总是主动拱手向对方行揖礼。每次作揖，几乎都会引起一番热烈的议论。而在议论中，品牌深入人心，广为认知。

衢州有礼，"礼"从何来？

衢州地处浙西，是传统的农业大市。在百舸争流的经济竞争中，衢州一直处在弱势地位。人们形容衢州文化是不温不火、不急不慢、不争不抢。究其根本，衢州作为南孔一脉繁衍生息之地，千百年来，深受儒家中庸文化影响。与其他地区相比，衢州人的个性脾气、为人处世，更多了一份勤勉、谦和与低调。

2005年，时任浙江省委书记的习近平考察衢州后说："衢州历史悠久，是南孔圣地，孔子文化值得很好挖掘、大力弘扬，这一'子'要重重地落下去。"

衢州市委书记徐文光认为，打造独具个性的城市品牌，不仅是贯彻落实习近平总书记的指示精神，更是弘扬文化、营造氛围、推进发展的现实需要。"哪个城市文化底蕴深、归属感强，哪个城市就有可能更好地吸引资源要素、集聚人才资金，处于竞争的有利地位。而这种文化，最终将通过品牌得以集中呈现。"

那么，衢州城市品牌的核心价值究竟何在？

其实，习近平总书记指出衢州是南孔圣地，也意味着"礼"在衢州城市品牌中的核心价值。孔子在《论语》中说："不学礼，无以立。"当今浙商文化中崇学尚礼、义利并举、知行合一、经世致用等思想，无不与南孔渊源深厚。

衢州在认真分析研究后，决定从"礼"出发，打造"一座最有礼的城市"。

"南孔圣地·衢州有礼"的城市品牌由此面世。在符号体系上，则构建起孔子行揖礼手势的品牌主形象。

城市品牌打造专班副主任吴良军解释认为，"衢州有礼"的内涵十分丰富：一是对自然有礼，就是对自然有敬畏之心，保护好衢州优良的自然生态；二是对社会有礼，就是人与人之间，对他人、客商、所有人都文明有礼，营造良好的社会环境；三是对历史有礼，就是把优秀传统文化传承好、挖掘好、发扬好，实现南孔文化复兴、南孔古城复兴；四是对未来有礼，就是把握未来发展趋势，加大对外开放协作力度，大力培育新经济、新动能，建设活力新衢州。

完成顶层设计之后，衢州在全市层面进行整合，把品牌、口号、资源统起来，把市本级和各县（市、区）统起来，"天下龙游""运动柯城""锦绣江山"等县域品牌全部集中在"衢州有礼"之下，实现一体设计、一体策划、一体传播，捏指成拳，形成了强大的合力。

衢州终于找到了遗落已久的文化灵魂。

如今在衢州，几乎所有的公共空间都能看到"衢州有礼"的身影，甚至所有的公务车车身上，都呈现着个性鲜明的品牌形象。不管你走到衢州的城市还是乡村，哪怕下辖的县市区，不经意间，也都能领略到"衢州有礼"的品牌风采。一时间，时时有礼、处处有礼，整个衢州处在"礼"的密集覆盖之下。

衢州有礼，"礼"为何物？

"南孔圣地·衢州有礼"，不仅体现了对衢州历史文化的传承与创新，而且展现了衢州面向未来的开放与自信，但在传递这一自身独特的品牌形象之外，如何将品牌形象进行物化，让资产能够变现，是一个必须解决的现实课题。

说到这里，就不得不提到衢州的另一个品牌：三衢味。这个衢州农产品区域公用品牌，尽管早在2016年就已经注册，但因为没有进行相应的文化内涵挖掘和形象体系设计，所以在提升产品附加值等方面一直难有作为。"衢州有礼"的横空出世，让"三衢味"的重塑找到了目标，找到了方向：衢州的"礼"，不仅包含了文创、旅游、大健康等产业，农产品更是题中应有之义。

作为浙、闽、赣、皖四省交通枢纽，衢州地形地貌丰富多样，适宜于各种农作物生长。已经培育出了粮油、柑橘、畜禽、蔬菜、食用菌等八大农业支柱产业，并拥有19个"中国特产之乡"称号，但"三衢味"究竟是什么"味"？与其他地方相比，衢州农产品的个性和差异表现在哪里？如何借助"南孔圣地•衢州有礼"这个衢州最大的"IP"，赋予"三衢味"以文化内涵？

打开大门的钥匙，就在于"三衢味"的核心价值。一方面，这一核心价值必须体现衢州南孔文化的内涵，另一方面，必须与衢州的自然环境、农产品特色相一致。换一个说法："三衢味"尽管和"衢州有礼"是两个品牌，但两者之间应该紧密关联。这种关联必须通过核心价值的提炼，进行巧妙的链接、自然的过渡。

儒家文化给人印象最为深刻的，莫过于"仁义礼智信"。"五常"中，初看似乎只有"信"与市场经营有着关系。但实际上，"五常"作为一种社会规范，可以用一个"真"字加以概括提炼。而"真"，恰恰是消费者最渴望得到的，也是最基本的要求。

衢州的农产品，不仅产自真山水，具有真性情，属于真食材，难忘真滋味，而且，深刻传承了儒家文化的内涵，表达了衢州农产品与众不同的特征。"真"与"礼"互为里表，"礼"是"真"的外化，"真"为"礼"的内涵。"真"与"礼"之间，不是相互脱节的各自表达，而是融为一体的相互支撑。

"三衢味，衢州有真味！"的品牌口号由此问世。不仅传递出衢州农产品的内涵特征，同时也体现了新中产追求人生真谛的一种消费判断。更耐人寻味的，是在两个品牌之间，实现了核心价值的巧妙衔接。

协同传播，相得益彰

"衢州有礼"与"三衢味"的价值沟通，让品牌资源协同共享找到了路径。但要真正形成品牌合力，整合各方面的资源，进行统一的传播推广必不可少。

"三衢味"品牌主管是衢州市供销社，"衢州有礼"的传播则由衢州市委宣传部负责。为了杜绝"两张皮"现象，衢州一开始就致力于构建长效协同传播机制。

在"衢州有礼"城市品牌各项推广活动中，将"三衢味"品牌元素和产品融入其中，多媒体、多渠道和多形式宣传推广"三衢味"。2019 年在杭州、西安、重庆、沈阳、大连、广州等地举办城市品牌推介活动时，"三衢味"产品不仅作为伴手礼，而且每场推介会都划出专门区域，用于"三衢味"品牌和产品展示，一方面带动"三衢味"品牌走向了全国，另一方面，也通过"三衢味"，让消费者对"衢州有礼"达成进一步深入的理解。这一年，"三衢味"系列产品还被带到中国城市大会、第四届博鳌国际旅游传播论坛等重大活动现场，赢得许多朋友的兴趣和赞赏。

在渠道层面，衢州市供销社和当地国企东方集团合作，共同组建品牌运营公司，利用其全覆盖的酒店、超市系统，进行"三衢味"产品的落地推广。俗话说，渠道和货架是最佳的品牌推广场所，人们看见，在"三衢味"开设的数十家门店中，"衢州有礼"的品牌形象和口号同样赫然在目。两者你中有我，我中有你，利用门店和渠道优势，进行协同传播，取得了相得益彰的良好效果。

2020 年，衢州计划举办"礼遇北上广·衢州城市品牌宣传周"和全国重点城市的"城市品牌云推介"，也已将"三衢味"营销纳入了系列活动之中；在建立城市品牌产品代言体系中，"三衢味"品牌产品将作优先考量；"衢州有礼"集体商标，也将引导和鼓励"三衢味"产品企业优先使用；在"衢州有礼"号高铁列车的小桌板上，也将出现"三衢味"系列产品的身影。

浙江永续农业品牌研究院执行院长李闯认为，当前，城市品牌和农业品牌建设已经蔚为大观，但相互之间常常脱节，互不相干，有的甚至在品牌价值的传递上出现矛盾、冲突，不仅难以形成合力，而且造成资源的极大浪费。衢州的可贵之处在于，注重核心价值的一以贯之，并施行全覆盖的整合传播、一体传播，大大增强了品牌的科学当量。

（作者蒋文龙，原载《农民日报》2020 年 10 月 29 日）

单品类？全品类？面对两种不同类型的品牌，地方领导的选择意见似乎事先经过高度统一：全品类。一来，在他们的认知里，区域公用品牌就等于全品类品牌；二来，做了单品类品牌，其他农产品怎么办，现实问题难以解决；三来，作为"伴手礼"给人介绍起来内容丰富，涵盖面广，可以真正代表地方形象。

那么，我们究竟应该作何选择？我们在选择时应该考虑哪些问题？

我总结了几个考量的维度：人文历史、环境因素、产业结构等是否具有显著的共性特征？产业规模及其影响力如何？运行团队及其运管能力如何？除此之外，单品类和全品类品牌在认知基础、投入大小、见效快慢等问题上都有不同的表现，必须引起足够的重视。

第一，考量产业因素。如产业规模明显占有优势，产品质量具有显著优势，则无论省级、市级、县级还是乡镇街道，首选的应是单品类品牌。如吉林大米、贵州绿茶、内蒙古乳业、浙江龙井等。

第二，考虑区域层级形成的规律。一般情况下，地市一级以全品类品牌为宜，县级以单品类品牌为宜，因为产业发展一般具有县域特征，也即"一县一品"。打造全品类品牌的地市必须具备足够鲜明的地域、人文或产业特色，这是品牌的灵魂，也是品牌打造成功的基础。

第三，已经建有地市级全品类品牌的，一般不宜再在县一级构建同类品牌，以免分散资源、相互冲突；除非该县地域、人文、生态、产业方面具有独树一帜的鲜明特色，容易取得市场和消费者高度认同。

第四，全品类品牌、单品类品牌、企业品牌，应该各展所长，构成比较科学、系统的品牌体系，相互支撑同步发展。

总之，我们必须充分调研各地的资源禀赋条件，来确定选择哪一种品牌类型。

大部分的县级政府领导都喜欢全品类品牌，认为自己的产品都很好，一个都不能落下。这种情感认识是可以理解的，但品牌农业

两种区域公用品牌的不同选择维度

是基于比较优势的个性化农业、差异化农业，我们必须站在全省乃至全国的高度，站在市场的角度，去考量、去发掘我们的独特竞争力，最后才能稳操胜券。农业品牌化并不只是全品类品牌，单品类带动同样是有效的途径，并且更易操作，胜算更大。当一个区域在单品类品牌上获得成功之后，再向另一个品类延伸进发，也不失为一种可行的方法。

第六章
创意成功的奥秘

十多年不计回报的研发投入，让我们在社会上真正树立起专业、权威的品牌形象。此时，地方政府纷纷主动登门，邀请我们进行农产品区域公用品牌规划，助其在乡村振兴的新赛道中获得主动地位。

什么样的创意才是好创意？创意成功的背后究竟是什么因素在起作用？尽管我们过关斩将，通过十年磨砺，获得了社会的认可，但真正的考验还在后面：没有成功的创意设计，再强大的引领也无济于事，那只是做了鞭炮替人家放。

经过大量的实践，我们逐步悟出：在农业发展高度同质化的情况下，只有在地域文脉中寻找创意的灵感，才能进行品牌的差异化区隔，最终凸显出自己的个性价值；也只有紧紧抓住了地域文脉，区域公用品牌才是独家定制的，不可模仿和复制的；大量成功的案例也一再说明，越是与地域文脉相融，就越是能够得到当地干部群众的认可。

许多读起来朗朗上口，听起来抑扬顿挫的创意口号，实质上是贫乏而经不起推敲的。他们徒有华美的外表，而缺乏内在的价值主导，因此很快会被消费者抛弃。

区域公用品牌的成功传播，离不开当地百姓的口口相传。而激发他们传播热情的，必定是他们所熟知的地域文脉。当你真正做到了将品牌之根深植于地域文脉，你的品牌无疑就拥有了所向无敌的强大势能。

品牌价值来自何处？

创建品牌的目的首先在于提升产品销量、提高产品附加值。那么，这个产品的销量和附加值究竟是通过什么途径得以解决的？通常的说法是，我们必须确立品牌的定位，找到品牌的核心价值。

根据农业生产的特点，我们发现其价值有四个来源："以品种论英雄的产品价值""以地域特色为主的产地价值""以生产标准化和产业现代化为主的产业价值""以文化、生活和消费理念为主的文化价值"。每个价值层次都是更高一层的价值基础，也都有自己的评判标准。

产品价值

回顾历史我们不难发现，农产品最初的价值，往往表现在其品种带来的优势上，如个儿大、产量高、外观漂亮、糖分含量高等等。此时可以看到，包装上醒目地印刷着的，就是品种加品类。如"巨峰葡萄""红富士苹果""户太八号"等。

尽管品种带来的价值永远是核心的，在任何时候都将受到消费者欢迎，都是品牌最为直接、最为可感的立身之本，也是我们需要重点加以关注、加以挖掘的，但另一方面我们必须看到，品种越优秀，往往引种越快，很有可能一夜之间就覆盖大江南北，此时品种所形成的区隔很快就被突破，我们需要重新构建品牌"防火墙"。

安吉白茶的价值来自其特有品种带来的高氨基酸含量。

例如"象山柑橘"中的"红美人"，因为又甜又细腻，每斤卖到30元的"天价"。此时所有出去的包装，几乎都突出"红美人"这个品种。但仅仅五年时间，该品种就被引种到许多省份，种植面积扩张到了几十万亩。这时，象山所能做的，一是启用储备的新品种；二是申报"原产地"，在消费市场上强化"地缘"概念。借以告诉消费者，这是来自象山的"红美人"，具有不同的质量概念。

产地价值

农产品作为一个生命体，产品质量受环境因素制约十分明显。同一个品种，因为土壤、光照、气候等的不同，会结出不同品质的果实，此即产地概念。消费者理解这一现象之后，就会出现"认地购买"。比如同样是苹果，想吃水分足的，就会瞄准"烟台苹果"；想吃甜的，就会购买"阿克苏苹果"；想要酸甜适中的，就选黄土高原的"万荣苹果"。

这种情况下，产地优势取代了品种优势，而品牌的核心价值，很显然，来自产地天然条件沉淀而成的产品优势。此时，农业行政部门需要作出的反应，是尽快通过"产地认证"强化这一优势，进而形成品牌新的核心价值。

地域性的小气候常常带给农产品以不同凡响的价值，
消费者的购买行为也往往决定于产区。茶叶、果品等品类尤为明显。

需要指出的是，因为行政体制的制约，这种"产地认证"往往由县一级政府执行，结果导致资源的分散和浪费。如东北寒地黑土所产大米、黄土高原所产苹果、会稽山脉所产香榧、东海范围所产水产，均具有共同的优异品质，但却各自为政，分别申报。反观美国新奇士，横跨美国西部的加利福尼亚州和亚利桑那州两大州，由6000多家生产主体加入其中，统一使用"新奇士"商标，客观上强化了品牌的产地价值。

产地价值在多品类农产品区域公用品牌中同样有明显表现。
开化是浙江母亲河钱塘江的发源地，
因此，"钱江源"的命名和形象设计恰到好处地表现出其与世隔绝、纤尘不染的生态
环境特质。

产业价值

产品和产地价值的叠加，常常形成产业的整体竞争力。这种竞争力无疑也是品牌的核心价值。这是因为，在消费认知中，人们往往试图通过产业的整体实力，来判断产品是否值得购买。比如内蒙古聚集了蒙牛、伊利等大型牛奶市场企业，人们想当然地会认为，内蒙古的奶产品比其他地方更为优质。因此，在抉择时，他自然会倾向于内蒙古的奶企。

这种整体实力表现在诸多方面，如标准化、组织化、信息化、产业链、集中度等，我们需要通过广泛调研进行总结提炼，形成品牌的核心价值。这个价值可以是一种总体印象、总体概括，也可以是集中一点、重点突破，但无论哪种方法，都需要进行宏观比较，并根据消费者的"需要"，有针对性地加以提炼、表达。

消费者既是理性的，也是感性的。在其潜在意识中，总是认为产业竞争力越强，品牌越可靠、越安全、越值得信赖。对那些走在时代前沿，不断进行各种创新，形成新的解决方案的，他们总是信赖有加。因此，我们可以站在品牌高度，将大数据、人工智能、数字化等进行技术解构，形成品牌之间新的区隔。

文化价值

在科学技术不断进步的情况下，总体上，农产品的口感、品质差异必将越来越小，产业发展的整体实力也渐趋一致，此时，只有地域文化才能彰显农产品品牌的独特价值。而且，这种价值是永恒的、不可模仿、难以超越的。

顶级品牌的存在价值，在于代表某一种文化和生活方式，在于通过这种文化和生活方式进入消费者心智，形成差异化认知，实现物质层面的最终超越。比如"日本寿司"，近年来在全球范围内受到越来越广泛的欢迎，而随着该品牌同时输出的，是日本的餐饮文化、匠心精神。如何选材、如何炮制、如何将海鲜与米饭搭配、如何精工细作，几百年来已经成为"日本寿司"不可分割的文化所在。而正是这种文化，让"日本寿司"品牌所向无敌。

品牌的最高价值来自跟地域文化、生活方式的相互融合。
在瓯越鲜风品牌设计中，我们很好地融合进温州人敢闯敢干、敢为人先的浓重的地域文化。

文化的定义十分广泛。一切经过时间积淀的东西，最后都将成为文化。我们需要做的，是梳理地域文化，找到与产品相匹配的元素，植入品牌，最终让品牌具有价值，成就不朽。

区域公用品牌根在文脉

应该着重强调的是，上述四种价值并不是相互割裂的。他们常常相互交织，此起彼伏。你中有我，我中有你。在特定阶段，可能某类价值占据主导位置，但并不意味着只有一种价值在发挥作用，而有可能产生"齐头并进"的格局。

但我们必须明白，区域公用品牌的根在于地域文脉。因为无论是品种优势，还是产地优势，或者产业优势，都在竞争中不断迭代、不断变化。唯一能够保持持久不变的，是地域文脉，是地方文化。他们是历经风雨沧桑，延续下来，与地域发展紧紧融合在一起，难分难离的一种血和肉的关系。

"百度"中对"文化"所下的定义：文化是相对于经济、政治而言的人类全部精神活动及其产品。是非常广泛和最具人文意味的概念，简单来说文化就是地区人类的生活要素形态的统称，即衣、冠、文、物、食、住、行等。

工业和服务业产品的品牌构建，其文化内涵常常通过虚构、编造而赋予，创意人员为此不得不冥思苦想、绞尽脑汁。即使如此，也难以取得共鸣。而农产品品牌在创意时，丰富生动的农耕文化可以信手拈来，尤其是对农产品区域公用品牌而言。

这是因为中华文化本质上就是农耕文化。数千年来，在农业生产中，华夏各地形成的农耕文化结晶可谓数不胜数，比如二十四节气，比如儒道佛文化，比如尧舜、炎黄、嫘祖等历史文化传说，比如陆羽等产业研究的先祖等，都是农产品品牌创建最可宝贵、无可替代的财富。而农产品区域公用品牌，因为往往指向具有代表性的地方特产，具有高覆盖、强关联等特色，所对应的、可供运用的地域文化往往更为丰富。

许多人认为文化看不见、摸不着，虚无缥缈，难以把控。事实上，文化无处不在，就在你的周围，每天包围着你的生产、生活的全过程。历史文化、地域特征、风土人情、传统习俗、生活方式、文学艺术、行为规范、思维方式、价值观念，等等，无不成为地域文脉。

大到国家、省域、市域，小到区县、乡镇、街道，只要你深入访谈，你就能抓住其文化的根脉。而只有抓住文化的根脉，品牌创意才可能有的放矢、源源不断。以省为例，比如东北的寒地黑土文化、

北京的京城文化、上海的海派文化、内蒙古的草原文化、山东的儒家文化、云南的少数民族文化、贵州的山地文化、江浙的水乡文化、两广的闽南文化等，谁能抓住其内核，谁就能够获得创意的真正成功。

令人遗憾的是，一些特色鲜明的民族文化被有意疏离。如武当道茶，品牌在业内已经广为人知，品牌资产积累已经相当之高，但有关部门因为忌讳"道"字，居然硬是更换品牌名，换成了"武当山茶"。

尽管单品类品牌受到广泛追捧，但中国地大物博，凡事不可一概而论。
对广大山区、半山区而言，全品类品牌有可能成为更具现实意义的选择。
图为芒种团队为贵州毕节地区创建的全品类品牌。

呜呼，这种简单的理解和扭曲，长此以往，必将令丰富多样、生动鲜明的文化枯萎。这不是文化自信，而是文化摧残。

从文化一方面看，中国文化尽管博大精深、丰富多彩、无处不在，但大多以阳春白雪的"品位"存在于、散落于我们的文学艺术、历史故事，以及生产生活之中。消费群体尽管渴望提升自己的品牌段位，但面对浩瀚纷繁的中国文化，往往也只能是叹为观止、束手无策。这也从一个侧面很好地解释了"唐宫夜宴""只此青绿"为何出圈火爆，很好地解释了"音乐盲盒"何以深受消费者喜爱。

就此而言，区域公用品牌对地域文脉的利用，是一种对地域文脉的活化，是一种通过创新性应用对地域文脉的继承和弘扬。它将消费者作为一种传媒，达到更好地理解地域文脉，更好地推广地域文脉的目的。在创意成功的一刹那，它很有可能触动了新的"流量密码"。

龙井茶品牌的个性之争

　　在农业品牌化进程中，茶叶因为文化内涵深厚，产业竞争激烈，率先走上了区域公用品牌创建的道路。但事实上，这种创建相当初级。我将这种缺陷概括为：有品名但无个性，有活动但无主题，有发展但无差异。许多年来，一大批退休官员矢志不移，推行着中国博大精深的茶文化，精神可嘉。但陆羽的故事，年轻消费者会认可吗？用帝王将相加持茶叶品牌，能否实现现代时尚的表达？当我们的茶品牌要走出国门，又应该如何运用国际化语言进行沟通交流？一系列的深层次问题，迫切需要专业化的答案。

　　茶叶在浙江十大农业主导产业中排位第二，而龙井则是浙江茶叶当之无愧的"主宰"。随着竞争的进一步加剧，浙江各地"龙井茶"同质化现象日趋严重：每当春茶上市季节，领导们都会登台吆喝，但翻来覆去表达的，都是生态环境好、产品品质优、茶文化历史悠久，但彼此之间到底有啥区别，谁都不甚了了。在消费者印象中，此龙井与彼龙井，除地名差异之外，其他大同小异甚至一模一样。

　　这就大大制约了龙井茶的消费：我为什么要选择你而不是选择他？这个问题不解决，浙江各地的茶叶，只能得到"龙井"带来的溢价，也就是扁形茶制作工艺带来的溢价。这个溢价是全省各地"龙井"所共有的，而不是当地"龙井"所独有的。

　　在这种情况下，对各地龙井茶进行品牌定位和核心价值的提炼就显得异常重要。你是龙井，我也是龙井，你我之间的差异究竟在哪里？站在消费者的角度，你必须给他一个个性化、差异化的描述。而要做到这一点，则必须诊断每个品牌存在的不同问题，提出具有针对性的解决方案。有关这一问题，读者诸君可以参考散落在本书其他章节中的有关具体案例。

　　这里，我想揭示和分析的是另一个问题，浙江茶叶难道只有"龙井"一条路可走？在"龙井"作为一种炒制方法已经遍及全省，以至于在全国也已广为效仿之时，县域茶叶品牌的创建是否还有其他可能。

　　一个显著的成功案例就是"径山茶"。在全省劲吹"龙井风"之时，余杭坚守住自己的个性。

　　坚守就意味着拒绝许多的诱惑，意味着剥离许多的犹豫、纠结。这样的博弈十分尖锐，就发生在每一个品牌创建过程中。"千岛湖茶"就是一个生动的案例。

淳安以千岛湖闻名于世。淳安原来的茶叶区域公用品牌叫"千岛玉叶",当时在市场上已拥有一定的知名度,但当地觉得,"千岛"与"千岛湖"之间存在差异,削弱了"千岛湖"这一世界级生态资源的独占性;"玉叶"指代不清,消费者联想不到是茶叶,因此决定更名重塑。

图为芒种团队为淳安县创建的千岛湖茶品牌。

"千岛湖茶",品牌重塑背后的考量

尽管我们对这种做法内心并不完全赞同,因为一旦更名,品牌积累可谓前功尽弃。但另一方面,"千岛玉叶"与"千岛湖"、与"茶叶"之间的链接并不是那么直接,只有进一步加大传播投入,才能将品牌植入消费者心智,就此而言,如果能尽早打破重来,将"千岛湖"这一具有世界级影响力的地域品牌作为背书,就能做到"事半功倍"。

那么如何更名?有人提出更名为"千岛湖龙井"。提出这一思路者认为:千岛湖世界闻名,龙井又是国之瑰宝,两者联手,茶产业发展必定顺风顺水。而且,省里正在要求整合做大龙井品牌,何不借政策和舆论环境的东风,扬帆起航?

但我们表示反对:假如更名为"千岛湖龙井",其他诸如毛尖、银针等品类就将失去安身立命之所,而且将直接面对"西湖龙井"这一竞争对手,有何胜算可言?毕竟,对消费者来说,"龙井"之正宗,非"西湖"莫属。我们没有必要自讨没趣。

我们也试探性地提出了"突出鸠坑"的思路。因为"鸠坑"作为国家级茶树良种,一度在全国占有半壁江山,而淳安就是"鸠坑"的发源地。至今,鸠坑种茶叶面积在淳安仍然占据一半以上。在全省上下一片"龙井"的情况下,"突出鸠坑"就是突出自己独一无二的优势,就是以己之长搏人之短。而且

鸠坑耐冲泡，为诸多资深茶人所喜爱，复购率较高。

但"突出鸠坑"的思路也不太成熟。因为在"乌牛早"等早熟品种的强势进攻下，鸠坑已经节节败退，难以自保。这类传统品种尽管有忠实的消费群体，但在现代消费趋势下，做"小而美"的个性品牌尚可，要在全县范围内"突出鸠坑"，品牌理论上可行，实际操作中必定难以落地。

要不要改名，改成什么？是坚持自己，还是迎合潮流？是做大，还是做特？是立足本地市场，还是外出打天下？经过多次讨论之后，大家的意见逐步取得一致：将"千岛玉叶"更名为"千岛湖茶"最为安全妥帖！这是各方妥协的结果，当然也是各方意见尖锐交锋后的共同认知。有时候品牌创意往往如此，必须得倾听产业的意见，地方政府的意见。一个好的创意还必须符合发展的实际。而地方政府或产业人士必须尊重创意，引进个性化差异化思路改造传统理念。经过双方不断地交流探讨，达成最后的"妥协"。

将地域名称和品类直接链接的方法，不仅可以收到捆绑营销的实效，也可以将龙井、毛尖、银针等品类一网打尽，形成系列。同时，也有效避免了"千岛玉叶"在品类指向上的不确定性。

"一个综合多种茶类的品牌、一个特色品牌、一个农旅化品牌。"这一品牌定位表达的，不仅仅是"我有什么"，而且是盘点淳安资源后，站在消费者角度对需求所做的深度开发。

每年，千万级的游客都是冲着千岛湖而来，这不仅是一个旅游市场，更是巨大的"伴手礼"市场。假如能够潜下心来，将游客作为最为重要的市场加以开拓，那么，游客买走的虽然是茶叶，带走的却是整个"千岛湖"。

"一叶知千岛"的广告口号由此顺理成章浮出水面。寓意"一叶，融千岛秀水青山；一叶，传千年鸠坑茶母；一叶，品千岛匠心茶艺"。

品牌主形象则是一片茶叶，浓缩着诸多千岛湖旅游元素，诸如山水、岛屿、人文、历史、生态环境、茶农等。

产品开发则充分满足游客多元需求，形成龙井、毛尖、银针、红茶四个系列，既充分发挥淳安茶叶品种多样、产品丰富的特点，又给消费者提供了较大的选择空间。设计上突出时尚、轻松、便捷的特点，与游客内在的追求相一致。

最后，从定位到广告到形象设计、营销渠道、传播路径、产品开发构成了一个环环相扣、相互呼应的体系。在龙井中，西湖龙井可谓一家独大，而当我们将其定位为千岛湖的旅游产品时，很大程度上就消除了购买的阻力。

「道」文化如何植入品牌？

借助地域文脉的植入，与其他竞品进行差异化区隔，是创意成功的基础，也是产品实现溢价的奥秘。

只有通过地域文脉植入所实现的区隔，才具有强大针对性，是不可复制、无法抄袭和模仿的，是一对一定制式的。文脉，也只有文脉才是最深刻的地区差异和消费者记忆。

无数次的实践，几乎无一例外证明了这个规律：只要融入、结合了地域文脉，那么，这个品牌创意就能够得到地方各个阶层广泛的认同，能够在商品到品牌的提升中发挥难以想象的助推作用。

区域公用品牌的成功，首先应该基于当地的认同。换句话说，区域公用品牌要在市场上得到认可，首先必须在创意上接受当地领导和干部群众的检验。只要得到他们内心认同，就能进一步激发出他们传播区域公用品牌的无限激情。这种传播不仅是心甘情愿的免费的，而且具有强大的荣誉感和感染力。试想，一个创意连当地都未能高度认同，又如何去感染更大范围内的消费者呢？

但无论文脉还是文化，都是博大无边的概念，几乎无所不包，那么，我们究竟如何考量、如何抉择、如何植入？才能唤起他们内心的认同。

让我们看看道文化如何植入每一个不同的品牌。尽管各地涉及道文化渊源、深浅、路径各有不同，但通过传播口号、品牌命名、LOGO设计、视频画面等不同载体，都得到了比较充分的体现。

道是中国文化的本底。道在中国人生产、生活中的每个角落。图为芒种团队以道文化为基底为武当道茶、磐安云峰、周至猕猴桃创意的品牌形象。

"磐安云峰"是个茶叶品牌。传说中，在晋代，道士许逊道在磐安与茶农共同研发茶叶，并送到各个道观品鉴，致使该地茶叶声名鹊起。从茶叶外观看，磐安茶叶因产于高山，形态偏瘦，与"仙风道骨"的道士颇有"异曲同工"之处，因此，传播口号设计为"磐安云峰，道骨仙风"，将其历史文化很好地融入品牌。

狝猴桃产业近几年发展迅猛，竞争激烈。为了产业突围，地方政府近年来十分注重品牌创建，我们接手的就有武功狝猴桃、都江堰狝猴桃等。陕西是我国三大狝猴桃产区之一，其中周至是先发区，而眉县被公认为后来居上。在"眉县狝猴桃"已经打出"酸甜刚刚好"传播口号时，我们为"周至狝猴桃"策划的口号是"酸甜自有道"。因为周至是老子写《道德经》并向弟子函谷关令尹喜说经的地方，周边道观不少，道家文化浓郁，因此，"自有道"代表了不言而喻的一种价值选择。

如果说以上两个品牌是"借道"说事，那么，"武当道茶"则是最正宗的道家文化的传承。既然是"道茶"，与道家的渊源也就尽在不言之中，因此，我们将其核心价值确定为"朴守方圆，循心而行"，用道家的"自律"补充和演绎其文化，而在视觉符号创意上，则采用太极八卦接近的图形加以阐释，让消费者充分感受到其文化的支撑。

品牌是什么？从某种角度来看，品牌就是故事。通过故事让市场了解你；通过故事让你区隔于竞品；通过故事让消费者愿意掏更多的钱购买你。

打通品牌「任督二脉」

区域公用品牌创建中，人们往往"只见树木不见森林"，求解的只是产品层面的价值，比如解决产品卖难、品牌溢价、产业转型等；实际上，其作用和价值远不止于此，而更多的这些作用和价值往往被忽视。比如地域文化的传承与弘扬、地域形象的提升、地域经济的整体发展、经济发展方式的转型，甚至社会治理的推动等。

有别于企业品牌和产品品牌，区域公用品牌创建的价值显然应该是多重的。不夸张地说，区域公用品牌应该是经济社会整体发展的助推器。这是与其价值来源的多重性息息相关的。

因此，进行区域公用品牌创意时，我们一方面要让品牌形象独具个性，不可替代，成为一种独家定制，无法模仿，无法抄袭。即使隐去品牌名称，人们也能通过其定位和符号系统，一眼就辨识出属于何方神圣。以此来实现产品层面的政府需求；另一方面，必须尽量充分地将产业文化、历史文化等文脉要素融入创意，让区域公用品牌在助推产业发展的同时，也为地域文化的弘扬、地方形象的传播等发挥综合性作用。从而达到产业和文化互为表里，合二为一，成功占领消费者心智的目标。

区域公用品牌所具有的这种综合性功能屡见不鲜

地名是最显性的地域文化。我们在创建"武功猕猴桃"时，抓住消费者对"武功"这一县名的好奇，推出了"下功夫，成好果"和"比比就知道"这两个创意口号，又将武功元素结合猕猴桃，成功创意出"武功小子"这一卡通形象，将武功的猕猴桃和武功的地域文化一起卖了出去。

非遗文化、文化之乡当然是典型的地域文化。山西万荣系"中国笑话之乡"，我们给"万荣苹果"品牌创意推出的广告口号是"一个快乐的苹果"，其 LOGO 设计也充分彰显出快乐的内涵。就这样，将"万荣苹果"和"笑话文化"打包一起卖了出去。

西安户县（现鄠邑区）是"中国农民画之乡"，我们结合这一文化特色，为"户县葡萄"创意定制了"农作艺术品"这一广告口号，而在创作设计 LOGO 时，又对"户"加以多彩变形，将地域文化和品牌进行了完美结合。

产品需要文化加持，文化需要产品激活。产品犹如人体中的任脉，主血；文化犹如人体中的督脉，主气。只有将任督二脉打通，也就是将涉及品牌的产品和文化形成一个气血贯通的整体，品牌才能血气方刚，有如神助。

无数的事实证明，只要是创意与地域文化紧密相融，就一定能够得到当地政府和百姓的认可。
图为芒种团队为武功猕猴桃、户县葡萄创作的品牌形象。
各位看官不妨看看，是否能在其中找到地域文化即将消逝的影子。

附：地标产品如何品牌化？
——在农业部地理标志产品认证培训班上的报告

地标产品还不是品牌

什么是地标产品？就是特定的环境、特定的工艺生产加工出来的产品，离开了特定的环境条件或者加工工艺，就不可能有此特色和个性，就此而言，地标产品具有良好的品牌基因。

在我看来，消费已经进入地标产品时代！事实上，大家都可以感受到，电商卖得最火的是地标产品；微信朋友圈发的最多的也是地标产品。地标产品已经成为现代农业发展的最大亮点，已经成为消费者最为关注的热点。

但地标产品的发展还存在很多问题。最普遍的，是申请了地标认证之后，就将证书束之高阁，认为这是荣誉，是成绩。

有一种错误的认识是：我已经通过了地标产品认证，我的产品销售和溢价就应该是顺理成章，水到渠成。但现实状况是：许多地标产品因为规模化发展，导致卖难，尤其是果品。

这里我要明确告诉大家，地标认证不等于品牌！这也是质量安全中心一再强调取得地标认证之后，要进一步品牌化的初衷所在。

地标产品和品牌之间，相异的是，地标产品是机构批准的，而品牌是消费者认可的；相同的是，地标产品和品牌都具有个性化特色化的本质特征。

那么，有的人可能会问：到底什么是品牌？我认为，说一千道一万，品牌是一种差异化竞争战略，是一种让消费者愿意为你买单的战略。

差异化体现在哪里？就体现在特色和个性上。特色和个性是品牌的立身之本。没有特色和个性，就谈不上品牌。

户县葡萄不是普通的葡萄，而是"农作艺术品"。我们将"户"和"葡萄"相结合，创造出主形象；同时将户县农民画相结合，构成宣传海报，既增强了品牌的文化内涵，又进一步传播了地方文化。

地标产品的特色和个性表现在"七个方面"

一、品质方面（借重科技和管理，提升产品质量）

二、环境方面（特定的生产环境，造就与众不同的品质）

三、工艺方面（特殊的加工工艺，铸就独具特色的品质）

四、外观方面（借助文化创意，凸显产品外观与众不同）

五、标准方面（创建行业标准，抢占制高点，成为标杆）

六、营销方面（打造渠道和模式，树立产品独特形象）

七、文化方面（挖掘历史文化内涵，再造产品价值）

因此，地标产品要成为品牌，还必须通过符号化，与消费者建立深层联结，实现独特的价值。这实际上就是地标产品的品牌化路径。

地标产品必须实现"母子品牌"管理构架

这里有一张图，揭示的是"母子品牌"之间的关系。"母品牌"指的是区域公用品牌，"子品牌"指的是生产主体的自有品牌。

地标产品要实现品牌化，必须依托产品独特的地域属性，首先打造区域公用品牌，形成区域品牌带动企业品牌共同发展的格局。在这一格局中，母子品牌所发挥的作用、承担的职责各有不同。"母品牌"彰显的，是地标产品的共性特征，具有公共外部性；"子品牌"突出的，是生产主体的个性特征，具有私有性。

我将这种方法总结概括为"中国特色的农业品牌化道路"。为什么？因为中国农业是高度分散的、千家万户经营的农业，每个县里不管哪个产业，都有数以百计的生产主体，要他们依靠自己的实力创建品牌走向市场，基本上是徒劳的。只有将地标产品打造成统一的区域公用品牌，让企业借助这一公用品牌，才能减轻走向市场的成本，才能快速实现品牌化的目的。欧美等地尤其是新大陆移民国家，实现的是"大农场制"，虽然初级农产品也需要区域品牌，但其迫切性绝不能跟东亚小农国家，特别是中国相比。

如何打造区域品牌，必须实行"四统一"，也就是统一品牌、统一标准、统一管理、统一传播。只有实行了几个统一，才能让地标产品快速打响品牌。这方面，政府具有着丰富的资源，包括人力、物力、财力，是可以充分发挥作用的，也是符合政府职能的内在要求的。

地标产品品牌化面临六大突出问题

浙江大学 CARD 中国农业品牌研究中心成立以来，在区域公用品牌价值评估，以及科研、活动策划、品牌创建等方面做了大量工作。目前，我们的研究重点已经转向如何落地，因为随着品牌规划的完成，落地中的各种问题已经随之浮现。

一是运营主体。品牌规划完成之后，究竟由谁来运营？目前看来有的是协会，有的是国企，也有民企或者混合所有制企业，运营主体可谓五花八门。我认为，最为理想的是协会运营，但协会有待进一步做强。国企运营要避免"与民争利"，民企或混合所有制企业运营的，要注意确保品牌的公益性。不管谁来运营，必须强调两个原则，一是政府投入不能少，二是公益的性质不能变。

二是品牌的公益性问题。由地标产品打造的区域品牌，一般都具有公益属性，是给产区内生产主体共同使用的。也正因此，政府才应该义无反顾介入。但现实中出现许多扭曲，如有的地方将区域品牌的资产积累让渡给国企作为背书，打造属于企业的子品牌，与民企形成直接的竞争，出现了变相的"国进民退"；有的地方政府出人出钱将地标产品打造为区域品牌，供私人企业专用，政府呈现"家丁化"现象。这是应当引起高度关注的。

三是运营的方向问题。打造地标产品的区域品牌，近期来看，非政府职责莫属，但从长远来看，应该往哪个方向发展或者过渡？我认为，应该追求自我管理、自我服务、自我发展。这方面，美国的爱达荷土豆已经作出榜样。这个一百多年的区域公用品牌，一直以来收费使用品牌，但所收费用全部用于品牌的运营管理。协会的服务职能和非营利特征是十分明确的。

四是目标问题。一般而言，对于为什么要创建地标品牌，我们的看法是农业增效，农民增收。但这里我要提出，创建品牌的最终目标，是品牌资产的积累。

五是落地问题。许多地方完成品牌规划后却没有落地，造成很大的浪费。原因并不是规划无法落地，而是换了领导就换思路，或者不知如何落地。我认为，规划的落地首先是核心价值和符号体系的应用传播。市场经济条件下，要让生产主体都来使用区域品牌，就必须让生产主体"有所获益"，这就决定了我们必须全力以赴，全策全力首先打响区域品牌。"丽水山耕"刚开始时没人理睬，但品牌打响之后，生产主体就主动积极地加入其中，现在有180多个企业主体在使用，这对品牌的进一步传播是一个多大的支撑啊！

六是传播方法问题。没有传播就没有品牌。在信息高度碎片化时代，在网络时代，在视频时代，品牌的传播有许多问题值得研究，有许多新的形式值得运用。我们要注重传播方式的多样性，注重传播的持续性，让区域品牌的传播更加高效。许多地方不注重传播，或者将传播简单地理解为举办节庆活动，每年变换花样，而且没有统一的诉求，这是十分值得注意的现象。

面对消费者，我们说什么？怎么说？

品牌创建过程中，有些是生产管理问题，并不是我们应该承担的责任。作为品牌规划，我们所承担的，最为关键和核心的，是帮助地方政府搞清楚：面对消费者，我们该说什么，怎么说。

品牌是什么？是一种符号经济、一种关系经济、一种价值经济。但是，专业和政府之间，所使用的话语体系是不同的。我原来在大学教书，后来在报社工作，经常跟政府部门打交道，因此，既熟悉专业的话语体系，同时也了解政府的表达习惯。

我觉得，政府所制订的战略或者规划自然高瞻远瞩，但必须变成一种消费者喜闻乐见的方式，这就是品牌。你的生态精品战略，你的绿色安全战略，消费者很难感知，也不会感兴趣。因为你是理性的诉求，是一种工作目标。消费者所能接受的，是品牌，是具有温度和情感的品牌，是具有文化内涵的品牌。品牌是一种感性的表达。而我们做专业的，在这里起到的是一种桥梁和纽带的作用，也就是将政府的战略通过品牌的形态表达给消费者。

品牌是竞争战略。在当前农产品供给过剩的情况下，尽管你的地理标志产品在品质上具有独特性和差异性，但你能够用最简单的一句话将你的特点传递给消费者吗？消费者是很难伺候的，他没有耐心听你介绍更多，因此，你必须在分析竞争对手的基础上，用最简洁明了，最能表达自身优势，同时又给人美好想象的一句话，高度概括自己的卖点。让他一听就明白，就理解，就记得住，就能够打动他，而且便于传播，朗朗上口。这就是核心价值、核心诉求的提炼，也就是我再三强调的"说什么"。其他诸多的一系列优势则可以成为价值支撑，当消费者感兴趣，需要进一步了解时，可以再细细阅读。

核心价值的提炼概括，一般从自然和人文两个方面分别入手。产品高度同质化时代，你是很难从品质上撕开口子的。

比如烟台苹果，我们将其所有的优势进行梳理总结，最后得出"中国第一个苹果""中国苹果发源地"这一核心诉求，这是从历史上做文章；陕西的户县葡萄，我们从"中国农民画之乡"取得突破，将农民种植葡萄和作画进行叠加想象，得出"农作艺术品"这一核心价值，这是拿文化做文章；武功猕猴桃，我们则从县名入手，提炼出"下功夫，成好果"这一核心价值，这是从地名上做文章。

解决了"说什么"之后，"怎么说"是另一个重大问题。也就是，我们通过什么方法或者途径，将提炼出来的核心价值传递给消费者。方法和途径有很多，比如产品包装、专卖店门头设计、各种路牌高炮报纸杂志电视广告、还有各种社会活动，等等。

实验表明，相对于文字或者声音，人们更乐于接受图形，更容易辨识图形，也更便于记忆图形。我们如何将核心价值用更有效果的方式传递给消费者，那就是"符号化"。通过符号，将我们所要表达的产品品质、历史文化等包含其中。

例如，为了表达烟台苹果"中国第一个苹果"这一核心价值，我们将"苹果"和"大拇指"两个形象结合起来，创造了"拇指哥"；为了表达户县葡萄"农作艺术品"这一核心价值，我们将"户"字和"葡萄"两个形象相结合，创造了传播的主形象；为了表达武功猕猴桃"下功夫，成好果"这一核心价值，我们创造了"武功小子"加以演绎。通过这种消费者喜闻乐见的符号，将品牌的核心价值很好地传递了出去。

苍山大蒜、苍山牛蒡、苍山辣椒，是山东兰陵县到农业部认证的三个地标产品。对一个具有百万亩蔬菜面积的大县而言，三个地标产品意味着整个农业的希望，但是，在山东，苍山蔬菜面临着寿光蔬菜、莘县蔬菜、沂南蔬菜的前后堵截，如何在重重包围中脱颖而出，我们认为，首先是要对品牌进行整合。各种品类，各种包装，五花八门，如果没有统一的举措，苍山蔬菜是很难形成合力，创造市场影响力的。

我们分析，从消费认知来看，人们需要的是好菜；从潜在需求来看，消费者需要的是放心。那么，放心好菜的标志究竟是什么？经过分析，我们认为就是"绿色"，而绿色恰恰是苍山蔬菜的优势所在。因此，我们将其核心价值定位于"苍山蔬菜，绿色的"。并借鉴"好客山东"的标志，用五彩的蔬菜拼音表达出"苍山蔬菜"丰富生动的底色。

苍山蔬菜 LOGO

苍山蔬菜的核心价值看似平淡无奇，但品牌的生命在于传播，只要定位准确到位，经过不断的持续的传播，苍山蔬菜的个性和特色就一定能为消费者所接受。从这一意义而言，是传播赋予品牌以生命；而一个再好的创意，离开了强有力的传播，也只能是气若游丝，奄奄一息。

（该文为作者在 2016 年 7 月 26 日云南昆明举行的农业部农产品地理标志产品认证培训班上的报告）

南方的秀美与北方的粗犷

文化是最为深刻的一种存在，不是谁都可以轻易改变的，因为它经过了数百年甚至上千年的沉淀。当真正深入其中，我们才能把握其精髓，作出抽象的提炼。你所创意的作品是否能够打动地方政府？不要认为他们无法欣赏形而上的艺术，实际上，每个人对地方文化都会有刻骨铭心的感知，他能凭经验、凭感觉迅速判断是否对路，是否符合当地的实际。这简直是不以人的意志为转移的一种现象。

比如在绝大多数人的眼中，南方无疑是秀美的，而北方则必定是粗犷的。你不能违背这种大众的认知，去作颠倒的表达。你所能做的，只能是尊重。

丽水是浙江山区市，境内重峦叠嶂，百分之九十是山区，有"华东最后的绿肺"之称。因为是山区，交通不便，信息不通，因此也保留下许多农耕文化的遗产。那么，我们怎么能够将江南、山区、农耕这些元素植入品牌之中，构成其鲜明的形象呢？

首先是命名：丽水山耕。给消费者描绘出一派山区农耕景象，通过想象，将这一命名直接链接到产品的朴实、安全、高品质。

其次是核心定位：法自然，享纯真。进一步向消费者传递出生态文明时代的价值取向。

再是 LOGO 设计：将人们对江南、生态最深刻的色彩印象提取出来，这就是绿色；同时抓住山区最基本的线条，这就是曲线，演绎品牌名。

其他插画以及现场海报等，莫不围绕人们对江南山区的基本印象进行创意。

江南是绿色的，山区也是绿色的，生态更是绿色的，所以，要植入文化，离不开绿色；而山区的线条一律都是曲线，而不可能是直线。山脊是曲的，路径是曲的，小溪是曲的，田塍也是曲的，山区所有的一切，都是弯弯曲曲；而且，这个线条应该是纤细的、秀气的，因为丽水的农产品都是小规模的、精致的。

这样的色彩提取和线条运用，符合人们对江南山区的想象。

而涉及北方的创意则完全不同：

巴彦淖尔是内蒙古自治区属下的地级市。一提到内蒙古，人们马上想到的是"天苍苍野茫茫，风吹草低见牛羊"，哪怕那不是纯粹的牧区。

在这里，小麦、向日葵、番茄、草原都是一望无际。黄河流经此地，形成了举世闻名的"几字弯"，留下的，是1000多万亩良田。因此，这是一块富饶的地方。

这里的文化多元杂交、独一无二：草原文化、农耕文化、边塞文化、战争文化、移民文化，形形色色，不一而足。但如何将丰富的元素抽象成品牌设计，符合人们对内蒙古、对北方的既有认知？

品牌命名：天赋河套。首先给出人们对北方辽阔草原的向往，大气磅礴。有着无穷的伸展可能。

传播口号：植入"黄河文化"，创意出品"天下黄河，唯富一套"。不仅读起来朗朗上口，传播起来没有任何障碍，而且很自然地接续了品牌命名中的内涵，深化、突出了巴彦淖尔无可匹敌的优势。

标志设计：强化巴彦淖尔的丰富多彩和斑斓多姿。它是粗犷的，但也是内敛的，所呈现的是北方大农业的特征。这与南方山地农业所呈现的地貌特征和生产特征形成鲜明对比。阴山岩画作为当地最具特色的地域文化，也被设计到插画背景中。

从命名到传播口号再到视觉设计，"天赋河套"的创作一气呵成。在品牌设计的每一个环节，当你仔细品味，都能感受到，那是巴彦淖尔文化的一种深层传递。"天赋河套"与整个巴盟，在形象和气质上是高度一致的。

品牌形象的创意是否成功，主要看是否抓住了一个地方文化的灵魂。

图为芒种团队为浙江山区丽水和内蒙古平原巴彦淖尔创意的品牌形象。一个是在阴山岩画背景下表达粗犷奔放，另一个是在传统农耕背景下表达精致秀丽。

只有常人的不解，没有设计师的盲目。假如创意者不乏思想的高度，那么，他必定是试图通过设计语言，将地域文脉融入品牌之中。

当然，对南方和北方的理解不可能完全标准化。同样的元素，在南北方，或者东西部都有可能得到应用。这里，我们要做到的是，不能以个人的偏好或者僵化的理解来固化一种认识。切忌以普遍性掩盖地方的个性。

我们对重庆的理解，通常是火锅和麻辣。"活得精彩浓墨重彩，吃得酣畅淋漓。"但这种浓墨重彩并非重庆专利。比如浙江衢州，因为与江西交界，历来也有吃辣的习惯。因此，在"三衢味"设计上，我们就大胆采用了撞色加以表达。

第七章
谁来运营？怎么运营？

区域公用品牌在中国大地上蔚然成风。省级的、市级的、县级的应有尽有，甚至还有乡镇和乡村一级的；单品类的、多品类的，也有全域融合型的。但大量的品牌规划执行得并不理想。有的广告狂轰滥炸，央视黄金时段、高铁命名、各类展览展示，却连个运营主体都没有；有的组建成立了运营主体，却不知该不该销售产品，怎么链接企业？有的甚至将规划锁在抽屉里，不知如何运营。

就这样，区域公用品牌的运营问题，十分尖锐地横亘在我们面前。

我们要不要关注、跟踪、研究、介入区域公用品牌的运营？对此，团队成员再次产生比较严重的分歧。有人认为，术业有专攻，我们的专业是品牌创意策划，品牌的落地运营应该由地方政府着手解决。作为轻资产服务公司，我们不能将服务链条越延伸越长，最终淹没了自己的优势。

实事求是讲，这种观点并非全无道理，许多的公司就是这样，不知不觉之间，将自己拖进了泥潭。看上去业务面很广，什么都能做，但实际上竞争力却在下降。

但现实发展决定了：对区域公用品牌的运营，我们绝不能坐视不管。既然我们是首倡者，那么，我们就有责任提供全程的解决方案。假如我们只知道商业跟进，而不去研究、创新、破题，打通整个创建、运营的链路，那么，我们也就沦为一个没有灵魂、没有追求的公司。

因此，在大家都忙着"割韭菜"时，我们踏上了更为艰巨的探索之路。

2016年"中国农业品牌百县大会"期间，由本人策划并主持的"区域公用品牌运营模式如何搭建"作为专题论坛，面向社会第一次举办。

论坛邀请了缙云烧饼、毕节珍好、英山云雾茶、安吉白茶、浦东8424西瓜五个品牌参与对话。其中既有单品类品牌也有地方特色小吃品牌。在对话品牌的选择上，可以说也很费了一番心思，因为我们的视野中，真正运营得好的品牌可谓凤毛麟角，绝大多数品牌是外面知名度很高，但其实并没有主体运营，更谈不上有规律性的经验可供分享。

这里"缙云烧饼"曾是我的采访对象。这个短时间之内崛起，快速覆盖全国市场的品牌，尽管不是纯粹的农产品区域公共品牌，但其增收致富背后的逻辑，尤其是如何解决标准化问题、如何培训、如何加盟、如何管理、如何传播等方面的探索，十分值得借鉴。

"毕节珍好"运营中的痛点，我十分了解。我曾与其运营商湛放敞聊一整天。作为一个民营公司，其在运营中的得失和盘桓，自是十分宝贵的前车之鉴；政府应该如何扶持品牌成长，是否一出生就可以推向市场，任其浮沉？同时又应该如何物色运营商，物色什么样的运营商才能担当大任？今后何去何从？

区域公用品牌究竟如何运营，一早就进入了我们的研究视野。
图为2016年举办"首届中国农业品牌百县大会"期间，由作者本人主持的第一次专题论坛。参加嘉宾有缙云烧饼、毕节珍好、安吉白茶（极白）、英山云雾茶、浦东8424西瓜等品牌方。

　　湛放作为一家民营的广告公司，虽有品牌营销的能力，却并不在农业的"圈子"里，因此要号令、整合农业生产主体，可谓举步维艰。那么"英山云雾茶"由政府主导，协会发动，八家企业共同组建"大别茶坊"公司，承担区域公用品牌宣传、推介、市场营销的主体责任，这种市场化的运营模式又有何利弊，有否遇到问题和挑战？

　　"安吉白茶"由国资进入，联合民营企业共同组建"安茶集团"，以"极白"为产品品牌拓展市场的做法，已经引起社会高度关注，当地茶企反响强烈，感觉自己的生存空间受到了挤压侵占。这次我特别邀请了"安茶集团"总经理吴剑前来分享、交流，谈谈他对这一运营模式的认识。

　　浦东8424西瓜则由浦东农协在运营，据说效果不错。那么农协如何规避运营主体缺失的难题？由农协运营这样一个产业品牌，又会遇到哪些问题和挑战？

　　总之，我们根据自己的理解，根据对嘉宾品牌的了解，筛选出以上对象，梳理出核心问题，首次展开专题对话。不管是否抓住了话题重点、核心，也无论是否选准了对话嘉宾，更不提整场对话效果究竟如何，无论如何，有关品牌运营的话题，就这样进入社会大众的视野。

但"百县大会"上有关"运营"的专题论坛，由于时间短、内容多、问题复杂，尽管揭开了问题的盖子，但却难以聚焦展开讨论。代表们觉得问题很重要，但却只是"点到为止"。人们希望有机会能做深入、持续的交流探讨，不受其他议题的影响，能心无旁骛、不受任何拘束，把问题展开，再一起寻找解决路径。

因此，我们觉得有必要再搭建一个更加细分的交流探讨平台，专门聚焦品牌"运营"。我将这个会命名为"闭门会"，意为小范围，定向邀请，不对外公开。

"闭门会"由浙大CARD中国农业品牌研究中心和浙江永续农业品牌研究院共同主办，芒种、燧人、华言、兆丰年等机构共同协办。地点就放在浙江丽水，可以就近参观考察"丽水山耕"品牌的运营。

让人意想不到的是，当我们将"闭门会"的消息发出后，得到地方政府的广泛关注，要求来参会的代表通过各种途径找到我们，要求挤进来旁听，以致"闭门会"的门根本"闭"不上。这也从侧面说明，落地运营的问题有多么牵动人心。

2019年6月3日至5日，烈日炎炎，原本计划30人的会议，变成了50多人。这里没有老师，只有先行者；这里更没有领导，有的只是来自全国各地的实践者。大家全神贯注，一去平时会议时的官话、套话，而是直奔主题，相互切磋。最后由胡晓云老师进行总结。

图为在浙江丽水召开的第一届"闭门会"期间，
胡晓云老师在启发思路：这里没有老师，只有共同的探讨！

2020年10月30日至11月1日，第二届"闭门会"在浙江衢州召开。我们安排了数字化方面的几个讲座，请浙江大学的袁康培老师、内蒙古大数据研究院的同仁前来交流。在我看来，落地运营的难题，很可能将通过数字化手段得以解决。

尽管团队在是否要介入运营的问题上一直有不同的声音，但无论如何，我们责无旁贷，必须负担起披荆斩棘的开拓之责。也许我们也没有经验，也许我们也内心彷徨，但我们愿意与大家一同前行。

根据我对浙江产业农合联的采访，产业内企业联合成立实体化公司，进行品牌的落地运营，这种组织化方式十分值得期待。但因为浙江的实验也刚刚开始，还没有特别成功的案例可供借鉴，因此只安排了丽水农合联执委会主任进行了书面交流。

随着对品牌运营的日渐重视，我越来越感觉到，其背后实际上是一个组织化问题。而组织化的背后，又涉及主体和制度等。

在传统认知里，土地、劳动、资本、人才是推动生产发展的生产要素，但在今天，品牌、数字技术、组织化等因素日渐突显，成为赋能产业发展的新的要素。这种无法回避的变化，向我们提出的挑战无疑是异常尖锐的。

"品牌化引领、数字化支撑、组织化创新。"这是我在采访余杭永安村发展时，归纳得出的结论。而这一结论恰好验证了黄祖辉教授担任浙大"卡特"院长时，组建品牌化、数字化、组织化三个研究中心的初衷。

单品类品牌以行业协会为主进行运营，尽管我们的行业协会发育不健全，但单品类品牌可谓自带流量，因此发展并无大碍；但多品类品牌因为白手起家，涉及的问题面广量大，国际上也没有现成的经验可供借鉴，因此目前各地都在探索之中。

那么，能否由农业行政部门或事业单位来运营？

答案是否定的。为什么？

当前，农业发展方式已经发生深刻变化，从扩大规模、提高产量转向提升品质、提高效益，农业部门的服务手段、服务方式形成在计划经济时代，面对市场、面对消费者、面对品牌营销已经深感无能为力。而且，我们的农业行政主管部门条块分割，本身缺乏活力，也无法形成合力。因此，迫切需要一种新的主体，来代表政府提供新型服务，解决小农对接大市场的难题。

那么，这个主体应该如何组建，在组建过程中注意什么，在运营中又该如何避免走弯路？

就目前来看，各地正在探索的有三种不同性质的主体：民营的、混合的、国有的。尽管三种公司都承担着品牌运营的职责，但因为出身不同，所面临的问题也各不相同。

民　营

委托民企运营的好处是，有主观能动性，会主动谋划，全力以赴开拓市场。但推进难度相对较大。而政府要注意的，是如何在调动民企积极性的同时，让品牌保持引领产业发展的本色不变。

贵州的"毕节珍好"可谓起了个大早，却赶上了个晚集。当毕节农委将运营权委托民企之时，种种问题就不可避免地浮出水面：

政府部门的一些人担心是否符合政策，会不会造成国有资产的流失，让品牌成为民企牟利的工具？生产主体则觉得运营商并非政府，凭什么要跟着他走？而这家广告公司自己呢，本来品牌推广是他所长，但推广经费谁来出？而如果政府不出，自己出，万一哪天市长一句话，品牌收了回去，他的投入岂不是"打了水漂"？如此一想，只能按兵不动，捂紧口袋。

因此，委托民企必须界定清楚所有权和经营使用权，让两权分离。在法律上首先解除政府和运营主体的后顾之忧。然后，在运营规则上进行明确界定，做到责权利清晰。如今，毕节农投代表地方政府向运营商购买服务的做法，基本解决了政府后续投入问题，也理顺了运营商和政府之间的关系。另一方面运营商也试图通过OEM贴牌代工的方式，形成和生产主体之间的市场合约，解决产品质量、数量和价格的稳定等问题，形成双品牌之间的利益链接。

混合制

如果说民营机构一旦接受运营授权，面临的最大问题是如何协调与政府、与生产主体之间的关系，那么，混合所有制公司面临的最大困难可能是股权架构的科学问题。

济宁礼飨由政府与部分农业龙头企业合作，注册资金3000万元，国有企业南阳湖农场出资47%，另由十多家生产主体承担，组建济宁现代农业投资发展公司，向外扩张市场。公司一起来就构建自有渠道体系，加价15%卖产品。结果发现基本行不通。不仅利润率低，而且渠道开拓难，根本卖不过生产主体。因为生产主体已经有现成的渠道，有经验，面对的品类也不像他们那么繁多。公司随即调整市场营销策略，但经过一段时间摸索，人们发现，公司发展的制约并不仅仅是在市场策略上，而是在股份架构的科学性。作为济宁现代农业投资发展公司，由国有企业控股，尽管可以体现政府的意旨，但也难以避免政府一厢情愿的"宏图大略"。而由国企控股后，公司发展的主动性、积极性也受到了影响。

混合所有制的公司架构并没有错。问题在于如何设计股份结构，才能既体现政府的背书作用，同时又能充分焕发企业的活力？

济宁的思路是调整股份比例，将国有比例下降，民营比重上升，同时还需要运营团队占股，以激励其经营上的主观能动性。

各路先锋奔着同一个目标，齐聚浙江丽水。他们有国企，有民企，也有混合型企业。图为品牌运营闭门会结束后代表们合影留念。

国企独资

目前比较普遍的做法，是由国企承担运营主体的任务。

由于"丽水山耕"作为全国第一个全区域、全品类、全产业链的区域公用品牌，是由政府组建国有独资公司进行运营，而其运营在短时间内又收到了令人意想不到的业绩，因此其做法被迅速复制推广到全国各地。

"天赋河套""一座保山"等，许许多多的地方政府都跟在"丽水山耕"之后，成立国企进行品牌运营。

国企所面临的直接问题，是如何定位，提供何种服务，如何确保品牌的公益属性。

除了上述直接问题，国企运营还面临着主管部门领导变动，企业自身人事更替所带来的困扰。品牌的成长需要持续发力、不断投入，而这种人事的变动与更替，无可避免地将影响品牌的成长。

事实上，作为区域公用品牌标杆的丽水山耕，由于丽水分管市长的变动和运营主体丽水农投董事长的更替，相当长时间内出现停滞不前的情况。

因此，构建起一套稳定的、权责分明的、尽量不受人事更替影响的运营机制，成为国企运营主体制胜的前提。

组织制度：几个现实问题

运营主体能否盈利？如何赚钱？

　　一个可持续健康成长的品牌，必须有一个市场化运营主体。这是由品牌发展本身的逻辑规律所决定的，也是由政府不可能包办品牌运维的现实所决定的。

　　那么，这个市场化主体应该如何生存、怎么发展？这个问题，是政府进行区域公用品牌规划，或者至少在构想运营主体时必须思考的；而运营主体的掌门人，则无一例外，在走马上任时，都会感到运营带来的压力。因为毕竟，作为一个主体，年终时必须接受国资委或者董事会的考核。这里，我觉得必须明确几条原则：

在区域公用品牌运营中，各地进行了不遗余力的探索。
图为巴彦淖尔市委书记常志刚荣获 2020 中国区域农业品牌年度人物。

　　（1）首先要明确区域公用品牌运营主体的定位及属性。

　　区域公用品牌与其他品牌大有不同，它是地方政府打造的、推动当地农业转型升级的载体，是一种公共背书，其法律依据是证明商标和集体商标。这就决定了这类品牌具有较强的公益属性，是为广大授权企业服务的，是为当地农业产业转型升级服务的。

　　由此出发，区域公用品牌的运营主体与普通的市场化企业也大有不同，不论在何时何地，都应明确自身定位，立足品牌服务，处理好公益属性和市场属性这对矛盾，在市场化经营中有所为、有所不为。

（2）必须将品牌的所有权、经营权、使用权进行"三权分立"：政府部门或者社团组织拥有品牌所有权；广大龙头企业、合作社、家庭农场拥有品牌使用权；而品牌的经营权则可以由所有权人委托给第三方市场化运营主体。第三方主体凭借自身专业能力，拥有品牌的管理权、运营权和收益权，但并没有品牌的所有权和处置权。

区域公用品牌在收益问题上应加以明确：跟授权主体发展无关的经营行为不予鼓励，跟品牌服务无关的经营行为不予鼓励。

（3）盈利问题：品牌创立初期，其运营管理费用必定来自政府购买服务，这是各地政府都能接受的，无可非议的。但有人认为，从长期而言，运营主体应走自我造血的市场化之路，这就混淆了公益品牌的本质。所谓公益品牌，其效益应更多地体现在授权使用的企业身上，而不是将自己喂肥，通过市场化服务，获得进一步生存发展的空间。

政府应该了解，品牌建设需要持续投入，而不可能一蹴而就。对运营主体的考核，也应该实事求是、区别对待，而不应该"一刀切"。在财政扶持"断奶"之后，政府应该通过其他政策途径继续予以支持。

政府创建品牌时，究竟对其如何定位，应该发挥何种作用，确实是难以回避的问题。为成都打造"天府源"品牌时，我们就遇到了这一争论。当地有关企业希望把品牌做成企业自有品牌，用"天府源"实现供应链改造、产品销售。但本人认为，政府组建国企打造品牌，不可能是为了增加一个农业龙头企业，更不可能是为了片面地实现市场盈利。政府出面打造品牌的目的，必定是为提升整个成都农业的发展层次，进一步稳定米袋子、菜篮子供应。由此推断，"天府源"应该是一个服务载体、一种服务手段，而绝不可能是一个企业简单的营利工具。

对方是管理学博士出身，但显然，并没有能够站在行政层面考虑深层因素。事后证明，成都市领导想要的，就是一个带动小农走向市场、接轨现代农业的区域公用品牌。

今天，"天府源"对外宣传的口径是"全国首个、也是目前唯一的副省级城市'全区域、全品类、全产业链'的农产品区域公用品牌"。并且出台《"天府源"品牌双商标使用管理办法》，就品牌授权、品牌认证、品牌监管、准入退出等，作出了明确规定。

运营主体是否该卖货？

品牌落地运营时，大部分地方政府和运营主体都雄心勃勃，制订产品营销目标，出台门店、网店开设计划，动辄"百城千店"。而设计产品销售时，想到的往往是，以区域公用品牌之名直接进入市场；对区域公用品牌性质稍有了解的，则会以运营主体之名，注册企业的产品品牌进入市场。

运营主体所承担的职责大概有三：一是品牌的宣传推广，二是产品的营销推介，三是其他服务项目的实施。

产品营销推介自是运营主体分内之事，但需要明确的是，运营主体是否必须直接进行产品销售？因为对大多数人来说，他们会感到，如果没有直接销售产品，运营主体似乎就没有尽到责任，甚至失去了存在价值。我的意见是：

（1）运营主体并非必须直接介入销售。推动农业产业转型升级，方式多种多样，传播品牌、搭建平台，同样是服务于产业、服务于企业。就效果而言，运营主体将自身打造成平台式主体，将有更好的专业度、更充分的精力去服务于产业，运营主体存在的价值在于帮助产业主体成长，推动产业整体发展。

（2）服务产业发展应关注产业链短板。要充分发挥资金、人力、科技等方面的专业优势，找到产业链短板，整合各方力量，进行有效弥补。投资产业主体想做但又无能为力，对产业整体提升有所助益的项目。一句话，普通企业能做的，运营主体不应介入。

（3）运营主体不宜抢占公共资源。运营主体不宜在运营区域公用品牌的同时，注册企业商标创建自有的"子品牌"，直接进行初级产品销售。因为这种做法难免跟"授权企业"产生市场冲突，因此本人认为也是不合适的。只有发挥好平台角色，运营主体才算"称职"。

在冉冉升起的 2018 年，"丽水山耕"用自己的"丽耕"品牌介入初级产品销售。获悉此事，本人当即提出忠告：此举必定遭到"授权企业"的反对。因为大部分的合作社、家庭农场都一直在通过各种渠道销售水果，运营主体作为国企介入其中，必将发挥近水楼台的优势，最终挤压产业主体的生存空间。好在"丽水山耕"从善如流，及时阻止了这一做法。

图为杭州市农业农村局在永安村举办"三化互促"研讨会时，
黄祖辉率浙大"卡特"三大研究中心主任同时出席，展开探讨时的现场场景。

能卖其他地方的产品吗？

人们为什么要买区域公用品牌？一个显著的原因是：地域特点。因为你代表着一方水土、一方文化。无论你是证明商标还是集体商标，都放射出地域的光芒。在充斥着工厂化、规模化产品的市场，这种特定的地域概念，让产品具有了溢价的可能。

但令人遗憾的是，许多人并不懂得珍惜地理标志认证，并不懂得地域给人带来的特定的满足感：

浙江省人大一位领导曾讲述一个故事：当年曾陪同常山县领导前往国家工商总局汇报"常山胡柚"地理标志证明商标工作。常山县领导侃侃汇报说，他们的胡柚具有特殊保健功效，接下去计划种到江西等地去。这位领导赶紧予以阻止。

这并不是笑话。我到山东去考察"产自临沂"品牌运营，发现产品体系中有红枣、黑木耳等，于是追踪："这些产品都是你们临沂生产的？"结果对方答："有的是新疆的，有的是黑龙江的。"他们并不认为这种做法存在问题。认为无论何地的农产品，不管是在临沂生产还是加工的，都可以堂而皇之冠上"产自临沂"。

呜呼，不知消费者会作何感想？明明是冲着临沂去的，买到手的却是外地产品。哪怕质量超过临沂，心理认知恐怕也很难扭转吧？

认证品牌，一种轻资产运营的办法

当前，各地普遍选择的是重资产的运营模式，从丽水山耕到济宁礼飨、天赋河套、一座保山，无不是由政府斥资组建团队，成立国企或者混合型所有制公司，介入产品销售这一关键环节。

像山东聊城这样，甚至尚未成立品牌运营主体，就连续多年砸钱，到北京大做广告的实属罕见。时至今日，绝大部分的地方政府都会考虑得更加细致：当品牌亮相市场，人们怎样才能便捷地购买到产品？

一种轻资产的运营方法由此进入人们视野，这就是认证品牌：只要辖区内的企业提出申报，符合认证标准要求的，就能以该认证品牌的形象进入市场。其好处在于：无需大动干戈组建专业团队，着手产品设计、渠道构建、供应链完善，只须要着力提升品牌知名度与影响力，就能推动企业申报的积极性，在不改变原有供应链前提下，促使企业以"双商标"的方式获得消费者认可，形成双标之间相互赋能的格局。

认证品牌的形式在国际上十分通行，如日本的千叶品牌、山梨品牌等地方认证，就获得了社会各方广泛认同。在国内农业领域，认证品牌的形式也并不鲜见，如绿色食品、有机食品、农产品地理标志认证等。只是日本也好、中国台湾地区也好，在多品类品牌认证上，并不像中国大陆，因为具有创意性的命名、口号、传播体系设计，而被赋予更为深厚的文化底蕴和更为广阔的想象空间。

两相比较，组建团队进行产品市场化营销的方法更为扎实，但困难也更大、更难持续；而认证品牌在最大程度上降低了对政府资源的依赖，不至于因为人事、机构的不断调整，而影响品牌的长远发展。

他山之石：境外经验

观察分析表明，国外区域公用品牌建设运营有两大共同特点。一是实体化运营，二是市场化取向。也即不可能像中国大陆这样基本都呈现出强烈的行政主导色彩。

但在欧美尤其是新大陆移民国家和东亚小农经营体制两者之间，仍然存在着巨大差异：

例如美国，所建设的区域公用品牌，一般以单一品类品牌为主，而比较少见综合性的多品类品牌。这主要与其大农场制、专业化生产有关。

在美国，农场的专业化程度很高，一般只生产一到三种农产品，因此比较有利于产业链的衔接和打通。一般情况下，农场只负责生产，但为了解决渠道和通路，往往会跟加工企业、专业化服务企业实现各种方式的合作，这就为产业做强、品牌做响奠定了坚实基础。

但在单一品类品牌中，又有两种不同做法。一种是集体品牌，一种是地标品牌。下面我们就"新奇士水果"和"爱达荷土豆"为例，分析其运营上的不同之处。

"新奇士"商标的拥有者是新奇士种植者协会。这是一个非营利性公司，由来自美国加州和亚利桑那州的6500名种植者会员为主，再吸纳地区贸易协会和地方协会（包装公司）共同组建而成。所谓集体商标，是用以表明"新奇士"果品来源于同一个组织，即新奇士种植者协会。因此，尽管加入其中的各方都是独立经营，但通过"新奇士"这一集体商标，实现了相互之间的联结。这种联结以合同为主。

加盟"新奇士"后，会员们统一标准、统一品牌、统一传播、统一营销、统一服务。这也正是该品牌得以成为国际大牌的奥秘。

品牌标准贯穿于从生产到加工、包装、分销全过程；每种水果具有不同标准；协会专门设立质量保证机构，安排专职人员每天不间断进行访问检查。

为了打通销售渠道，协会在全球多国设立办事处，进行信息收集、市场推广、销售对接。订单通过"新奇士"下达到包装公司，再由包装公司安排到每个种植户。所有的产品最后都以"新奇士"品牌统一面向市场，而协会则从销售额中提取一定比例，用于市场推广、产品研发。年终核算如有盈余，则按照一定规则返还农户，确保协会"非营利性"的公益性质。

美国拥有上千家类似协会，其功能作用基本接近，都是通过实体化、市场化方式，为会员提供品牌方面的服务。因此，他们所扮演的，实际就是品牌运营主体的角色。

但同样是品牌运营，"爱达荷"的做法与"新奇士"却有着不同。这主要取决于"爱达荷"是地理标志认证品牌，只有生产在爱达荷的土豆，才能得到准许使用"爱达荷土豆"商标；而"新奇士"则是集体品牌，只要认可该"集体"的有关规定，不管你的果品在何处生产，都能挂"新奇士"的牌子。

爱达荷土豆在全美乃至全球食品行业享有很高的声誉，对爱达荷当地经济发展贡献率不可小觑。其成功，得益于爱达荷土豆协会的运营。这个由种植者、包装公司、船运公司和加工公司等共同组成的州立组织，不仅要确保每一个爱达荷土豆产自爱达荷这块地方，还要通过各种方式进行市场调研、新品研发、产品推广，还有改善生产实践和种植条件。

每年，协会都会围绕品牌，举办各种各样的活动，如土豆爱好者月、土豆食谱竞赛、商超土豆堆头比赛等。还建立起"爱达荷土豆博物馆"，推出系列文创设计。为了鼓励餐馆使用爱达荷土豆，协会不仅在官方网站上提供材料下载方便，而且还可给予免费礼物。

在品牌使用上，协会对广告和各种促销活动中使用认证商标都制定了统一标准，这些标志未经协会书面同意，一律不得作出任何形式的改动。具体使用时可采取"双商标制"，也即在包装盒（袋）上同时印上企业品牌和"爱达荷土豆"的认证品牌。

在品牌运营上，和其他协会一样，运营经费除了政府补贴一部分，其他主要来自会员的销售提成：每磅10美分。而协会所提供的服务质量，往往取决于土豆销售及其提成的额度。这就形成了"一荣共荣"的生态格局：

日本农产品区域品牌运营通常由地方农协负责。政府在品牌打造初期会提供一定额度的经费支持

185

协会的服务越好，土豆的市场和价格就越是扩大、越是提升；而随着土豆市场的扩大、价格的提升，也就有越多的管理费可以支持协会，从而提供更为优质的服务。

与欧美盛行单品类品牌不同，日本以及中国台湾地区因为客观条件和经营制度的不同，除了重视单品类品牌如静冈茶叶、松阪牛肉、夕张甜瓜、青森苹果、鱼沼越光米等，还探索出了认证制的多品类品牌。

总体而言，日本区域品牌的盛行，始于大分县的"一村一品"，至今，绝大多数地区都制订了区域品牌发展战略。如山梨县重在打造水果之乡"山梨品牌"，千叶县着力打造蔬菜与特色水产的"千叶品牌"……经过区域品牌的集聚、整合，日本正在打造"品牌日本"的日本农产品整体品牌形象。

日本区域品牌打造和运营的主体是日本农协。日本农协是综合性的农业组织，为农户会员提供生产、加工、流通及金融、保险、教培等全程化服务。其中最重要的日常工作就是为农户销售农产品，通过销售，实现品牌的增值。

在区域品牌打造过程中，为了减轻品牌对政府的过分依赖，日本政府除了开始时有资金补贴外，其余均从技术、市场、政策等入手予以扶持。如举办产品展示会、设立专卖店、展台推介等。

"本地本物"是日本在全国范围内开展的一种认证制度。通过地方特色原料和传统生产工艺的标记，这一认证已经成为日本消费者安心品尝本物味道的符号。

除了全国性的"本地本物"认证，日本各个地方以县为单位，展开各种品牌认证。如千叶县为塑造"千叶品牌"，对境内不使用化肥和农药的有机农产地和有机农产品进行认证，通过认证的获准使用"千叶品牌"。与此同时，该县为了打造其优质水产品牌，又成立水产品认证委员会，对各渔业工会申请的新鲜鱼类及加工品给予认证。

认证的形式也越来越多样化。比如道（北海道）产食品委托第三方进行认证；长野县设置委员会就原产地称呼管理，进行认证及三重品牌认定；长崎则组织任意团体，制定品牌认定规则进行品牌认定。

认证制度的广泛建立，不仅为区域农业的特色化发展指明了方向、提出了要求，同时，也确保了农产品品质，为提高区域品牌影响力提供了良好的背书。

　　在区域品牌打造上，我国台湾地区的农会也发挥着至关重要的作用。

　　在单品类品牌上，台湾因为大大小小农会数量很多，农会旗下的品牌也很多，以致难以形成强有力的品牌来占领甚至统治某一品类的市场，因此，台湾各界认识到这一问题，通过策略联盟、品牌整合等方式来改善这一局面。"台湾好米"就是一个很有说服力的例子。

法国、日本、美国、新西兰等国家和地区的实践一再说明，区域公用品牌的创建，大多迫于市场竞争的需要。我国"台湾好米"是又一个案例。

　　台湾稻米品质较高，品牌也较多，几乎每个生产优质稻米的农会都有自己的品牌，而且经营也都比较成功，但因为没有形成合力，在更大范围竞争中，难以被国际市场认可。台湾农会于是通过 CAS 品质认证，让旗下各大米品牌统一使用"台湾好米"品牌标示，统一形象、统一包装，同时使用 CAS 认证和原有品牌，很快打开了日本市场。

　　在多品类品牌上，台湾通常采取注册团体商标的方式。团体商标为团体成员共同使用，一般由农会、渔会或其他协会、团体出面进行注册。一些农会对其生产的各类农产品统一使用农会品牌。

很显然，区域公用品牌作为一种公共资源，是政府服务产业、服务农业的有效抓手。一，作为地理标志产品核心的生长环境、加工工艺、产业文化，是经过数百年乃至上千年的演进而逐步形成的，是属于当地农业的、不可多得的宝贵财富；二，长期以来，地方政府为了推动区域公用品牌成长，投入了大量的人力、物力、财力。这一财富理应由大家共同享有，而不应被少数，甚至某家企业独占。

但现实状况是，地方政府常常看管不好这一资产。有些品牌被企业抢注，有些在改制中流向了企业，还有一些是地方政府支持企业抱团发展，将品牌使用权授予重组后的企业，但缺乏条件预设，最终为个别企业占有。

区域公用品牌这一公共资源的流失，让地方政府处于一种非常尴尬的境地：失去了品牌，等于失去了产业发展的抓手。以致于许多地方转而又花巨资，到企业手中买回品牌。

类似的悲剧在浙江各地屡屡发生，在全国各地也并不鲜见。浙江永嘉的"乌牛早"，就是一个典型事例。

谨防公共资源流失

附："乌牛早"，品牌纠结何时解？

"乌牛早"是浙江省温州市永嘉县的名茶，20世纪90年代在浙江茶界声名远播，风头甚健，但近年来几乎淡出人们的视线。中国茶叶研究所鲁成银副所长告知记者，所里举办"茶艺师"培训班，来自全国各地的年轻人竟浑然不知"乌牛早"大名；温州市农业局副调研员苏国崇痛心疾首，认为"乌牛早"品牌运作的教训异常惨痛。

2005年，记者曾赴温州永嘉专程采访"乌牛早"，当时，县政府正准备成立茶叶协会，并将品牌委托协会统一运作。对这一举措，当事各方充满期待！应该说，在品牌林立的浙江茶界，"乌牛早"颇具大牌潜质。不仅特色明显，品质超群，而且具有生动的历史文化故事，只要方法和思路对头，加上持之以恒，必将大有作为。但10年过去，为何结果大相径庭，居然被挤出浙江茶叶品牌第一方阵？

一波三折的"乌牛早"

从政府购得商标到成立股份公司运作再到成立协会，"乌牛早"区域品牌发展路径仍未清晰。

"乌牛早"已有300多年的栽培历史。其最大特点，就是一个"早"字。一般情况下，"乌牛早"上市一个月后，西湖龙井、洞庭碧螺春才姗姗来迟。

20世纪80年代，永嘉调整农业结构，"乌牛早"大发展，并很快崭露头角，引起各界高度关注。然而，问题接踵而至。永嘉境内几万亩茶园，品牌林立，既多又小且散。每个品牌的知名度和市场占有率都十分有限。要想做大做强，必须在"标准化工程"基础上，统一品牌运营。

"乌牛早"本是茶树品种，1990年开始作为良种在全省推广。但此时已被企业注册为产品商标。1999年，永嘉县政府出资18万元购得"乌牛早"商标，希望以这一商标为核心统一打造区域品牌，供茶界主体共同使用。县农业综合开发公司被委以管理运营这一品牌的重任。

按照当时理想的设计，使用"乌牛早"商标，必须实施"四个统一"，即"统一品牌、统一宣传、统一标准、统一包装"。但在实际运作过程中，包装是统一了，其他统一则很难到位。一些人提意见说，"乌牛早"不仅没有整合，反而越整越乱。

有人甚至指责农业综合开发公司是在卖包装。这时有一种观点认为，品牌必须由企业进行市场化运作。在这一理念指导下，2000年，永嘉组建成立了"浙江乌牛早实业股份有限公司"。该公司由永嘉县颇具实力的房地产开发商李仁超控股51%，其他8家骨干茶企共同参与，政府则将"乌牛早"商标作价50万元，进入该公司。

由"股份公司"作为龙头，带动骨干茶企共同使用"乌牛早"商标，进而辐射全县茶叶基地。这一设计思路十分理想，也十分超前。但公司在运作上很快出现分歧，股东们纷纷打起退堂鼓。其中两家主体还跟李仁超打起了官司。最后，"股份公司"只剩李仁超唱独角戏。但"乌牛早"作为产品商标，却实实在在转移到了"股份公司"手中。从2001年起，公司对相关的几十个产品进行了保护性注册。

进，进不得；退，退不得。眼见得"乌牛早"商标使用步入泥潭，2005年，政府决定成立协会，另辟蹊径，以国家质监部门批准使用的"乌牛早茶"地

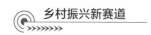

理标志保护产品为核心，创建区域公用品牌，由协会出面，推动实现"四统一"。当时，李仁超建山庄、办茶楼，在当地茶界享有较高威望，实力也较强，遂被推担任了协会会长。

从"共赢"走向"共输"

"乌牛早"究竟属于谁？如果属于企业，政府就不该插手；但不用"乌牛早"，政府又拿什么品牌推动茶产业发展呢？在左右为难中，"乌牛早"虚掷十年光阴，一步步淡出人们的视线。

由协会通过"四统一"创建区域公用品牌，本是符合国际惯例的一个"共赢"做法，但因李仁超同时担任股份公司老总和协会会长两个职务，致使"乌牛早茶"这一新品牌面临新的难题。在李仁超看来，"乌牛早"是国家工商局注册通过的、受法律保护的产品商标，而"乌牛早茶"不过是国家质检总局认证的地理标志产品保护，尽管也受保护，但规格上只属于"办法"。

到底是"乌牛早"为佳，还是"乌牛早茶"为宜，谁也说不清道不明。但管理运营的主动权抓在李仁超手中，他不动，其他人没法加以干预。

永嘉县政府一位不愿具名的官员告诉记者，协会成立至今，对"乌牛早茶"的态度基本是不闻不问，而且协会十余年从未改选。

看到"安吉白茶""大佛龙井"等几乎同时起步的区域品牌如日中天，而"乌牛早"则不进反退，永嘉县政府和茶企、茶农心急如焚。永嘉县政府这位官员告诉记者，每一任县政府分管领导到任后，几乎第一时间都想着要解决"乌牛早"品牌问题，但每次协商都一筹莫展、束手无策。因为一谈到收回品牌，李仁超就放言至少要几千万元补偿。永嘉并不是经济发达地区，要财政支出如此庞大的经费，完全没有可能；而要重新注册商标，既不现实，又浪费时间、耽误机会。

县政府官员直言不讳告诉记者，商标权属和使用问题让政府异常纠结，10多家县级以上龙头企业，真正能够使用该品牌的，现在就只李仁超一家。但做活动、搞推介时，政府还要出人出资出力，压力很大。"根本问题在于'乌牛早'究竟属于谁？如果属于企业，政府就不该插手；但不用'乌牛早'，政府又应该拿什么品牌推动茶产业发展呢？"就这样，在左右为难中，"乌牛早"虚掷品牌创建的十年黄金时间，一步步淡出人们的视线，从"共赢"走向"共输"。

品牌困境如何解套？

区域公用品牌既然具有公益性质，一定要由政府、事业单位或协会等公益机构主导；在政策设计上要加强可行性研判；工商业主投资农业，应站得更高、看得更远。

一个蒸蒸日上的区域品牌，最后落入进退两难的困境，"乌牛早"的教训让人感到异常痛心。

目前，永嘉茶企普遍不愿使用"乌牛早"品牌，也不敢投入资金进行推介宣传，担心一旦沾上"乌牛早"，反而受制于李仁超，因为目前"乌牛早"商标为李仁超股份公司所有。政府则既纠结又无奈：与其他地方茶叶区域品牌相比，"乌牛早"的发展明显滞后，差距越拉越大。政府有心推动，但因在品牌问题上失却主动权，做起工作来名不正言不顺，处处瞻前顾后。而李仁超，投入巨资修建山庄、开办茶楼，还通过司法途径为"乌牛早"取得了中国驰名商标，但除了为他的房产、酒店等业务进行背书外，并没有从茶叶上取得多少回报。

毋庸置疑，因为品牌问题没有理顺，相关各方都成了"输家"。那么，"乌牛早"如何才能走出雾霾重重的困境，重新恢复生机？

苏国崇是温州市农业局副调研员，曾担任特产站站长多年，他告诉记者三点：一是区域公用品牌既然具有公益性质，就无论如何不能交给企业运作，一定要由政府、事业单位或协会等公益机构主导；二是在"乌牛早"商标问题上，政府想了许多办法，出发点无可非议，但在执行过程中屡屡出现问题，始料不及，因此，政策设计上要加强可行性研判；三是李仁超作为工商业主投资农业，应予充分肯定，但在"乌牛早"发展上，应站得更高、看得更远。

农业品牌专家、浙江大学胡晓云博士表示，目前，在区域品牌创建上存在两种误区：一种是企业将地理标志证明商标有意无意地据为己有，另一种是简单地将企业产品商标作为区域品牌的商标使用。两种误区本质上都是缺乏对区域品牌的深刻理解。

胡晓云认为，目前的法律事实是，"乌牛早"属于企业产品商标，即使花代价收回交由协会运作，也必须改变其法律属性，也就是要将企业产品商标改为地理标志证明商标，这种做法既不现实也无必要。理想的解决办法应该是，由协会出面，直接到国家工商管理部门登记注册"永嘉乌牛早茶"地理标志证明商标，寻求法律保护。实践已经充分证明，母子商标相结合的双重背书模式是现实发展中可行的模式。一方面，协会依托政府部门，打造区域性品牌，解决了单个企业在品牌创建上资金、人才等不足的困难；另一方面，企业同时注册使用产品商标，解决了"公地灾难"。

（作者蒋文龙，原载《农民日报》2015 年 5 月 30 日）

国有资本进入其中务须谨慎

首先说明，我们强调农产品区域公用品牌的概念，并非不重视企业品牌。相反，从开始研究至今，我们一直强调"母子品牌"的构建，强调通过母品牌和子品牌的相互协作，发挥"双打"的优势。只是我们认为，在现阶段，农业生产主体十分弱小，难以与大市场、大流通对接，因此，必须创建区域公用品牌，弥补生产主体走向市场的短板，降低其进入流通的成本和风险。实际上，打造区域公用品牌，就是现阶段培育企业品牌的有效抓手和现实选择。

我并不反对"联合体品牌"概念。如果将其理解为区域公用品牌和企业品牌的联合，其实就是"母子品牌"的翻版。但如果是指企业之间进行联合，构建"大品牌"，进行行业的引领，那么，这里就有一个如何联合的问题，我们必须做出预警。

企业与企业之间进行联合，当然是求之不得的好事，这是企业竞争到一定阶段之后，出于市场拓展的需要，所进行的转型发展的一种选择。关键是，这种联合必须是企业自愿的，通过兼并、重组、控股等市场化手段推进的，而非政府长官意志、一厢情愿的行为，更需注意：政府的财政资金不得擅入其中。

这种预警的必要性在于：政府在推动产业发展中，往往具有做大做强的冲动，政绩也好，为民也罢，总之，常常通过财政资金的投入加以引领。因为缺乏政府的这一"主导"，一盘散沙的企业恐怕是很难捏到一起的。

随着农业品牌化日渐深入，各地政府纷纷试水运营，并不同程度取得进展。图为在我们策划举办的"第二届中国农业品牌百县大会"上，主办方之一"中国农业新闻网"刘伟建总裁宣读获奖地方政府名单（左）；中国果品流通协会会长鲁芳校为获奖地方政府授奖（右）。

推动产业做大做强，这不是天经地义、责无旁贷、义不容辞的政府职责吗？且慢，本人觉得，这里还有一个政府在市场经济发展中的定位问题、边界问题。

首先一点，市场经济进程中，政府的作为在于营造良好的市场氛围，在于提供公共服务，在于做好裁判，而非进入市场，直接成为运动员；其次，国有资本进入市场，尤其是进入高度竞争性领域，中央明文规定予以禁止，并且明确要求已经进入的逐步退出；第三，区域公用品牌是公共资源，如在联合体企业组建中，最终被少数甚至个别企业占用，将无法给社会一个交代。这方面，我们已经有太多的教训需要吸取。

附："极白"三问

作为品牌农业的探路者，"安吉白茶"的成功，曾经被认为是一个奇迹。这个从无到有，从小到大，从弱到强，满打满算只有30来年历史的茶叶品牌，不仅"一片叶子富了一方百姓"，而且影响着诸多地方的农业品牌化实践。

但最近"安吉白茶"有点烦。因为政府引导成立了茶产业基金，国企"安吉城投"依托基金进行产业整合，推出了"红色"背景的"极白"品牌，结果与诸多民营茶企形成了直接竞争，一时间议论纷纷，引来满城风雨。赞成者有之，认为这是区域品牌发展中具有重要意义的探索；而诸多民营茶企则感受到巨大压力，惊呼"狼来了"，质问"极白"到底是整合者还是搅局者；还有的断言，这是"国进民退""与民争利"。

地方政府有责任扶持农业产业发展，但茶产业作为竞争性领域，政府是否应该介入，应该如何介入？国有投资平台实行改革，进入竞争性市场的边界在哪里？如何实现错位竞争？将"名优茶"定位为"类快消品"进行品牌营销是否违背了农产品的特殊属性？作为地理标志产品，"极白"应该如何为"母品牌"加分？农企进行资本运作的目的和意义何在，挂牌上市后是否会"一家独大"，形成垄断，破坏公平竞争的格局？

一石激起千层浪。"安吉白茶"的"遭遇"引发人们一系列思考。

"一张叶子富了一方百姓"

在全国难以计数的区域公用品牌中,"安吉白茶"最富传奇色彩。

30多年前,"安吉白茶"在海拔800米高的大溪村被发现。鉴定证明,这种白化变异的绿茶,氨基酸含量为普通绿茶的2~3倍,而且滋味鲜爽。因为品质上的优异表现,20世纪90年代以来,"安吉白茶"在全县范围内得到迅速推广。

具有一定的规模之后,围绕标准制订,品牌创建,安吉进行了一系列探索。尤其是探索"母子品牌"模式,既帮助了千家万户分散经营的茶农进入市场,同时又维持市场秩序,确保了"安吉白茶"牌子越做越响,被认为是现代农业发展中的创新之举。

一直以来,安吉留给人们的印象都是偏僻和贫穷。但如今,绿水青山变成了金山银山,安吉经济快速发展,社会和谐稳定,百姓富裕安康,其中,白茶扮演着不可或缺的重要角色。

由于效益可观,近年来,"安吉白茶"被不断引种到外地,而后又返销回安吉,严重扰乱了"安吉白茶"的市场秩序。对此,安吉又有针对性地推出茶园证制度,将茶园的面积和产量进行登记发证,并且凭证还可以抵押贷款。去年以来,更进一步推出了金溯卡,将白茶生产管理交易的各种功能集于一"卡",为白茶产业的规范发展创造了有利条件。

从人工引种到规模化发展,从规模化发展到标准化品牌化发展,在白茶发展过程中,安吉逢山开路,遇水架桥,筚路蓝缕,历尽艰险,难以言表。

2015年的统计数据:"安吉白茶"种植面积17万亩,产量1850吨,产值21亿元。涉及种植农户1.6万多户,为安吉农民人均年增收6000元。引用习近平总书记当年对"安吉白茶"的评价,就是"一张叶子富了一方百姓"!

经过30余年的发展,安吉和白茶两者之间已经形成了难分难离、互为表里的深层联结。人们看到安吉,就自然想到白茶;看到白茶,也马上会想到安吉。"安吉白茶"已经成为安吉一张名副其实的"金名片"。谁要是改变"安吉白茶"的走向,都可能出现"牵一发而动全身"的连锁反应。

极白氨基酸白茶的问世，立刻引起业界轩然大波。

一问安吉城投：国资入市边界何在？

尽管"安吉白茶"发展迅速，总体规模较大，但产业集中度仍然较低：300多家加工企业中，年产值500万元以上的只有20家，1000万元以上的只有5家，3000万元以上的只有1家。加上近两年名茶遇冷，生产成本不断提高，利润率日趋下降，"安吉白茶"的发展似乎遇到了又一个瓶颈。

"安吉白茶"何去何从？

2015年7月24日，经县政府批准，几方合作成立了"'安吉白茶'产业基金"，规模2亿元，其中安吉政府出资4000万元作为引导、安吉城投认缴1000万元，其余基本由"万向信托"向社会募集。与此同时，安吉城投组建成立"安吉茶产业发展有限公司"，并以"基金"为纽带，向县内民营茶企发出邀约，通过置换股权完成改造，设立了国有控股混合所有制的"安吉茶产业集团"。

"安茶集团"总经理吴剑认为，"安吉白茶"发展已经进入一个新的时期，需要从诸侯时代向统一时代全面迈进，需要抱团发展，形成有代表性的品牌，让"安吉白茶"迈上一个新的台阶。

据了解，"安茶集团"目前已经完成峰禾园、千道湾以及电商品牌"芳羽"等三家企业的并购。被并购的茶企老板转型为集团高管。集团创建的"极白"品牌也已经强势亮相，攻城略地。

"并购不是行政命令，而是市场行为。多年来，茶企老板都是全能型的，种茶、炒茶、卖茶样样都要会，这种发展模式已经碰到了天花板。"吴剑告诉记者，"我们的目标是整合发展，三年后实现年收入 5 亿元，年净利润 4000 万元，到新三板挂牌。"

但"安茶集团"的横空出世引起了强烈反弹，异议者包括民营茶企和政府官员。

一位政府官员激动地发表评论："'安吉白茶'之所以有今天，是因为创造了'母子品牌'模式。'母品牌'和'子品牌'所承担的职能和发挥的作用各有不同。"他认为，"极白"来了，把这一模式也搞乱了。因为无论是产业基金还是安茶集团的命名，都与安吉政府相连，让消费者一下就联想到是政府所为，但实际上，"极白"却属于企业品牌。

"农业产业本身就是富民产业，城投公司的职责应该是城市基础设施建设，跑到茶产业里来可以说是完全外行，还形成了与民营茶企的直接竞争。这不是借政府的力量抢民企的饭碗吗？"

一位民营茶企老板尖锐质问：你"极白"自称"整合者"，到底要整合什么？是整合民营茶企还是整合基地，能整合到多大？你能把 17 万亩茶园都收购吗？你现在做的，无非是利用"安吉白茶"的品牌积累，对产业发展有什么贡献？

一位女老板担忧："有了'极白'，政府对我们民营茶企的关心和支持势必减弱。"

那么，对国资进入茶产业究竟应该怎么看？

财政系统一位相关人士谈了两点看法：一是从公共财政角度看，其收入主要来自税收，其支出主要是满足公共需要，以解决市场"失灵"的问题。对于市场机制能有效调节的经济领域，公共财政就不要进入；已经进入的要逐步退出来，暂时退不出来的也要改变扶持方式，如采取基金、贴息等方式；政府的首要责任是为市场主体建立公平竞争的法治环境。二是从国有资本财政的角度看，其收入主要来自国有企业的分红，其支出主要是支持国有企业的发展；国有企业可以进入竞争性领域，但主要是进入既有竞争性，又有基础性、战略性的领域，着眼于经济的长远发展。

〈极白·安吉白茶领导者〉

天下第一白

2016极白氨基酸白茶全国经销商大会暨广告片全球首发仪式

极白的招商宣传和传播攻势异常凌厉，更加引起业界和传媒界的深思。

二问策划公司：农产品是不是类快消品？

为了快速树立"安吉白茶""领导品牌"的地位，"安茶集团"邀请张默闻进行全案策划。

张默闻表示：第一，"安吉白茶"品牌已然遍地开花，渐臻成熟，有足够的资本和产业资源脱离传统绿茶而成为独具个性的大品类，并从"氨基酸"角度全面定位"氨基酸白茶"，进行细分品类创新；第二，提出"比一般绿茶氨基酸含量高2~3倍"，充分将茶叶的卖点功能化，进行卖点创新；最后，以艺术大家吴昌硕为白茶主要代言人，其代表作品《达摩禅定》作为品牌精神诉求，提出"谢天谢地谢谢您"的情感诉求，与茶文化，与"安吉白茶"高氨的特点高度吻合，以此进行文化创新。

实现品类细分须辅之以强有力的传播，为此，张默闻提出8341战略，即全面实施含广告、实景演出、极白博物馆、走进联合国等在内的8个品牌行动，启动陆羽、宋徽宗、吴昌硕三大代言人战略，规划含白茶、红茶、滑茶、花茶在内的四大产品线，持续传播"比一般绿茶氨基酸含量高2~3倍"的强大卖点。

去年底，"安茶集团"召开"相信市场的力量"——极白氨基酸白茶产品见面会；今年初，与永达传媒达成协议，在北京、上海等24个城市同时启动高铁站点广告投放；稍后，又与浙江卫视达成合作，将"极白"广告植入《一路上有你》和《中国好歌声》栏目；与此同时，召开全国经销商大会暨广告片全球首发仪式片……

一时间，"极白"广告铺天盖地。与其他品牌走专卖渠道不同，"极白"采取"类快消"的方式，迅速建立起自己的销售网络。但张默闻的定位和传播策略，同样遭到质疑。茶界专家和传播学者普遍认为：农产品不是工业产品，有其独特的规律需要遵循！

中国茶叶科学研究所一位资深专家得知"氨基酸白茶"品类定位后提出质问：中国茶类分为六大类，每一类都有自己严格的标准，那么，你的"氨基酸白茶"属于哪类茶？标准在哪里？

"工业产品可以24小时加班加点生产，但农产品有季节性生产的特点，不可能短时间内扩大规模。尤其'安吉白茶'属于地理标志认证产品，更不可能突破地域限制扩大生产。因此，将'安吉白茶'定位为'类快消品'，是混淆了地标产品和工业产品之间的界限。"

一位传播学专家发表观点认为：

以类快消品定位，降低了"安吉白茶"整体的价值感。真正意义上的"安吉白茶"，全球只有17万亩，且"安吉白茶"实施规模控制，不再扩大面积。类快消品的定位，没有把握"安吉白茶"的稀缺性价值，有可能会因为类快消品的定位，导致价值感下降，价格下降，尽管迎合了今天的"民茶"市场，但对"安吉白茶"的未来价值发展，可能并不利。目前，"安吉白茶"不是卖不出去的问题，而是如何通过品牌化提升产品价值的问题。与稀缺性、氨基酸含量高等功能性相比较，"安吉白茶"的类快消品定位有待商榷。打造品牌的基本目标，是提高品牌价值，提升品牌溢价。

"极白"的软文广告如："安吉白茶"领导品牌"极白"引领氨基酸含量最高时代；极白氨基酸白茶引领"安吉白茶"品牌新时代；极白如何成为"安吉白茶"第一品牌等，也引起了民企反感。

"人家打拼二十多年也没敢说自己是'领导品牌'，怎么你还没有取得注册商标许可证就成了'领导品牌'？你领导谁？'领导品牌'是谁封的？市场认可吗？这种随心所欲的自吹自播，不仅伤害了安吉茶人的情感，而且很容易让消费者对整个'安吉白茶'产生怀疑。"一位多年服务"安吉白茶"的政府官员对此提出批评。记者了解到，当地工商、农业部门此前已经分别发出了行政指导函和行政建议书，要求"极白"在广告传播上予以规范和整改。

目前，"极白·氨基酸白茶"定位几经调整，已从"极白·氨基酸安吉白茶"最后改成"极白·安吉白茶"，将"我们只做氨基酸含量高的茶"作为传播口号推出。

三问万向信托：农企上市目的何在？

绑在"安茶"战车上的，还有一个至关重要的角色，这就是"万向信托"。

一直以来，万向信托致力于创新发展并深耕特色农业产业基金，浙江省土地信托第一单、全国首单公益林受益权信托计划、磐安县农业产业基金等，都是万向信托的创新之作。

不同于"种植—加工—营销—品牌"的传统路径，这次，万向信托联合安吉县人民政府（县国资公司）、安吉城投集团共同发起"'安吉白茶'产业基金"，投资成立"安茶公司"，旨在通过"资本纽带、市场导向、先予后取、共享增值"这种创新的商业模式，更好地实现对白茶产业资源的高效整合，打通"茶农、茶企、茶商、资本"产业链，推动"安吉白茶"产业进一步升级。

万向信托有关负责人认为：现代农业的发展，金融是血液，但与国外相比，中国农业最大的不足恰恰在于金融供给的严重不足。多年来，大家靠着"安吉白茶"这块金字招牌赚钱，但却没有投入和维护的义务，长此以往，"安吉白茶"在与周边其他品牌的竞争中必然会处于下风。因此，通过资本运作的方式进一步增强"安吉白茶"的竞争力刻不容缓。

另一方面，从上市要求来看，不论是国资还是民资，不论是农业还是工业，只要达到指标要求，均可挂牌上市。万向通过上市实现基金的退出是最佳选择。在此过程中，一批民营茶企的关门倒闭在所难免，这是市场竞争的必然结果，是商业行为不可避免的走向。但"极白"资本运作的目的和意义也难逃质疑。

前述政府官员反问："极白"上市有可能获得成功，但即使成功，意义又在哪里呢？农业产业本身是富民产业，是让大家共同致富的产业，我们总不能牺牲那么多的民营企业，去成就一个国有控股企业吧？上市融资有可能提高产业集中度，整合出一个大品牌，但难道追求规模、形成垄断是我们的目的所在吗？

"市场经济条件下，企业需要的，是公平的竞争环境。'极白'上市必然形成一家独大的垄断，对其他民营茶企的生存空间造成挤压。"

浙江大学一位姓李的金融专家则从经营管理的优势上进行比较认为：茶产业属于完全竞争性领域，"极白"作为国有控股企业，与民营茶企相比，经营管理上并不存在优势。"理想并不能代替现实。要不然，国有企业为什么要进行改革？"该专家反问。

另有专家对农企上市表示担忧。认为农产品粗加工企业发展缓慢，盈利能力低，财务不透明、人才匮乏等实际情况短期内难以改变。资本运作的结果很有可能"拔苗助长"，因此农企挂牌后出现亏损的比例很高，甚至折戟沉沙，对产业发展造成重大伤害。金大地等一大批失败的案例犹在眼前。

"农企上市本身不确定因素很多，风险很大。如果按照资本的意志成功上市，意味着诸多民企可能关门；如果上市不成功或者上市后出现意外，则有可能给整个'安吉白茶'产业发展带来负面影响。因为'极白'不是普通的'安吉白茶'子品牌，为其背书的，已经是整个县政府和'安吉白茶'品牌。"

仁者见仁，智者见智。"极白"的问世，让多年来一向平稳发展的"安吉白茶"陷入了争论的旋涡。所发表的意见中，既有对安吉茶产业长远发展的考量和担忧，也不排除自身利益驱使和推动下的怨言。其中争议的焦点和核心在于：公共财政是否应该介入茶产业发展，城投公司进入的茶产业属于基础性战略性产业吗？因为此后一系列营销传播和资本运作上的争议，源头均在于此。

作为我国农产品区域公用品牌中的翘楚，"安吉白茶"今天面临的问题，将是其他区域品牌明天无可回避的考验；而安吉城投在国有投资平台中率先走向市场，所进行的扩展，也将是其他国有投资平台迟早必须作出的选择。就此而言，"极白"的问世，最大的价值在于带给了我们诸多的思考和启示。

（作者蒋文龙，原载《农民日报》2016 年 11 月 22 日）

附："极白三问"给我们留下了什么？

本报11月22日刊登蒋文龙撰写的农业财经通讯《极白三问》后，引起社会热烈反响。大家普遍认为，现代农业的发展面临着转型升级，面临着品牌和市场营销的挑战，面临着如何拥抱金融资本等一系列现实问题，"极白三问"通过报道，展现了一系列深层次问题，很及时，也很有意义。

"极白"的做法到底是对还是错，读者在认识上存在着较大的分歧。赞成者认为这是一种改革，值得肯定。

丽水学院教授廖峰认为，当下中国只有茶"名牌"，无真正意义上的茶"品牌"。习近平总书记提出"一带一路"倡议，给中国茶走向世界提供了最为有利的机会，进一步做大做强"安吉白茶"，是中国茶产业发展的需要。"安吉白茶"目前虽然市场知名度高，但企业多、小、散的问题突出，如果没有政府的扶持和跨界资本的介入，仅凭现有的市场机制自主培育，很难在短时间内有所突破。因此，当地政府着眼于产业长远发展，将公共财政介入当地有基础性、战略性的领域，可谓义不容辞。"改革就是一种探索，是一种创新，是一种未知，改革没有十全十美、一成不变的答案。可以肯定的是，改革就是利益分配的重新调整，必然引发质疑甚至批评。关键是要从将'安吉白茶'打造成世界级品牌的战略目标去审视、思考和处理好三类关系：眼前利益和长远利益，整体利益和局部利益，政绩利益和市场利益。"廖峰说。事实上，像湖南常德等地都在通过整合，做大做强茶叶品牌，以期带动区域品牌的进一步发展。

但更多的人对"极白"做法进行质疑和批评。本报上海记者站记者胡立刚尖锐发问："极白"是试错还是高级黑？他认为，一个不可改变的事实是：先有"安吉白茶"再有"极白"，从品牌消费心理学角度来看，安吉的生态与"安吉白茶"的互动已经创造了"安吉白茶"消费群体的特征——知性。"极白"并没有把"氨基酸"推向新高度，那么，其附加值体现在哪里？改了名换了包装后就卖高价，知性消费者会接受吗？"消费群体的壮大依赖于两种途径，一是口口相传，二是从众心理暗示，营销广告活动无不通过这二者起作用，但是，茶产业消费群体的壮大还有第三种力量，那就是文化认同，或者说价值认同。'极白'在'安吉白茶'发展到现阶段才进入这个产业，本身就有携资本摘果子的嫌疑，更何况一上来就走快消品的营销模式，就凭一句'谢谢您'能打动他们吗？"

宁波大红鹰职业技术学院广告系主任刘强质疑"极白"的品牌策略，他认为，当今，茶叶市场过剩、同质化竞争日趋严重，"极白"品牌建构侧重于概念营销，脱离品牌文化的深度挖掘、产品差异化和消费者需求，将品牌核心诉求定位于富含氨基酸。这一品牌策略至少忽视了三个问题：其一，氨基酸在茶叶中含量的高低，对营养构成和口感影响有限，不是构成品质差异的主要因素；其二，氨基酸作为品牌核心诉求，是否进行过消费者调查或测试，并对消费者购买动机产生影响，值得怀疑；其三，与传统白茶不同，"安吉白茶"实际是绿茶，其珍贵之处在于茶树品种的稀缺性。"极白"不从产品品质和差异化上去做深度挖掘，而用一个空泛的"极白"概念来强调品牌的核心价值和产品差异化，给人以本末倒置、虚无缥缈之感，能否影响消费者心智，值得怀疑。

对"极白"的产业整合思路，刘强说，"极白"品牌拥有者——"安茶集团"是国资城投集团背景，且有政府财政基金导入，借行业整合之机，形成对白茶行业的垄断控制态势，挤压了中小茶农的生存发展空间。有人认为"安茶集团"推出"极白"品牌后效益显著，也有人说收效甚微。不论结果如何，如果借用政府力量形成行业垄断，这一做法本身就忽视了农业生产经营所具有的特殊产业属性，即农业本身属于弱势产业，事关农村民生和社会稳定，进行产业整合，必须考虑到普惠性和可持续性。不能以牺牲农民利益而形成"领导品牌"一枝独秀和行业垄断，更不能借助行政化手段"优胜劣汰"。农业产业提升与整合的目的，是通过品牌化、规范化、标准化和生产经营一体化，带动农民增收、农村发展和农产品附加值提高。

对"极白"用资本思维推动产业升级，刘强认为，这一思路忽视了农业特殊性和复杂性。因为农业生产分散、周期长、品种多、附加值低、市场差异性大，不可能完全照搬工业的标准化、流程化和可控化，以市场效果和经济效益为唯一旨归，因此，"极白"用工业化与资本化思路去推动白茶的产业升级，是否行得通、走得远，有待验证。"'极白'的未来发展，是坦途还是迷途？我们将拭目以待。"

陈立宇是一家上市公司副总，他分析安吉这一争议的背景认为，首先，强企合并是以政府主导的"基金"为纽带的，因为政府的存在，就天然存在唯一性和排他性；其次，树立"极白"产品品牌是以"安吉白茶"领导品牌这样的定位策略推进的，但这个品牌在消费者心智定位建立中用到了极强的

政府背书；最后，在整合发展上，可以将有利的产品资源、土地资源、企业资源、资金资源进行"掠夺性"的整合，而这些依然可借助政府的特别力量。不难发现这个计划的本源是具有特殊性质的政府资源推动的，而且是有较强的政策壁垒，并且是向建立垄断企业方向发展的。品牌是竞争的产物，政府对"安茶集团"这个打造自有品牌的竞争性企业做到了或者可以做到无处不在的特殊支持。最后，会发现政府既通过"产业基金"派出"运动员"又当"裁判员"，还是"监管员"。

"如此看来，通过政府力量去建立这样一个垄断企业，是不是不符合当前安吉县政府要打造'安吉白茶'的高价值区域品牌、推动区域产业发展的初衷呢？从政府层面似乎应该重新审视'安茶集团'存在的使命，应该重新明确做什么才是对的事，才是符合初衷、造福一方、提高整体区域品牌竞争力的事。否则，'安茶集团'的运作越成功，可能离目标越远。"陈立宇说。

那么，安吉县政府在茶产业转型升级过程中可以有何作为？陈立宇认为，应该着眼于"安吉白茶"品牌的发展促进与规范管理。一是成立一个行业组织，建立一整套严格和完善的"安吉白茶"分级与品质管理体系，并且由政府相关部门制订出地方规定加以保护；二是推行产销分离，采用销售许可证制度。

对于"安茶集团"的角色，陈立宇也给出自己的设计，他认为，"安茶集团"的发展存在两种可能：一是安吉白茶总量不会因此增大，只是消灭了众多"民企"，与产业发展并无多大意义；二是"安茶集团"以统一的步伐蚕食"民企"，同时跟其他茶种"抢夺地盘"来扩大产业规模，这样一来，一家企业相当于一个产业，企业荣产业荣，企业败产业败。因此，从创新活力、危机防范、规模发展、品牌区域化等各方面考虑，"安茶集团"的角色都应该重新定义。应该退出直接经营交易，成为更高层次的一般企业无法做到的第三方平台，甚至第四方平台：（1）做价值服务平台。向产业链的上下游提供整合服务，包括产业内金融服务：投资、融资、信托、证券等；供应链服务：货源协调、标准仓储、产业物流等；基于互联网的服务：商业信用评级平台、交易平台、支付等。（2）区域品牌发展平台。向产业相关需求方提供基于大数据的品牌服务，包括政府与行业组织的监管辅助、产业资源的集中与分配、区域品牌为焦点的宣传与推广、咨询与研究入口。（3）创新创业孵化平台。

（作者蒋文龙，原载《农民日报》2016 年 12 月 4 日）

面对日渐高涨的区域公用品牌建设热忱，品牌的落地运营始终是社会各界的一块"心病"。对我们团队而言，甚至是这种热情越是高涨，越是让我们惶恐。因为毕竟，谁也不愿意让品牌束之高阁，成为一种象征性的"摆设"。

此间，尽管各地政府一直在进行艰苦卓绝的探索，也或多或少取得经验与进展，实属可喜可贺，但真正在组织体系上有所突破，有所保障，能够解决根本性问题，并形成模式，可做大面积推广的，掰起手指算算，却仍然没有。

组建国企专事运营的，对地方政府而言，确实显得沉重：历史已经证明，国企进入市场化运营并无优势，何况是面对本就微利的农业产业？但另一方面，离开了政府背书，完全交给市场运营，恐怕也是胜算不大。当然，在"国进民退"的大背景下，混合所有制也是令人忧心忡忡，搞得不好，"国有资产流失"的帽子随时可能戴到你头上。

此时，浙江农合联的发展，为区域公用品牌运营打开了一条通道，让人在迷茫中看到曙光。

农合联是供销社主导的社团组织，其直接动因是为农户提供生产、营销、信用"三位一体"的系统化服务。农合联又分两类，一类是综合性农合联，以地域为单元组建而成，为广大会员提供通用性服务。第二类是产业农合联，以产业为纽带联结而成，为广大会员提供专业性服务。

与"区域农合联"和"产业农合联"这一经纬相交的组织体系相一致，"多品类品牌"和"单品类品牌"这一纵横相接的品牌生态体系应运而生。两类品牌取长补短、相互赋能，纵马奔向市场。

其中"区域农合联"打造"多品类品牌"，更多地关注区域整体形象，更加重视挖掘区域文脉，而"产业农合联"打造"单品类品牌"，更多地关注产业定位，挖掘产业文化。

「产业农合联」为运营「破题」

与"区域农合联"打造"多品类品牌"，"产业农合联"打造"单品类品牌"相衔接，经纬相交的主体与纵横相接品牌形态形成了比较科学的品牌生态体系。

随着前者举全市之力，提升品牌知名度和影响力，将会给后者更多水涨船高的赋能；而后者在各种活动传播和产品营销过程中，也将给前者更加直接、有力的品牌支撑。一如"母品牌"与"子品牌"之间的互动。

纵观整个浙江，我们可以看到，无论是丽水的"丽水山耕"、衢州的"三衢味"、温州的"瓯越鲜丰"、台州的"台九鲜"、余杭的"禹上田园"，还是金华的"金农好好"、嘉兴的"嘉田四季"、湖州的"两山"，几乎无一例外，都是政府部门出资打造，由供销系统负责运营。供销系统"血统"纯正，本就是为服务"三农"而生，经过数十年历练，已具有较强的市场化运行能力，因此，组建公司专门运营区域公用品牌，也可谓"不忘初心"，是一种历史和机遇的重新安排。

当然，如果从严格意义讲，浙江的这一实践尚缺乏理论指导，其规律性的路径和方法也缺乏总结提升，但无论如何，这一体系化、组织化而非零敲碎打、个别实践的成果，值得我们寄予厚望：供销合作社是全国性的组织，具有完善的网络体系，既然浙江能够取得成功，又为什么不能在全国予以推广呢？

由此，我们进入了新的策划阶段。希望由全国供销合作总社出面，到浙江举办现场会，就区域公用品牌运营的方法路径进行深入探讨。这不仅事关浙江现代农业发展，更决定了供销系统在"三位一体"探索中的政治担当。

附：产业农合联：怎么合？联什么？

浙江是"三位一体"改革发祥地。习近平总书记在任浙江省委书记时，曾亲自部署构建生产、供销、信用"三位一体"农村新型合作体系。此后16年，按照"多元化、市场化"的要求，浙江坚持不懈探索。产业农合联正是在这一背景条件下茁壮成长起来的一棵幼苗。

截至目前，按照"一业一联"的要求，浙江已在县级层面组建成立了217家产业农合联。这种新型合作组织以龙头企业为主导，涉农行业协会和农民合作社联合社为协调，加工企业和专业合作社为基础，围绕产业发展提供专业服务，得到相关各方交口称赞。

"在欧美等发达国家与地区，在同一产业内，产业链上不同的主体往往相互参股，合作社与合作社也常常联手组建加工企业，共同形成对市场的控制，因此产业发展始终健康稳定。我国的专业合作还比较初级，作用仍然有限，必须实现更高层次、更大范围的再联合、再合作。浙江产业农合联，正是'三位一体'改革的多元化创新，值得关注与推广。"长期致力于合作经济研究的专家、浙江大学中国农村发展研究院首席专家黄祖辉认为。

产业发展的"二传手"

产业农合联的作用在于可以完成政府想做但做不了、不能做，而专业合作社能做却不经济、做不好的工作。

长兴是浙北农业大县，其所产芦笋赫赫有名，种植面积1.2万亩，年产量达1.6万吨。但由于分散经营、规模偏小、各自为战，因此尽管有诸多专业合作社提供相关专业服务，在市场上却难以形成议价权和话语权。收购商往往在田头"各个击破"，农户们不仅被压价不说，还不时遭遇滞销。产业发展时起时落，犹如"过山车"。地方政府看在眼里、急在心里，却无计可施。

2017年4月，长兴将53家会员单位组织到一起，成立了芦笋产业农合联。

其中，包括 27 家专业合作社、9 家家庭农场、6 家种植大户、7 家涉农企事业单位和其他 4 家相关单位，几乎将相关生产主体和服务机构"一网打尽"。产业农合联成立后，设置了销售部、技术部、质检部、专科庄稼医院和信用合作部。许长蔬菜专业合作社"当家人"莫国锋因为为人公道、能力出众，被大家公推为产业农合联的理事长。

"现在产业之间竞争越来越激烈。无论是产销信息、技术研发、品种试验、农机迭代还是标准推广，看似简单，其实后面十分烦琐，又十分专业。政府虽然有心扶持，但对产业发展毕竟不够了解。"莫国锋说，产业农合联成立后，除了每天发布产品交易价，对外拓展市场，还对经销商和农户分别形成了交易规则的强制约束。会员们只要将芦笋交给产业农合联就万事大吉，每个月定期结账，可以拿到现金。为了对经销商和农户形成约束，产业农合联规定，双方都必须缴纳一定数量的保证金。

联合势必产生费用。那么，产业农合联的办公经费从何而来？据了解，该组织规定，会员每交易 1 斤芦笋，产业农合联即可从中提取 8 分钱管理费。按每天交易 2 万斤芦笋计算，可有 1600 元入账。这笔收入，可用来做市场推广，付房租水电、人员工资等。到了年底，如有结余，会员们将按入股比例进行"二次分配"。

区区"8 分钱"管理费，看似微不足道，但一方面，其分配体现了合作经济的本质，另一方面，则保证了产业农合联的可持续运营。产业农合联的发展，也因此表现出旺盛而持久的生命力。

市场交易离不开品牌。长兴芦笋打造品牌的短板在于没有对产品进行分级，但要想分级，市场上却找不到现成设备。无奈之下，莫国锋硬着头皮找到专业研发机构，谈妥价格，然后找政府申请项目补助，进行设备的联合研发。"对方看中的是我们有众多会员，一旦成功就可以批量推广。"

现在，莫国锋的芦笋产业农合联一呼百应。经过分拣的芦笋，在"盒马"电商平台最高卖到了每斤近 20 元。长兴芦笋的产业地位日渐巩固，稳居浙江"老大"。近期，他又忙着组建公司，自己做大股东，再吸收其他合作社参与，共同开发芦笋果汁等深加工产品，一方面提升芦笋附加值，另一方面预防滞销跌价。

"产业农合联的作用，就在于承担了政府不能做、做不了，专业合作社做不好、不经济的事项。犹如排球运动中的'二传手'，是组织进攻、实施战术的关键。"在长兴县委常委史会方看来，以往产业政策往往是"二八开"，即80%的资金被20%的主体享有。而产业农合联的出现，改变了这一"潜规则"，让政府的财政扶持资金能够用到刀刃上。不仅公正、公平、公开，而且代表性十分广泛。

今天，产业农合联已经覆盖到长兴10个主导产业，其中有葡萄、茶叶、粮食、湖羊等。每个产业农合联配备一个综合服务中心，里面各种服务应有尽有。该中心建设由政府投入，经营管理则由产业农合联负责。

粮食种植一直是浙江农业发展中的"老大难"。但在地处浙南山区的龙泉市，通过粮食产业农合联一举扭转局势，成为"二传手"发挥作用的又一成功案例。

以前，龙泉的种粮大户往往自己购买种子、自己育秧，不仅身心疲惫，而且成本居高不下。加上山区地形复杂，农业机械难以施展手脚，以致种粮成为鸡肋，面积逐年下降。面对这一局面，地方政府愁眉不展：无法完成一定的粮食自给率，就无法通过上级部门的考核。

2017年5月2日，龙泉粮食产业农合联成立，11位会员"众筹"500万元，成立了祥禾粮食产业综合服务有限公司，提供农资供应、育秧机插、粮食烘干、农机维修出租和粮食仓储加工等市场化有偿服务。政府的公益服务组织——龙泉市粮食产业综合服务中心也委托公司展开运营，三块牌子一套人马。

产业农合联成立后，在地方政府支持下，不仅低价租赁了办公用房和加工车间，还得到金融机构的低息贷款。信心满满的理事长雷少伟，注册了"祥禾"品牌，通过精心包装走向市场，实现了理想的产品溢价。今天，其粮食种植面积扩大到了1100亩，无论是规模还是实力，在龙泉都独占鳌头。

据介绍，以前抓粮食生产，政府最为头疼：一是比较效益低，老百姓缺乏积极性；二是缺乏相应抓手，即使政府出台了鼓励政策，像种粮面积核定、补贴资金发放等具体工作，也没有专门机构和人员落实，最后导致政策"跑冒滴漏"。现在有了这个"二传手"，将三种功能集于一身，政府政策有了落地者，生产服务有了供给者，做起工作来感觉顺手许多。

龙泉粮食生产逐渐掌握主动，种植面积不减反增。至今，龙泉的产业农合联已经发展到7个，而且个个生龙活虎、朝气蓬勃。

市场化经营"主攻手"

产业农合联的活力来自组建利益紧密联结的实体，瞄准产业链建设中的痛点和短板，进行市场化经营。

行业协会是市场经济条件下实现资源优化配置不可或缺的重要环节。产业农合联与这些传统的社团组织有何区别？会不会是"新瓶装老酒"？记者调查发现，产业农合联并不仅仅是行业自律和管理组织，而是针对产业发展需求，将服务功能进一步延伸到了市场化运营。但这种运营并非产业农合联出面，而是由协会会员共同组建实体公司加以完成。

温岭是浙江有名的农业大市，近年来西兰花种植发展很快，产品除了供应国内，还出口日本等国。但随着生产规模的扩大，产品销售常常遭遇挑战，蔬菜产量大年时，西兰花常被贱卖，还会有不少烂在地里。为了止损，以前，温岭人常把西兰花运到山东等地进行加工，来回大费周折。

时间长了，大家就想在温岭也搞个加工厂，但资金成了最大的"拦路虎"。温岭红日供销有限公司董事长江福初有着十多年的西兰花种植经验。2018 年，他与几家生产主体协商，共同投资 2500 多万元，建成了一条深加工流水线。

按照设计规模，这条流水线每小时可加工 5 吨蔬菜成品，光靠江福初他们自有基地，还远远吃不饱。可现实中，许多种植大户又都有加工需求。温岭蔬菜产业农合联成立后，江福初就凭借这个组织载体，发出邀约，立即实现了业务饱和。

一方面，有了稳定的原料供应，江福初可以安心开拓外贸订单，只需根据计划向会员提前下单，有效避免了生产盲目性；另一方面，种植大户们可以就地加工，再也无须将西兰花拉到外地，仅此每吨即可净赚 1000 元。

记者调查发现，行业协会、产业协会的会员之间，大多是"相敬如宾"，往往一年只见一面，"喝杯酒握个手就拜拜"。但产业农合联的会员之间，则经常吵得"天昏地暗"。因为大家相互合作、互相参股，形成了利益共同体，一荣俱荣，一损俱损。大伙常挂嘴边的是"这个事情客气不得"。

至于如何市场化经营，尽管八仙过海各显神通，但万变不离其宗，大家都在寻找产业痛点，进行聚力弥补。有的瞄准市场拓展，有的聚焦产品深加工，有的致力于农资开发供应。总之，通过进一步深度合作，既在市场上有所斩获，也推动产业进一步健康发展。

龙泉蔬菜近年来发展较快，面积已达 10 万余亩，产值超过 5 亿元。但随着规模扩大，流通压力与日俱增：龙泉本地没有蔬菜批发市场，菜农们只能硬着头皮，拉着蔬菜去外地到处碰运气。

龙泉能否有个自己的蔬菜批发市场？这不仅是菜农共同的呼唤，也是整个蔬菜产业发展的迫切需要，但愿望一直得不到政府回应。

2017 年 5 月，龙泉市蔬菜产业农合联成立后，再次提出兴建批发市场的建议。这次，建议很快得到政府通过。

毛月旺既是龙泉市蔬菜瓜果产业协会会长，又是蔬菜产业农合联理事长。为什么以前功亏一篑，这次马到成功？他认为，是因为产业农合联组建了"联源农业"这个实体。"没有实体支撑的社团组织，就没有凝聚力，最终都将沦为自娱自乐。"

今天，龙泉蔬菜批发市场已经建成营业。由展示楼、检测楼、零售区、批发区、特产销售区等组成，面积共计 2 万余平方米。如此庞大的一个市场，从土地划拨到建成运营、招商管理，只用了短短不到两年时间。

据了解，"联源农业"总股本 200 万股，以 20 万股为一股，分成 10 股。其中毛月旺本人持股 30%，其余 70% 由成员单位自愿认缴。因为有政府的各方面支持，解决的又是会员共同的需求，结果筹资十分顺利，一半左右成员单位成了公司股东。

对龙泉蔬菜产业发展而言，批发市场建设可谓症结所在。但假如没有"联源农业"这个"主攻手"，政府既不敢盲目立项，更不可能将担子压到自己身上。据记者了解，因为政府投入开发市场、管理市场，不仅每年需要支出人头费，而且缺乏动力、缺乏活力，搞不好还要亏损。

专业化服务"扣球手"

由于产业农合联会员之间共性需求的集中释放，让专业化、定制化服务的精准供给成为可能，现代农业发展越来越离不开各种专业化服务，如金融、资本、品牌、营销等。但因为面向形形色色、不同产业的合作社，每个合作社所需要的服务都有所不同，因此专业化服务很难有效植入。产业农合联的出现，则扮演着"扣球手"的角色，让专业化服务得以顺利落地。

青田稻鱼共生系统，是我国首个世界农业文化遗产。然而，获得这一殊荣后，青田并没有多少实际收益。稻鱼米价格还是一如既往，种植面积由此一路萎缩。

2017年，青田县成立稻鱼产业农合联，县政府斥资2000万元，组建青田县侨乡农业发展有限公司，主导产业农合联的运营。

以前，稻鱼产业犹如一盘散沙。公司介入后，以产业农合联为平台，以品牌营销为龙头，倒过来抓品种、抓标准、抓质量。在品牌营销上，则定位"稻鱼之恋"，挖掘品牌故事，赋予品牌以内涵。

从举办"稻鱼之恋"的开犁节、开镰节，到亮相各类推介会、展销会；从邀请网红进行直播，到9个挂职县长吆喝卖米；从入驻阿里巴巴盒马鲜生旗舰店，到变身联合国地理信息大会指定用米……专业服务下，青田稻鱼米身价陡增，仅仅一年时间，其售价就由每公斤6元猛涨到了20元。

青田曾经的挂职副县长廖峰深有感触：通常情况下，区域公用品牌掌握在行业协会手中，但行业协会往往无法真正触及市场脉搏，这就造成品牌和市场之间的相互割裂。青田稻鱼米的成功，恰恰在于提供了品牌营销的专业服务。

原来日渐凋零的青田稻鱼米品牌，开始走向复苏。记者采访发现，跟青田稻鱼米一样，浙江各地一大批区域公用品牌，通过产业农合联设立专业服务公司，再由政府向专业公司购买服务的模式，来解决品牌运营主体缺失难题。品牌的可持续发展，由此成为可能。

农业产业门类众多，不同门类有不同的服务需求，因此尽管合在一起，也往往"话不投机"，大家说不到一块去。有了产业农合联，服务需求就会合并同类项，被集中释放，专业化、定制化的服务就有可能有效地、精准地输送到会员。

比如金融服务，尽管属于通用性服务，任何主体都有需求，可每个产业的需求有所不同，金融机构因为不懂产业，因此既不敢轻易放贷，也设计不出符合市场需求的产品。但通过产业农合联，这一深层问题迎刃而解。

柑橘是衢州市柯城区传统品牌产业、农民增收产业和乡村振兴产业，但是三年一小冻，五年一大冻，给产业发展造成严重影响。2020年遭遇冻害之后，柯城橘农面临着转型发展难题，有的要购买新品种，有的要上马设施大棚，有的要流动资金收购。柯城区有10个产业农合联，原来一起组建成立了资产经营公司，要为会员提供融资担保服务，结果经营公司却并不具备担保资质，也不符合监管要求，导致信用服务陷入困境，柑橘转型难以起步。

浙江省农担公司进入后，紧紧依靠柑橘产业农合联熟人熟地的优势，一方面利用反担保方式，解决经营公司担保资质难题，另一方面通过财政政策协同，降低了农户的融资成本。到去年12月底，累计在柯城区发放"政银担"贷款2.65亿元，其中仅柑橘一个产业就超过了1亿元。

作为一个"外来和尚"，农担公司对地方本来"两眼一抹黑"，但有了柑橘产业农合联的依托，哪个主体需要扩大生产，哪个家庭农场信用不佳，所有信息一目了然、一清二楚。农担公司的后顾之忧，随之烟消云散。

与现代农业共发展，农担公司的作为是金融以及其他专业服务机构的一个缩影。如今，大量的专业服务通过产业农合联这一平台，进入企业主体层面。如南浔银行通过产业农合联推出"粮农贷"，农行湖州分行在安吉发放茶农预授信卡，缙云研发茭白专用肥……这些个性化产品的成功开发和推广应用，无不有赖于产业农合联。专业化服务本质上离不开规模效应，而产业农合联正是将服务需求合并同类项、进行集中释放的最佳平台。

小荷才露尖尖角。当前，作为"三位一体"服务现代农业发展的一种新型组织载体，产业农合联正在浙江覆盖全省所有区域特色农业主导产业，竹笋、茶叶、花卉、葡萄、民宿、水蜜桃、药材、渔业、农家乐、禽业等。并且在经过县市一级尝试后，升级为市级产业农合联，规模和实力都有新的增长。

这种以产业为基础，以市场为导向，以企业化运行为特征的组织形式，是行之有效的，是对原有合作经济模式的再拓展，是乡村产业发展的有效平台，值得关注。

浙江省委农办主任、省农业农村厅厅长王通林表示，接下来，浙江将强化省委农办对"三位一体"改革的牵头抓总、统筹协调作用，着力构建区域农合联通用性服务与产业农合联专业性服务经纬衔接的新型农业服务体系，全力打造大平台、大服务、大合作、大产业，加快构建以"三位一体"为内核的立体式复合型现代农业经营体系。

（作者蒋文龙、朱海洋，原载《农民日报》2022年1月28日）

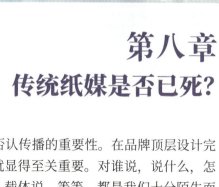

第八章
传统纸媒是否已死?

  没有人会否认传播的重要性。在品牌顶层设计完成之后,传播就显得至关重要。对谁说,说什么,怎么说,通过什么载体说,等等,都是我们十分陌生而又必须了解的问题。

  品牌传播的载体有很多:传统媒体有电视、报纸、杂志;新媒体有网络新媒体、移动数字新媒体;此外还有各种各样的户外媒体,如高炮等。在网络日益普及的今天,新媒体正以碾压态势,挤占着传统媒体的生存空间。

  那么,传统媒体是否还有未来?作为一个《农民日报》记者,作为一个农产品区域公用品牌创建的助推者,我不能不关注这一话题。

  客观而言,不同媒体在品牌到达率上发挥的作用必然各不相同。但在品牌知名度提升以及对品牌的理解和试购上,传统纸媒所发挥的作用明显具有优势。对此现象,日本田村正纪的解释是,因为大众媒体拥有公益特性。

一个曾经深刻影响传媒人的事实是，随着新媒体的出现，大众媒体的优势正在不断沦丧：

以前是"一台独大"，中央台可谓家家收看、人人关注，但现在的流量资源被 PC 端、手机端半路劫走；纸媒的风光也已悄然消失，人们不再看报、不再订报，一说到订阅量，老记们往往灰头土脸。

传媒研究领域共同的结论是：传媒发展进入"去中心化"时代。现在是新媒体风光无限的时代！

尽管新媒体瞬息万变，甚至至今连什么是新媒体的概念都没有定论，但这并不妨碍其作用。但我想说的是，与新媒体相比，在农业品牌传播中，因为大众媒体所具有的特殊的公信力，以及农业农村品牌传播对纸媒的路径依赖，大众媒体仍然空间巨大，值得期待。尤其是《农民日报》这样既具有党报的权威性同时又具有专业性的纸媒。

传统媒体正在形成新的传播优势

没有传播就没有品牌的生命。但农业品牌传播有何特征？不同媒介发挥着什么样独特作用？等等，农产品区域公用品牌传播的规律研究，一开始就引起我们高度关注。

图为第二届"中国农业品牌百县大会"上，我们直接将品牌传播设定为大会主题，进行不同角度专业探讨。

事实上，披尽黄沙始见金。大众媒体影响力的降低、传统纸媒阅读量的下降，尽管是无可更改的事实，但无论如何，大众传媒客观公正的基本形象没有变。而且，在与新媒体同台较量中，大众媒体的公信力不仅没有丧失，反而通过两相对比，得到了相当程度的强化。纸媒不仅没有被边缘化，反而在"内容为王"的竞争格局中，利用网媒的转载，得到了"二次传播"。

在经历了新媒体崛起带来的最初阵痛和晕眩之后，大众媒体在摸索中，逐步找到了自己新的路径：这就是与新媒体结合，进行融合发展，以求更加有效地占有传媒市场。

作为党和政府指导"三农"工作的权威媒体，《农民日报》也在奋起直追，形成报刊＋网站＋社交媒体＋客户端的传播矩阵，实现数字化、网络化、移动化传播。这种新型传播渠道的建设，将充分释放《农民日报》的传播活力和内容创作力，为农产品区域公用品牌的传播提供强大的支撑。

事实上，农业品牌的传播与大众媒体，尤其是像《农民日报》这样的纸媒、党媒具有天然的契合度。农业事关国计民生，农产品不是普通的日用消费品，其本身所体现的责任感和使命感，正与大众媒体所肩负的使命不谋而合。

当然，实践也在不断告诉我们：大众传媒对农业品牌影响力的塑造和提升显然不可小觑，但对形成产品直接购买则差强人意。这就带出另一个值得研究的问题：如何将大众媒体在行政系统形成的影响力迅速、有效地转化为市场购买力？

必须先定位，再传播

在一些人看来，传播是最为简单不过的事：只要花钱，买个时间或者版面，有何难？火到猪头自然煮烂，钱到传播自然搞定！

这里且不说媒体选择和传播目的之间的匹配，也不说如何用最小的代价取得最好的传播效果等专业问题，单说传播的基础。

我们必须先给出品牌定位，然后才能着手品牌传播。

这方面的问题，在现实中实在让人无法回避。

我们见过太多这样的传播：场面宏大，热热闹闹，领导次第登场，慷慨激昂，但是年复一年，他的讲话随风而逝，并没有留下什么印象；还有的地方政府热衷媒体宣传，登了一版又一版，播了一期又一期，只是混了个眼熟，但却并不知道品牌的核心价值。有的甚至不惜重金，高铁冠名，却淹没在传播的海洋里，于销售、于形象并无补益。

我们必须搞清传播的目的。不是为了传播而传播，而是为了品牌作传播。连品牌定位都没有，你就着手进行传播，你的传播必定是漫无目的，更谈不上精准有效。说严重一点，我认为是一种"谋财害命"。因为这种传播浪费无数财政资金，但却扼杀了品牌生命。试想，对你的品牌，消费者原来可能还有个基本认知，但你却众说纷纭，莫衷一是，不仅没有给品牌认知添砖加瓦，反而扰乱了消费者，产生了品牌认知上的混乱，这样的传播不是"谋财害命"又是什么呢？

从某种角度说，做品牌就是不断做传播。只有先进行准确定位，然后整合各种载体，对品牌的核心价值进行重复传播，在每一次传播中有所累积、有所加分，让消费者每天对品牌多一点记忆、多一点了解，这才是科学的、专业的传播。

品牌传播仅仅解决知名度问题是不够的。只有站在市场销售的角度，来衡量品牌传播，看它是否促进了产品销售和溢价，看它是否提升了品牌形象。无论是报纸电视等大众媒体，还是各种发布会、博览会、展销会，或者是网络、移动、数字新媒体。

附："县长代言"的正确姿势

近期各大平台上最热闹的现象，莫过于县长们为地方农产品区域公用品牌代言、直播带货。地方党政领导发展一方农业农村经济的这种责任感值得褒奖。在此，笔者想要探讨的是：县长们究竟说了啥，有没有表达出品牌的个性和差异，有没有用形象化的故事使消费者形成记忆？如此兴师动众，县长们究竟应该聚焦产品销售还是品牌形象的提升？这关系到代言传播的科学性和专业性，也就是说，应该以怎样的正确姿态代言，让公益代言真正收到实效、发挥长效？

传播内容要关注"一个中心两个基本点"

没有顶层设计，就不可能进行统一、精准的品牌传播，也就不可能有品牌资产的积累。所谓顶层设计，就是提炼个性与差异，将你的品牌与他人进行区隔。这就要求在传播内容上注意"一个中心两个基本点"。

一个中心就是顶层设计。核心内容包括品牌名称、品牌定位、LOGO、传播口号、价值体系等。在传播的每个环节、每个场景中，这些内容都不可缺漏，属于传播的基本板块。如陕西周至县委书记在代言"周至猕猴桃"时，就用了"鲜甜自有道"这一口号，与其他同样传播"鲜甜"这一核心价值的品牌区隔开来，彰显出"道教文化发祥地"的品牌内涵；山西万荣副县长则用"一个快乐的苹果"的概念与其他苹果品牌进行差异化，以突显自身"笑话之乡"的文化内涵。

"两个基本点"，第一是主题化的农业产业。区域公用品牌指向的是集群化的产业，如台湾"大湖草莓"，一切的延伸和开发都围绕草莓主题展开，草莓饭、草莓酒、草莓冰淇淋、草莓工装、草莓博物馆、草莓音乐等，这样的延展无疑很好地强化了消费者对品牌的认知。

第二是一脉相承的农耕文化。农产品区域公用品牌天然占有文脉故事，如台湾信义乡的梅子梦工厂，所生产的每一款产品，都融入了地方文化，其中有"山猪迷路""长老说话"等民间传说，也有布隆族的人物形象。你买了他的产品，就带走了他的文化。

因此，县长代言应该注意：一是先做顶层设计再做代言，否则基本属于

无效传播，只是图一时热闹而已；二是所有传播内容延伸必须从定位出发，为强化品牌印象加分；三是在融合发展的大势所趋之下，"农业县长"和"文旅县长"要合力，不能各执一词，相互打架。

利用农耕元素构建沉浸式传播场景

县长代言是否只能限定在室内？回答是否定的。从传播的角度审读代言的环境道具，我们可以称其为"场景传播"。对农产品区域公用品牌而言，乡村就是一个无须搭建的、进行场景传播的大舞台。

消费者的需求往往在沉睡之中。只有用场景、用道具、用仪式，才能将其唤醒。场景传播的核心是针对消费者心理和需求，从品牌定位出发，构建传播场景，对品牌进行直观、形象的传播。如同城市电梯广告一样，乡村的场景传播具有强制性效果。因为传播环境是相对封闭和专题化的，属于注意力经济。

例如千岛湖淳牌有机鱼，从养鱼、捕鱼到放鱼，再到鱼拓、餐饮等，当你从全流程、全环节、全域角度去审视，就可以发现，跟品牌的关联和互动是异常密切而且天衣无缝。这种关联和互动不断强化着消费者对品牌的印象和热爱。尤其是当身临巨网捕鱼的场景中，整齐划一、低沉有力的捕鱼号子，游客抱着胖头鱼合影，此时，整个千岛湖，整个绿水青山，都构建起品牌传播的超级场景。

对农业而言，对乡村而言，有太多的元素可供我们搭建传播场景，可供我们接入传播端口。农田、茶园、民俗、节庆、工艺、建筑、生产工具等农业元素和乡村元素具有超强的感染力，都可带来流量，他们所呈现的画面感、历史感、文化感，都将唤起我们内心的感受。

面对虚拟的网络，消费者更需要体现存在感、参与感，更需要个性的表达，更需要分享。我们的县长代言，能否脱离千篇一律、古板乏味的办公室，转而利用丰富的农耕元素，来构建有效的传播场景，让我们的代言更生动、更可感，更符合网络时代的消费需求？

构建媒体互联传播体系，实现"永不落幕"

当下这波县长代言传播会否随着疫情的结束而"烟消云散"？这就提出了另一个命题：既然产业发展是乡村振兴中永恒的主旋律，那么，我们如何让县长代言永不落幕？

这就需要主动谋划，构建以代言传播为契机的媒体互联传播体系。在此体系内，地方主政者不再仅仅是平台的嘉宾、展示者，而是要主动谋划，将平台作为品牌传播的"道具"。

从传播媒介格局看，不同媒介在品牌成长的不同阶段具有不同作用。网络传播的特点是"病毒式暴发"，县长代言开局良好，但随着县长们次第登台，受众很容易产生"审美疲劳"，平台的兴奋点必定会转移。而区域公用品牌和大众媒体之间则关联紧密：区域公用品牌姓"农"、姓"公"，大众媒体也姓"公"，不仅具有公信力"背书"，而且可以实现二次传播、三次传播的扩散。

传统企业品牌传播路径是，一开始靠广告轰炸，然后进行产品推广，到线下做推介会，形成购买，然后再重复购买，最后达到市场爆发。但"丽水山耕"等品牌则是开辟出区域公用品牌传播的另类路径：先通过大众传媒影响到意见领袖，通过意见领袖进而影响到圈层，影响到社群，最后各种不同的媒体、阶层形成整合传播，取得令人意想不到的成效。

"县长代言"的热闹过后，需要有一系列的平台传播发酵，更需要有大众媒体的引领，整合传播才有可能达到"永不落幕"的效果。

如果以飞机模型比喻农产品区域公用品牌传播格局，机首就是顶层设计的传播，这是传播的基本板块。左翼是场景传播，通过特定时空场景的构建，将文脉植入其中，形成场景内外的互动传播的综合媒体场。右翼即媒体互联传播，通过大众媒体的引领，进行互联传播，实现内容与传播一体化、传播与销售实时化。尾翼即消费体验传播，要通过感官体验、情感体验、文化体验等，建立起品牌与消费者之间的互动。

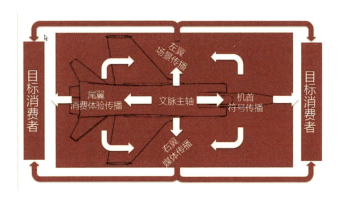

胡晓云构建的农产品区域公用品牌传播模型

总之，在信息爆炸的网络时代，品牌传播不可能通过一次"县长代言"取得一劳永逸的效果。在整个传播格局中，文脉是无可替代的主轴，经过整合品牌传播，使产品和消费者之间产生特殊的关系，这就是品牌价值的基础。

（作者蒋文龙，原载《农民日报》2020年5月13日，此处有改动）

要做传播，谈何容易？农业作为传统产业，收入不高、利润微薄，要做品牌定位、战略目标、符号系统，不仅耗资难以承受，而且难以找到专业人员。即使这些问题都解决了，传播的费用也无法承受。很可能一年的收入还不足以应付媒体的广告费用。

因此，农业品牌的创建与传播，成为一个无法打开的死结：不传播，无疑死路一条；做传播，则很可能加速死亡！

但到我国台湾地区考察后发现，一个非常明显的特点，就是这些农场不仅都十分重视品牌，而且附加值都比较高。这不能不让人深思，为什么品牌的创建与传播首先在休闲观光农场中获得成功？

我想，首先这应该得益于休闲观光农业这种业态的独特性。

20世纪六七十年代，我国台湾地区农业因受到工业化、城市化挤压，出现萎缩现象。政府及时提出转型，走一二三产融合发展的道路。自此，农业的多功能得到发掘，农业+N，如农业+休闲+观光+养生+教育培训等成为发展的方向。台湾民众将这种"三产融合"发展成为"三生有幸"，就是将生产、生态、生活合而为一。这种崭新的业态为品牌构建创造了有利条件：

1. 因为直接面向市场、面向消费者，品牌的创建与传播成为必需。如果说农产品原来需要通过集贸市场才能与消费者见面，那么，休闲观光农场则是直接与游客对接。这种情况下，每个农场必须找准定位，突出特色，并且组织活动，强化创意，达到吸引消费者的目的。而这，正是我们所说的品牌创建与传播的过程。

2. 因为三产融合，提高了农业的附加值，使得品牌的创建与传播成为可能。如果说一产的收入不足以支撑品牌的创建与传播，那么，这种以农业作为基础，同时发展加工业，并在此基础上向游客开放，进行休闲、观光、旅游、体验、教育的新业态，则不仅进一步提高了附加值，而且能够吸引到足够优秀的人才。

农业获取效益的路径一般有两条，一是像美国、巴西、澳大利亚等实现规模化经营，通过扩大生产规模提高效益，人多地少的亚洲国家和地区显然不属此类，因此，只有通过品种、品质、品牌，实现三产融合发展，才能提高单位面积效益，走出低谷，找到前途。

三产融合，创造强大传播场

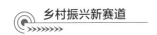

三产融合的新业态，通过体验场景设计，为品牌传播创造了有利条件。

1. 以前的农产品品牌传播，大多需要走出去，到城市寻找媒介，让城市人了解后实现购买；现在的传播，则是引进来，立足本地，实现自我传播。因为农业与旅游结合后，吸引着消费者从城市来到农村，使得传播不仅就近、便捷，而且更加生动、可感，具有故事性。如怀古咖啡，夫妇俩种植了 15 亩咖啡，质量上乘，他们不仅不必担心销售难题，而且售价比市场更高。夫妇俩的淳朴，眼见为实的生产环境和质量，让怀古咖啡独具魅力，供不应求。

2. 以前的传播，大多是单一、单向的；现在的传播，则是全产业链、交互的。例如飞牛牧场，不仅通过导游讲解传播品牌，而且通过看牛吃草、喂牛吃草、给牛挤奶的活动让游客津津乐道，最后，通过预订牛奶、奶制品，卖以牛为主题的文化创意产品进行二度传播、三度传播，甚至四度传播，创造出强大的品牌传播场，让飞牛牧场的品牌深入消费者心灵深处。

每一个导游都是品牌最卖力的传播者。因为一个导游，完全有可能改变游客，让游客成为品牌最忠诚的第二传播源。正是基于这一理念，台湾的每一个休闲观光农场都十分注重这一"导游"环节。

"飞牛牧场"导游告诉游客，在"飞牛"，农产品有四次消费：第一是养牛，第二是杀牛（屠宰、加工），第三是卖牛（牛肉、牛奶），第四是吹牛（文化创意）。"四消"的概念，其实正是品牌的四次传播，构成了整个产业链的完整传播。

体验性营销在农产品营销中最具优势，通过直接、鲜明、生动的展示，游客不仅对品牌的印象十分深刻，而且信任度将大幅度提升。"清境农场"每年策划举办"风筝节"等各类活动，聚集人气，吸引游客。品牌正是通过这一个个活动，被不断强化，被反复传播。

如何卖茶，台湾地区的农场不仅常常将休闲、品茗、擂茶、餐饮结合在一起，通过各个环节强化消费者对品牌的印象，而且往往自费建设文化馆，将茶文化普及作为第一步，虚（文化）实（产品）结合，提升产品附加值。

就媒体本身看，其他媒体和传统纸媒各有长短：

在媒体的时效性、生动性、互动性上，传统纸媒不具优势。但传统纸媒，在分析问题的深度和高度上，则是新媒体无法企及的。

但我们分析问题，不能仅仅从媒体属性出发，因为决定其作用和价值的发挥的，还有诸多其他因素。另外，我们还得"设身处地"进行模拟比较，才能判别其优劣长短。综合考量，我想，至少传统纸媒具有如下几项优势：

第一是，传统纸媒属于"喉舌"，宣传报道党和政府的工作天经地义，而区域公用品牌恰恰是公认的现代农业发展的抓手，因此在重大节点上由传统纸媒出面配合，可谓理所当然；

第二是，传统纸媒具有公益属性，加上大众群体长期来白纸黑字的阅读习惯，形成了较强的公信力。消费者因为信赖纸媒所呈现出的公信力，进而信任其报道的区域公用品牌；

第三是，大众传媒从业人员相对比较稳定，有着长时间的行业积累，比较容易抓准热点、难点、痛点，进行深度解读。这种解读不是浮光掠影、蜻蜓点水的，而是真正有益于达成品牌与消费者沟通的；

第四是，区域公用品牌因为由政府、行业协会所主导，同样具有较强的公益性，因而可以名正言顺获取传统纸媒的支持。

如果进一步将传统纸媒的新闻报道与商业广告相比，我们将发现，传播效果大相径庭：

商业广告所指向的基本是知名度，消费者仅仅是了解了品牌的名称，而对品牌的美誉度和忠诚度基本不能起到作用；而传统纸媒除了上述公信优势之外，还具有详尽展开产地环境、产品品质、历史文化解读的可能，可以发挥让消费者在"知名"之后，进一步了解品牌全貌，加深对品牌的理解，乃至产生品尝、试吃的需求。而商业广告需要广告费用投入的支撑，要想详尽展开对品牌的介绍，几乎是不可能的。尤其是现阶段，对农产品而言。

当然，各种传播媒介在区域公用品牌传播上各有优势，所起的作用也各有不同。如会展、节庆等传播媒介，在品牌产品进入品尝、

不同传播媒介的不同优势

试吃时特别有效，可以比较理想地解决美誉度问题；而渠道这一传播媒介因为解决了消费者日常购买问题，因此在培养消费者满意度，让品牌真正"蝶化"上，可以发挥难以替代的作用；电视媒介因为 PC 端和手机端新媒体的崛起而失去"一台独大"的优势，但其对老年群体的影响仍然不可忽视；社交等新媒体凭借着即时、互动的优势，而在年轻族群中占据着举足轻重的优势，可以在短时间内快速形成热点，获得关注。

由以上的分析，让我们可以得出结论：不同传播、媒介、传播载体各具优势，因而是难以相互替代的。要想做好区域公用品牌的传播，唯有充分利用每一种媒介载体，进行科学的、专业的、全方位的配合，才有可能达成"事半功倍"的效果。这，也就是我们传播学科中常常说的"整合传播"。

随着农业市场化竞争的日趋加剧，传播正成为一个全新的课题，摆在地方政府面前。如果说区域公用品牌是地方传播社会发展的新赛道，那么我们完全可以认为：谁懂得科学传播、精准传播，谁能够真正利用传播，谁就能在新赛道中占据有利地位。

作为一个农产品区域公用品牌,从无到有,从小到大,至今仅仅只有六年多时间。对丽水来说,估计从来没有一个创新,像"丽水山耕"这样,能够如此神奇地接受聚焦。是的,对中国农业而言,"丽水山耕"的创举的确值得致敬。因为在没有扩大生产规模,没有提高产量,甚至没有对农业生产条件有任何改变的前提条件下,只是通过生产关系的重组,通过品牌的塑造和传播,就大大加快了生产力的发展,这难道不是奇迹吗?对一个山区占有70%比例的国度,丽水农业通过品牌创建带来的巨大变化,难道不是一种启示和借鉴,值得大书特书吗?

分析"丽水山耕"成功的原因,我们可以发现,宏观构架固然厥功至伟,落地运营固然功不可没,但不能忽视的还有大众媒体传播的作用,特别是传统纸媒在其中的引领作用。没有《农民日报》的大力配合,"丽水山耕"的迅速走红,并引起社会高度关注是难以想象的。

从2014年到2020年,《农民日报》每年都关注丽水发展,关注"丽水山耕"品牌成长。《农民日报》的每一次关注报道,都引起浙江省领导高度重视,从省委书记到省长,再到分管副书记、分管副省长都先后作出批示;浙江省工商、农业、质检、食药监四个部门共同发文,要求提升"丽水山耕"品牌;分管工商质监的副省长朱从玖数次深入"丽水山耕"进行调研;省委书记夏宝龙指示浙江卫视拿出黄金广告时段,为"丽水山耕"免费做广告;继任省委书记车俊在2018年全省农村工作会议上盛赞"丽水山耕"……正是由于传统媒体从不同角度的多次聚焦,引起省领导的高度重视,从而进一步带动行政部门的关注,并进一步影响消费者、催化市场。

至今,"丽水山耕"成长之快速,影响之巨大,收效之显著,恐怕连丽水自己也难以置信。这是通过传统纸媒助推区域公用品牌发展的一次成功实践。这不是公器私用,而是站在中国农业发展的高度,对"丽水山耕"独特作用的一次次发掘。这不是丽水需要媒体,而是媒体需要丽水。

在生态文明新时代到来之际,还有什么案例比"丽水山耕"更具典型意义,能够说明"两山"通道应该如何打通的?作为一个具

纸媒助推成功的案例:丽水山耕

有使命感的记者，我只是有幸，能够看到其中的价值，有幸能够更早接触到"丽水山耕"而已。

在《农民日报》等传统媒体助推下，"丽水山耕"很快引起社会各界高度关注。
"丽水山耕"的初步成功，让作者开始深入思考传统纸媒在其中的作用和价值。
图为作者在"中国农业品牌百县大会"上进行相关分享。

附：新闻传播之于区域公用品牌创建
——在"中国农业品牌百县大会"上的演讲

品牌传播涉及的面非常广，传播方式也有很多，有活动传播、包装传播、广告传播等，但今天我想与大家分享的是新闻传播。接下来，我将结合"丽水山耕"品牌打造过程中所做的新闻传播，跟大家做一个分享。

从媒体角度看，可以分为传统媒体和新媒体。现在大家接触最多的是手机，即移动互联媒体，其次是电脑，即 PC。今天也确实有很多品牌，通过这些新的网络媒体来打造，并且取得了非常好的传播效果。如褚橙／柳桃／潘苹果等。

对此，我们必须意识到，在今天这样一个时代，传播已发生了非常大的变化。第一是传播受众正逐渐形成"圈子力量"。大家以兴趣为原点，寻找共同的话语，并以圈子的形式聚集在一起进行活动。

第二是媒体的变化。社交媒体正呈现出越来越旺盛的生命力。

第三是平民化视角。我们去看品牌传播的时候，发现不再像过去那么高大上，相反，经常采用一种普通老百姓非常能够接受的视角，进行平民化的表达。

第四是碎片化信息。每天，我们都在接触大量的信息，它们来自各种各样不同的媒体，这些信息往往很难梳理，也很难形成比较完善的系统，进行信息集聚。

我认为，用四个字可以概括传播的这种巨变，那就是"去中心化"。以央视为例，以前中国有10亿受众在收看同一个新闻联播。但现在完全不是如此，随着新媒体的兴起，受众在分散，我们获取信息的渠道越来越多，内容也越来碎片化。

那么，在这样的一种情况下，传统媒体对品牌传播还有没有作用？可以发挥怎么样的作用？又可以怎么样来发挥作用？今天，我以"丽水山耕"作为案例，说明新闻传播在区域品牌创建中的地位和作用。

丽水是浙南贫困山区，这里最大的优势就是绿水青山，它的生态无与伦比，90% 都是山区，有"天然氧吧""浙南林海""长寿之乡"等众多美誉，是长三角最后一块没有污染的宝地。

但跟其他的山区农业一样，丽水农业也有着最大的短板，就是产业的"多、小、散"。"多"指品类多、生产主体多；"小"指生产规模小、企业实力弱小；"散"指产业分散、地块分散、主体分散。

那么，山区农业如何发展？丽水提出了"生态精品农业"战略，具体设计思路是："生态化生产，品牌化经营，电商化营销，农旅化发展。"实际上，这四个部分恰好解决的就是山区农业发展的根本性问题。作为山区，丽水农业最大的优势是生态农产品，但由于山多地少，品种分散，产量不高，丽水农产品销售无法进入农批市场，也难以进入超市。因此，丽水必须有自己的品牌，并且通过电商化营销、农旅化发展的营销模式，为丽水农产品打开销路。

毫无疑问丽水农业发展的这一路子，就是中国广大山区农业发展可以借鉴的路子。因此，丽水农业的做法和思路是具有典型意义的。我们将其概括提炼为"丽耕模式"。这种模式，正是丽水农业发展的密码所在，也是解决全国广大山区的农业发展的答案所在。因此，本人在2014年就丽水农业品牌战略和"丽耕模式"所进行的报道，不仅引起报社高度重视，在头版头条予以刊发，而且刊发以后引起浙江省委、省政府领导的高度重视。省委夏宝龙书记批示：抓得准！

丽水的朋友告诉我，十多年了，省委书记没有就丽水农业作过批示，这次，丽水农业因其独特实践进入了省委领导班子的视野。

2015年，我们继续为"丽水山耕"摇旗呐喊。这次报道，主要从"丽水山耕"品牌蝶变的角度进行解析。试图解答："丽水山耕"这一区域公用品牌到底有什么价值？为什么要创建区域公用品牌？我认为，山区农业面临着"低小散"的困难，这时候，生产主体如果离开了政府的背书，离开区域公用品牌的背书，将很难走向市场。而"丽水山耕"品牌的创建，就是为中国农业，尤其是山区农业品牌的打造，提供了一个标杆。我认为，这就是中国特色的农业品牌道路！

从这个角度来讲，"丽水山耕"这个品牌非常有价值。所以当我们报道了以后，省里有关领导都非常重视，省委书记夏宝龙、省委副书记王辉忠、宣传部长葛慧君、副省长黄旭明先后作出批示。在我们的策划推动下，省里还召开浙江农业品牌大会。会上，"丽水山耕"成为当然的主角。分管省长黄旭明全程提及"丽水山耕"20多次。省领导的高度肯定，为"丽水山耕"再一次做出背书。

2016年，我们致力于解决"绿水青山如何变成金山银山"这一宏大的主题。习近平总书记在丽水指导工作时指出，绿水青山就是金山银山，对丽水来说尤其如此。但是，绿水青山是不可能自动变成金山银山的，那么，绿水青山如何变成金山银山？中间的桥梁在哪里？我们认为，除了农村综合改革，区域公用品牌的创建也是题中应有之意。政策创造的是环境，而品牌是生产者和消费者之间沟通的工具。没有品牌所发挥的作用，水就只能还是那汪水，山也将还是那座山，是无缘于金山银山的。

这一报道的刊发，也引起了省里领导的高度重视。省委书记夏宝龙、副书记王辉忠、宣传部长葛慧君、副省长黄旭明等一应领导再一次作出重要批示。

2017年9月18日，在深入思考的基础上，我们旗帜鲜明提出了独家观点：品牌化打通"两山"，对丽水生态产品价值实现机制进行了深入探讨。原来隐隐约约、模模糊糊，让读者觉得"雾里看花"的观点，这次得到了明确的强化和清晰的表达。对"丽水山耕"品牌的价值、作用和意义的认识由此大大往前推进了一步。省委、省政府诸多领导由此再一轮作出系列批示。由于报道不断强化着印象，几乎所有的省委、省政府领导大会、小会都提及"丽水山耕"，在浙江行政系统尤其在农业部门形成了一股"丽水山耕"的旋风。"丽水山耕"很快驰名，全国考察调研学习取经者纷至沓来。

就此案例实践可以看出，大众媒体在农业品牌传播上具有独特优势。具体表现在新闻性、策划性、系统性、便捷性等各个方面。而因为区域公用品牌具有公益性的特质，大众媒体对其所作的传播也就顺理成章、无可非议。一切的宣传报道，只要符合新闻规律，即可一路绿灯，畅行无阻。并且得到地方党委、政府领导的高度重视。

"丽水山耕"的新闻传播告诉我们，区域品牌传播的策划有四大要义：

1. 要上接天线，站在天安门上看实践

要进行一个新闻策划，必须有高度。这个高度，是要站在天安门的高度，站在国家的高度，站在经济社会发展的角度。只有了解了这篇报道要解决什么问题，为读者带来什么样的思考，记者所实施的品牌策划才会有针对性，才会有深度，才会有可借鉴性，才是有意义、有价值的。

2. 要下接地气，提炼"模式"可供复制

要站在可学习、可借鉴、可复制的出发点上，把这种实践和探索梳理成一种相对标准的模式，阐述清楚"为什么要建、怎么建、建得如何"三大根本问题。只有可复制、可借鉴的模式，才具有社会价值。

3. 要高度重视"话语领袖"这一特殊"资源"

在现行体制下，在中国这块土壤上，领导就是"话语领袖"，他们的一举一动，他们的肯定和点赞，具有着很大的影响力，是十分理想的"品牌形象代言人"，我们要积极争取到这一宝贵资源，让他们为品牌做背书，为传播作贡献。

4. 要注重将行政影响力转化成市场购买力

《农民日报》是传统的大众媒体，可以想方设法争取领导资源，可以在党委政府系统中，发挥自己"三农党报"的影响力，但要将行政影响力转化为市场影响力，让品牌真正到达市场，就必须在传播媒体之间协同作战，通过传统媒体和现代媒体的互动来完成这一过渡。

高度决定深度，深度决定广度，广度需要爆破，成功取决于整合。这就是我对大众媒体如何传播农业品牌的认识和思考。

(本文为作者 2016 年 10 月 21 日在第二届"中国农业品牌百县大会"上的发言，此处有较大改动)

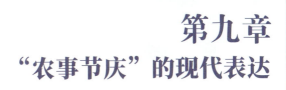

第九章
"农事节庆"的现代表达

传播仅仅是传播吗?随着电商直播的兴起,人们对传播的思考进入新的层面。

舆论生态在变,媒体格局在变,传播方式和手段也在变,唯一不变的,是对传播效果的不懈追求。

"农事节庆"作为最常见的一种传播方式,自农业进入市场化发展轨道以来,就逐步得到地方政府的青睐。尽管有关这方面的研究,至今在农业领域以及传播领域仍然十分缺乏,但围绕产业核心,从国家层面到乡村层面的实践却十分普遍。实践已经远远超越理论,走到了前面。

所谓农事节庆指的是以区域特色农业资源为依托,周期性、不间断举办,带有一定娱乐性和休闲体验性的,以传播农业文化、打造农产品区域公用品牌为目的的一种集聚仪式。

在区域公用品牌传播与运营大背景下,如何将农事节庆进行更加现代化、时尚化的呈现,如何与电商直播等手段相结合,如何更加节俭有效,有利于品牌资产的沉淀?成为日趋专业的课题。

传播方式有很多，包括了广告传播、媒体传播、口碑传播、旅游渠道传播、销售渠道传播。

但尽管传播方式多种多样，而且每一种传播都有其优势，无可争辩的是，地方政府最能接受，也是当下最为常见、最为有效的方式，莫过于农事节庆。围绕着主导产业，地方上大多有相应的农事节庆，如开渔节、茶文化节、西瓜节、桃花节、樱花节、枇杷节、柑橘节等，与之对应。可见农事节庆被越来越多地应用到品牌建设之中。

农事节庆为何受到如此青睐？从专业角度解析，是因为主动构建了一个无竞争的主题化传播场景。眼球经济时代，我们可以发现，人人都在做内容。因此，我们已经无可避免地陷入注意力碎片化怪圈。哪怕你在新闻平台或者游戏平台上投放了广告，其关注率和转化率也相当之低。因为受众的注意力毫无疑问会更多地被新闻或者游戏掳走。

这个分析也就能够解析"分众"为何如此之火。在电梯广告刚刚问世之时，许多人对这种广告载体不以为意，但实际上其效果却出人意料。因为那是一个无竞争的空间：电梯内没有信号覆盖，因此，人们只能将注意力从手机转移到电梯广告，这就大大增加了广告传播的到达率。从"分众"的成功，我们也可以看到：广告传播载体的好坏，并不取决于其是否"高大上"。就此而言，农事节庆与"分众"有异曲同工之妙。

标准版的中国式农事节庆、农产品推介会场面。在行政主导下，如何强化体验感，如何呈现品牌调性，如何链接消费需求，是亟待解决的普遍性问题。

从通俗的、现实的角度看，农事节庆之所以普遍受到欢迎，主要基于以下几点：

一是内容主题化。围绕产业举办节庆活动，尽管内容丰富、形式多样，但对象指向清晰；

二是形式封闭化。作为一个专题活动，有着特设的场景、特邀的嘉宾、特定的议题，这种相对封闭运行的方式，一定程度上保证着活动的质量；

三是资源整合化。在特定时间里，动员整合全区域力量，包括人力、物力、财力，可以确保活动的成功。

事实证明，形成全国性产业高地的必备条件是：一个区域公用品牌＋一个持续举办的节庆活动＋一个辐射全国的产地市场。许多地方政府也正是在农事节庆中尝到甜头，一届接着一届办，出现了节庆品牌化的趋势：

洛阳牡丹文化节已经举办37届；

平谷大桃即将在2020年举办第22届桃花节；

中国（象山）开渔节也已经举办了22届……

这些节庆确实在地方形象的提升、区域公用品牌的传播、产品的营销等方面作出了重要贡献。我们的关注与研究也发现了规律：每个驰名的农产品区域公用品牌，其背后往往有一个持续举办的、具有一定规模和影响力的农事节庆在做有力支撑。

2011年，举办"首届中国农产品品牌大会"期间，我们曾对全国农事节庆影响力进行评价，并举办"农事节庆论坛"。该评价模型由五大一级指标：区域经济、品牌传播、区域资源、区域形象和品牌发展影响力，以及十多个二级指标构成。长期的关注、跟踪、研究，让我们感到，农事节庆魅力无穷，但农事节庆亟待提升。

尽管农事节庆所作出的贡献有目共睹，也尽管各地举办的农事节庆与日俱增，但一个比较共性的问题是，许多地方对举办农事节庆的目的并不那么清晰，而停留在图热闹博眼球，或者你有我也得有的跟风，有的地方则为了完成领导交代的任务，把办节作为最终目的。

举办农事节庆目的究竟何在？这个问题没有从根本上想清楚，办节将失去动力，效果也将大打折扣。在品牌化作为现代农业发展核心引擎这一认识已经成为共识的当下，本人认为，毋庸置疑的是，农事节庆只能作为区域公用品牌创建的一个有效抓手，来进行定位推动。农事节庆的价值在于整合各方资源，将目标集中对准品牌，最终将所形成的影响力注入区域公用品牌。

农事节庆本身当然也有可能成为品牌，但这一品牌只有通过区域公用品牌，才能在现代农业发展中找到定位、发挥作用。那种离开了产业发展，离开了区域公用品牌建设，而独立存在的节庆，其命运必定难以久长。

盘点农事节庆我们发现，问题确实多多：

1. 缺乏顶层设计，传播失去方向。

尽管看上去热闹非凡，有大型仪式，有高层领导出席，动辄花费数百万，但再大的投入、再多的传播，也只能增加品牌知名度，对品牌资产的积累作用和意义并不大。

背后的逻辑轨迹是：由于没有进行品牌顶层设计，以致每个领导从各自理解的角度各执一词，不能形成合力。书记和县长对品牌的理解并不一致，即使是同一个领导，今年和明年的说法，在北京和上海推介会上的讲话都有不同，最终造成消费者对品牌印象的模糊和混乱。不仅无益于品牌提升，甚至有碍于品牌发展。

2. 行政主导，缺乏主体参与。

中国政府是强势政府，手中掌握着大量的资源。但政府的行政意志与市场取向之间往往存在较大距离。现实情况是，因为节庆由政府掏钱，由部门执行，因此往往从行政角度出发，首先让领导点头满意。而恰恰忽视了节庆活动的本质和初心，是为了推动产业发展、与市场渠道对接。生产主体的诉求在其中则往往难以得到充分表达，最后，政府成了主角，自娱自乐，生产主体失去积极性，只做了"看客"。

3. 意识滞后，活动缺乏创意。

一些地方认为，农事节庆不过是简单的"活动"，政府自身完全可以胜任，因此往往关起门来，而不去寻求专业的支持。其"菜单"由此大同小异：一大排领导台上一站，挨个发言，发言顺序按官阶高低排列，念的都是官样文章，枯燥无味、大同小异。待最高领导宣布开幕后，观众遂四散而去，节庆也就"大功告成"，偃旗息鼓。

工作人员虽然绞尽脑汁，无奈"脑洞"有限，尤其是当前传播格局日益"去中心化"，传播专业化程度日趋提高的情况下，政府只有通过"购买服务"的方式，寻求专业力量的介入，才能解决农事节庆现代化、时尚化、年轻化等一系列问题，真正做到"事半功倍"。

创意无限。图为"兆丰年"团队为余杭区瓶窑街道创建"大观山蜜桃"品牌之后，为其设计的网红打卡场景。

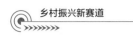

附：农业会展：盛宴过后的迷失

兴盛与低效并存

我国展览业起步于改革开放之后，随着政府对"三农"的日益重视以及农业品牌的逐步崛起，我国农业展览业也迅速发展起来。近年来，中国农业会展可谓遍地开花，热闹非常。

农业会展是农业产业发展的风向标，是农业产业信息交流的桥梁纽带。一方面，会展的举办，带动了当地农业及相关产业的发展，同时提高了当地的知名度，实现了"因节而兴、因会而旺"的效果。另一方面，参展企业便捷地通过这类展会，低成本获取了信息、获取了商机，走向了市场；同时，展会在展示企业形象，推广新产品，以及业务洽谈、技术交流等方面确实立下汗马功劳。农业会展的兴盛，无疑将大力推动农业产业化、农村城镇化的进程。农业会展的发展是大势所趋。

然而，令人忧虑的是，如今，农业会展越办越多，真正能够形成特色、创出品牌、带来"真金白银"的却屈指可数。4月15日至4月18日，短短三天时间，上海、杭州、宁波就有三个"国际茶文化博览会（节）"次第举办，真可谓"你方唱罢我登场"。对其专业水准，我们不做简单的评价。但可以肯定，在纷纷"揭竿而起"的会展中，一些缺乏品牌效应的会展，大大分流了资源，使得原本看好的高水准会展也受到影响，人气骤降，效果大打折扣。浙江余杭一位姓张的茶厂老板对记者说，现在会展太多了，不去，碍于政府的面子；去了，又没花头。我们赔不起这个时间和精力。

在农业会展兴盛的背后，市场的混乱和低效已成为当前不争的事实。原因究竟何在？

"手段"与"目的"颠倒

农业会展是一种手段，一个工具。举办农业会展，其目的是促进农产品的销售、推动农业产业的发展，进而达到农民增收的目的。但是，在一些地方，"手段"与"目的"被颠倒了过来。会展本身变成了目的，为了会展而会展。或者更直截了当，为了政绩、为了形象工程搞会展。

诚然，许多政府官员一门心思想为"三农"作点贡献，但不可否认，也有一部分人借"三农"东风，行"投机取巧"之实。他们一掷千金，不管是否有效，都可以在"政绩簿"上记上一笔。这样的好事何乐而不为？盲目的跟风、攀比接踵而至。你搞特装，我比你搞得更豪华，动辄几十万，连眉头都不皱一下。花钱算什么，只要领导满意。于是乎，会展越办越多，越办越豪华，变成了各地经济实力的比拼。最后甚至变异为，不参加农业会展，就是对"三农"不重视；不举办农业会展，就是对"三农"无动于衷。据了解，今年济南茶博会期间，浙江某县一下子去了7个常委参展，兴师动众的程度已经无以复加。农业展会成了一些地方沉重的财政负担。

浙江大学农业经济管理专家、博士生导师钱文荣教授指出，政府代表着最广大的人民群众的利益，这一点是毫无疑问的，但是，在行使权力的过程中，也常常会出现背离公众利益的行为，这是由评价指标体系不科学、信息不对称、监督不力等多种原因造成的。

一个观众寥寥，效果差强人意，用市场的眼光来看早就该"寿终正寝"的会展，第二年缘何又准时"粉墨登场"？谜底已经一清二楚。

"搭台"与"唱戏"混淆

目前，农展会大多由各级政府出面主办。政府不仅出人、出力，还出钱。按理说，天底下哪来这等好事——有人帮你搭台，摊位费有人帮你买单，赚来的钱归你自己所有！但事与愿违，企业并不买账。

政府提供着公共层面的服务，承担着制定游戏规则并监督执行的任务。在市场经济的环境中，政府的定位不是主角，而是"搭台"的配角；是裁判，而不是运动员。但我们的政府一激动，往往就跑到前台，赤膊上阵去唱戏。真止的运动员则只有卜岗，在一边当起了观众。

角色的混淆，让会展陷入了一种难以自拔的尴尬。

会展是市场经济的产物。作为一种严格的市场行为，是要讲究投入产出的。但我们的政府作为投入方，不可能去测算这一比例。在会展的运作过程中，政府习惯于采用简单的"行政命令"的方式分配任务。在客户面前，成为居高临下的指挥者，而不是服务者，企业失去了"上帝"的地位，无法得到满意的会展服务，更不用奢谈"会展投诉"了。

相反，如果我们遵循会展的市场经济属性，由企业按照市场经济的规律来运作，那么，考虑到自身的经济利益，企业必定会将其视为一个不可多得的产品，精心运作，备加呵护。他们将从营销的"4S"原则出发，认真考虑这个会展是否与别人重复；自己的卖点到底是什么；如何与同类产品区隔开来；投入的成本是否有合理的回报；如何加强宣传力度，吸引更多的观众入场；如何服务好客户吸引他明年继续参展；如何做好品牌的包装，保证让会展每年都能持续赚钱？

那么，政府是否应该袖手旁观，或者索性退出会展市场？

有识之士指出，农业是传统的、弱小的产业，需要扶持。在现阶段，如果采用彻底的市场化的方式来运作农业会展，是不现实的。目前，我们的农业展会总体上处在发育期，政府的扶持是必不可少的。但我们要明确扶持的目的。会展不是政绩，不是形象工程，而是为农业产业服务的工具；我们要明确扶持的方法。扶持不是包办，而是"搭台"，是服务，而不是"行政"；另外，对农业会展的发展，还要有一个前瞻，要看到，会展的国际化和市场化是大势所趋，政府要尽量早一些、多一些将市场意识引入农业会展中。

市场呼唤品牌会展

综观当前的农展市场，展会大都千篇一律，程序大同小异：领导宣布开幕观展、签约、评奖。没有创意，没有激情，没有互动，使得观展者味同嚼蜡，参展商如食鸡肋。据记者调查，浙江的茶叶企业一般每年参加各种展会至少三五次，多的达七八次。有的是专业性的"茶博会"，有的是综合性的"农博会"。这里办，那里也办。重复办展的直接后果就是分流了有限的资源，使得每个展会都上不了规模、创不出品牌。最后导致企业参展积极性一落千丈。

但这并不等于企业不需要农业会展。余杭张姓茶叶老板告诉记者，每年的糖酒交易会，不管多忙，不管多远，不管花多少钱，他都要想办法挤进去，尽管这个交易会上，茶叶只不过是一个边缘产品。另外，一年一度的中国国际农博会、浙江农博会等一批影响大、服务好的展会，也越来越受到市场的追捧。

市场呼唤品牌会展。品牌整合已成当务之急。

农业会展分综合性、专业性两大类，都应该整合品牌，但应有所侧重。综合性会展应往少而精方向发展，专业性会展应尽量细分。实际上，"一县一品"的专业性的推介，效果可能比综合性会展要强。我们要在农业领域打造会展"航母"，树立叫得响的"品牌展会"，也要取缔那些可有可无的"垃圾展"，以压缩数量来提高质量。农业会展的发展需要一定的自然地理、交通通信、会展场馆、基础设施等条件，不顾自身条件，盲目地一哄而上，带来的结果必将是"昙花一现"。

打造品牌会展，制订"游戏规则"必不可少。中国目前的农业会展业还处在无法可依、无章可循的制度缺位状态，必须统一规划，要有严格的"市场准入制度""主体资质条件制度"，要有行业的自律机制。另外，打造品牌会展还要有丰富的专业人才储备。目前，农展班子基本上就是农业局工作人员，都是"临时工"，既缺乏对会展长远、统筹的考虑，更缺乏对市场营销、会展知识的系统学习，与农业会展的要求还有很大的距离。

（作者蒋文龙，原载《农民日报》2005 年 6 月 21 日）

只有场景感才有传播性

时至今日，农事节庆的举办已经越来越具有专业性。

我们司空见惯的是空洞、乏味、枯燥的节庆。而且不管何时何地，几乎所有的节庆都是千篇一律，形同孪生，让人感到索然无味。他们往往都由政府部门一手操办。

那么，一个专业化的节庆有何特征？我以为，至少应该具有鲜明的场景感，有情绪的流动。

一如我们的消费，在满足了物质层面的需求之后，必将转向精神、文化的层面，隐性的需求比例会无限放大。而节庆升级的方向，也越来越明显地表现出对场景构建的需求。

对区域公用品牌而言，最具个性特征的场景何在？我以为，一定在乡村的大背景，在绿水青山之间。令人遗憾的是，我们习惯了在五星级大酒店举办品牌推介会，在高大巍峨的人民大会堂宣布品牌正式发布，而独独对乡村的元素视而不见、充耳不闻。

实际上，农事节庆是中国最深刻的文化所在，是流淌在中国人血液之中、与生俱来的宝贵财富。我们如果将舞台搭建在蓝天白云之下，让嘉宾们能够深刻地体会泥土的气息，与此同时，又能在互动、体验、休闲、品鉴等方面有所创新，你的节庆必将充分激发起媒体传播的热情。

场景构建的目的是让品牌更好地露出，将消费者俘获为粉丝。绝大多数地方政府面对这一难题都会感到束手无策。其实，只不过是陈旧的节庆方式抑制了人们传播节庆的冲动，而这种冲动，在独特而创新的场景中终将被唤醒。在这人人都是自媒体的时代，每一个微信朋友圈的发送，都将证明场景设置对品牌传播的重要意义。

白杨村品牌发布会原定在山脚下文化礼堂内举行，后听从本人建议，改到山顶露营基地举行。夕阳、晚风、音乐、冷餐会，让乡村品牌呈现出国际化、时尚化、年轻化的气息。

当我们不得不将品牌发布会地点选择在城市酒店，
那么，我们必须不遗余力通过各种方法，来展示地方的自然历史人文场景，以感染来宾。
图为"锡林郭勒羊"在北京举办品牌发布会时，"兆丰年"团队精心设计的背景板。
会场巨幅LED屏所呈现的草原、羊群，与门厅蒙古包、烤羊肉、马头琴形成了虚拟
与现实的交互，触觉、听觉、嗅觉、视觉、味觉被完整地调动。

在这个碎片化传播时代，我们的传播已经从大众媒体传播走向社交媒体
传播，更进一步走向了大众传媒+自媒体的复合、立体传播。而场景的构建，
恰恰大大增强了品牌的传播性。

对场景构建的向往，因为"兆丰年"团队的组建而变成现实。

在此后的几年中，"兆丰年"在公主岭玉米、千岛农品、象山红美人柑橘、
大佛龙井茶品牌的有关节会上多有成功实践。这种带有革命性的实践完全颠
覆了人们已经司空见惯的节庆方式，时尚、大气、国际化。

IP：区域公用品牌的代言人？

产品是一种固体的实物存在。本身没有温度、没有情感、没有生命，也不可能开口说话。这种情况下，我们需要代言人，来代表品牌传递信息，展现品牌的个性特征，获得消费者的喜爱与认可。

从消费者的角度看，今天，人们对日趋频繁的商业活动越来越抵触，越来越抗拒。那么，怎么样才能让消费者接受你的品牌，而不是一看见你，扭头就走，避而远之？研究表明，代言人是非常有效的方法。代言人通过人格化、拟人化的办法，消除品牌与消费者之间的距离，让消费者感到品牌可亲、可信任。我将其称为"灵魂附体"，就是将品牌的灵魂附着到代言人身上，进而通过代言人的各种活动影响消费者。

代言人一开始出现在工业和服务业产品上，近两年开始进入农产品领域。时间虽然比较晚，但应用发展相当快。

代言人有几大类：

一类是明星代言。影视明星许晴最早代言了白水苹果。她甜美的容颜与产品属性十分匹配，迅速吸引了社会大众的关注；

二是名人代言。如袁隆平代言中国水稻，其信誉成为产品最为有效的背书；

三是政府官员代言。甘肃成县县委书记李祥最早代言当地核桃，被人称为核桃书记，最近农业部搞的省长代言，在社会上影响很大；

第四是卡通形象代言。最为成功的当数"三只松鼠"，通过三只松鼠的卡通形象，一下子就拉近了坚果与消费者之间的距离，让大家感到企业和产品十分可爱。

几类代言各有长短优劣。明星代言因为明星自带流量，因此能够迅速吸引眼球，效果立竿见影，但代言费用超高，政府恐难接受，而且明星一旦出现负面新闻，所代言的产品就会被殃及。例如最近范冰冰遭到炮轰后，所代言的产品有的下架，有的销量大幅度下降。综合起来看，卡通形象代言是最经济、最有效、最便捷的代言。

爱达荷是美国西北部一个州，这里盛产土豆。但一个丑陋的土豆如何才能获取消费者的芳心，爱达荷土豆协会专门请人设计了卡通形象：土豆先生。

土豆先生俏皮、可爱、自信。看到土豆先生，人们似乎感到土头土脑的土豆也变得可爱起来。实际上，这也就是一种移情现象。

为了做好对外市场推广，爱达荷土豆协会不仅建设博物馆，设计开发各种纪念品，还每年开发食谱，进行堆头比赛。每年的"土豆节"上，协会用钢筋水泥制作一个6吨重的土豆，开着卡车全国巡游，吸引人气。

在所有协会举办的活动中，"土豆先生"扮演着不可或缺的角色。它随处可见，会出现在任何一个活动场合。在消费者眼中，因为有了这个卡通形象，土豆不再土里土气，而是呈现出亲切可爱的一面。在产品和消费者之间，"土豆先生"是桥梁，是一种黏合剂。修复和完善着两者的关系。

日本熊本县的"熊本熊"也广为人知：

熊本是日本一个农业县，没有特殊的资源禀赋条件。在九州新干线开通后，如何抓住机会，吸引游客？熊本请人设计了吉祥物"熊本熊"。

"熊本熊"是熊本县的营业部长和幸福部长，是熊本县县长亲授的吉祥物公务员，他有自己的办公室。

其实，"熊本熊"由真人扮演，它的面部表情一成不变，但看起来又似乎有各种丰富的表情，吃东西的、跳舞的、骑着机车的、泡温泉的、跌倒在地的、与美女合影甚至掀美女裙子的……这些场景赋予了熊本熊无尽的表情，无论是蠢萌、一脸享受或开心还是贪吃，都十分招人喜欢。

熊本熊的形象几经修改：呆萌、可爱、俏皮，受到旅游者广泛追捧。

最为有趣的是，这头熊会随时出现在人们的生活中，购物、出差、办公、娱乐，一不小心，你就可能会碰到它。熊本熊甚至有权利列席参加议会的会议。每当熊本熊出现，总是会成为焦点，成为最受欢迎的网红，连日本天皇和皇后也被他俘虏。

"熊本熊"的走红，带动了熊本县农产品销售。"熊本熊"也成了熊本县农产品营销最好的代言人。总结其快速蹿红的原因：

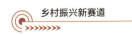

1.首先他心宽体胖，有着两块红腮帮，"呆萌"的样子十分惹人喜爱；

2.熊本熊会出现在各种场合,给人惊喜。关键是它具有普通人的喜怒哀乐。普通人有的情感他全有；

3.成功策划各种新闻事件，让熊本熊始终处在媒体、大众关注的焦点位置；

4.打破有偿使用商标的传统，以致通过产品的快速延伸，进一步抬升了自己的人气。

以上两个案例有所不同：土豆先生一般出现在专业活动场合，而熊本熊则真正成为一个"人"，通过充分的拟人化，与消费者真正生活在了一起，因此，他的人气指数明显会超过"土豆先生"。但无论如何，我们发现，卡通形象代言是迅速、有效、便捷的，它不像广告，无须投入，反而给地方创造了最大的资产。

令人遗憾的是，在我们中国的区域公用品牌领域，卡通形象代言才刚刚开始，没有可圈可点的案例。我们为武功猕猴桃设计的卡通形象代言，虽然地方政府十分喜欢，但在落地运用上，并没有很好展开；我们还为"公主岭玉米"量身打造了"玉米公主"卡通形象，既有地域特色，也体现了产业特点；但如何赋予卡通形象以情感，通过各种活动提升品牌知名度，建立起消费市场的信任，进而形成产业高地，还有大量文章要做……

这是一个品牌激烈竞争的时代，也是一个卡通传播的时代，人们的衣食住行，一切的一切都在卡通化。卡通形象将包围我们的整个生活，与我们24小时相伴。而农产品与卡通形象之间，天生具有紧密而和谐的关联性。哪个地方政府能抓住卡通化的趋势，实施农业产业的文创化转型，谁就能获得巨大的成功！

颠覆传统："公主岭玉米"的节庆创新

毋庸置疑，当下，因为没有深刻认识节庆与品牌之间的互动关系，许多地方将两者人为割裂开来。导致尽管投入大量人力、财力、物力，每年举办农事节庆，但效果却差强人意。这里，吉林公主岭的做法值得效仿。

吉林公主岭是"中国玉米之乡"，玉米种植面积430万亩。为了强化其产业地位，公主岭已经连续举办了五届玉米文化节。为了办好节庆活动，公主岭往往提前大半年就开始筹备，大家挖空心思，绞尽脑汁，献计献策，希望变出新法子。但时间一长，再多的创意也会枯竭。大家想到的，也就是常规性的一些活动。因此难免滋生出精疲力竭、难以为继的感觉。

公主岭市副书记孙策在浙江衢州挂职，闻悉我们团队专注于农业品牌打造，就热情推荐我们团队前往沟通调研。双方交流之后，很快达成共识。

在我们看来，公主岭玉米尽管在面积、产量、品质等方面享有盛誉，但在品牌经济新时代，这并不能成为永久的制胜法宝。只有将其产业优势上升为品牌优势，通过品牌获得核心竞争力，公主岭玉米才有可能立于不败之地。

从节庆角度看，因为没有品牌定位，没有个性和差异的呈现，所形成的知名度往往无从累积，更不可能演变为美誉度。在这种情况下，你投入的资源再多，也无异于"劳民伤财""事倍功半"。

因此，我们认为，在举办"公主岭玉米文化节"之前，必须进行区域公用品牌的顶层设计。做到通过节庆落地品牌、传播品牌、支撑品牌；通过品牌引领节庆，给节庆注入生命和活力，达到两者之间的相辅相成、相互赋能。

很快，我们和公主岭达成共识，并启动了"公主岭玉米"的品牌规划。

与黄河流域、长江流域等地区相比，东北地区的历史文化相对单一。当公主岭的资源禀赋进入我们视野之时，我们感到，除了玉米产业，也就只有"公主岭"是最为吸睛的所在。

尽管当地并无固伦和敬公主的人文遗迹，但我们看到，当地政府用汉白玉将公主像塑在城市入口处，作为城市文化历史的象征。

　　许多地方都会有这等历史文化遗存、故事、传说等,也很希望将其在产业发展中发挥作用,只是不知如何融合、如何操作,最后是历史文化归历史文化,产业活动归产业活动,两张皮捏合不到一起。最多不过是书记市长在开幕致辞时,一笔带过而已。我们决定在这一方面进行突破,将公主岭这一城市命名与固伦和敬公主的历史传说以及公主岭玉米三者打通,形成相互赋能的传播体系。

　　首先,策划传播口号时,注重突出历史文化和产业的互相融合,创意设计了"玉米公主,掌上明珠"这一语双关而又朗朗上口的口号;其次,在LOGO设计时,直接以公主形象作为"模特",并给公主戴上了具有玉米元素的"皇冠"。一方面暗示公主岭玉米的产业地位是"皇冠上的明珠",同时与老百姓想象中的公主形象不谋而合。整套设计十分注重突出品牌调性,这就是从玉米中提取的黄色和绿色两种色调。

　　有了顶层设计,所有的活动和节庆布置,就有了遵循的依据。只要从品牌定位出发,回到品牌,形成闭环,品牌的创建与提升就能获得成功。因此,我们围绕品牌定位,策划了"玉米公主"的评选。这一活动由教育局负责组织,通过微信投票系统先进行票选,再通过才艺表演,从20个候选人中最后选定5个宝贝,冠以才艺公主、人气公主、漂亮公主、创意公主等头衔,由市领导隆重颁证。入选的5个宝贝,将以"玉米公主"的身份参加今后的有关活动。

图为芒种团队为公主岭玉米量身定制的品牌主形象

从传统、封闭、杂乱走向时尚、现代、大气，
"第六届公主岭玉米文化节"的举办，颠覆了许多人对农事节庆的刻板印象。

政府举办节庆活动，往往存在一个短板，即政府自娱自乐，老百姓高高挂起。而"玉米公主"评选，因为涉及千家万户的老百姓，因此极大地调动起大家的关注度。特别是才艺表演和颁奖环节，将相关的所有家长几乎都吸引到了节会场所，人气爆棚。

展会、博览会表现在视觉上的通病是杂乱无章，缺乏统一的格调。鉴于此，"兆丰年"团队有针对性地通过强化设计，凸显出"公主岭玉米"品牌的玉米黄，应用于开幕式、展会、论坛等所有节点，实现了品牌调性的高度统一。

"第六届公主岭玉米文化节"落下帷幕之时，所有的来宾及其当地干部群众都表示满意，认为这届"文化节"创意新、人气旺、互动性强，会场布置夺人眼球，既高度统一，又时尚大气，更重要的是，整个经费开支并没有增加，组委会精力没有多花，而效果却好于往届。

我们许多地方政府尽管十分重视农业品牌建设，但却往往不得要领。总是将品牌规划与落地执行分开，将品牌规划与农事节庆分开。一些地方尽管进行了品牌规划，却不知规划做何用场，在活动策划、农事节庆等任何场合都得不到呈现。公主岭的成功则正是得益于从品牌规划到活动策划、节庆布置等"一脚踢"的一揽子解决方案：

1.历史文化和产业发展相结合：基于"公主文化"这一文脉，进行品牌元素的叠加和延伸，将品牌命名、传播口号、LOGO设计等融为一体，形成了强大的品牌原发力；

2.品牌规划与农事节庆相结合：让节庆具有了灵魂，也让品牌找到了载体，形成了相互赋能。本次节庆中，所有的背景板、易拉宝、横幅、道旗等都体现出品牌元素，为品牌落地实现了加分；

3.品牌设计与礼品定制相结合：围绕品牌形象，设计推出了雨伞、手机壳、玉米公仔、便利贴、徽章、团扇、文化衫等系列产品。花费不多，但新颖有效，夺人眼球，真正成为品牌传播的有效工具；

4.品牌形象与活动策划相结合：活动策划的跟风和盲目性，是农业品牌建设中的常见现象，"玉米公主"的评选"有的放矢"，有效避免了相互之间的游离，进一步强化了"公主岭玉米"的品牌形象；

5.行政需求与群众参与相结合：一些地方政府从发展产业的良好愿望出发，而往往忽视群众的参与，最后令品牌活动沦为自娱自乐的行政行为。"公主岭玉米文化节"因为引入了社会力量、专业力量，既完成了政府愿望，又做成了老百姓的"盛宴"，可谓相得益彰。

一直以来，农事节庆大多由政府一手包办，由于缺乏创新和市场化手段，财力物力投入不少，效果却不尽如人意，参展企业更是兴趣索然。如何激活传统的农事节庆，为品牌进一步提升服务？2019年11月16日，浙江象山通过政府"购买服务"的方式，邀请"兆丰年"团队进行全程策划，市场化运行。

由于强化了节庆设计中的体验感、参与感，对这次活动，方方面面都表示十分满意：一是企业出钱做赞助，登台表演，主角意识被充分激发。既提升了企业品牌，又实现了产品销售；二是观众觉得耳目一新、兴致盎然；更重要的，是政府找到了一条"省心、省力、还省钱"的节庆新路子。

作为区域公用品牌，"象山柑橘"自2016年由"芒种"团队创建以来，知名度和影响力获得长足提升。但随着"红美人"品种的不断外流引种，反过来给象山本地造成较大的市场压力。如何创新农事节庆的形式，通过品效合一的整合传播，进一步稳固品牌的霸主地位，就成为地方政府目标。

根据"兆丰年"团队的专业策划，主会场设在了象山影视城，最红的红美人柑橘与明星云集的影视城来一场"大联姻"。具体在农旅融合、主体参与、活动形式及品效合一"四个维度"做了全面创新。农旅融合方面，借力热门影视IP效应，节会与明星、剧组的互动，大大增加了活动的热度和曝光度，而在影视城也设置多处打卡点，为游客免费送福利。在主体参与上，家庭农场、合作社、龙头企业联袂搞推介，同样融入了大量的创意元素，更为强调互动与体验。

为了提高节会的参与性和覆盖面，本届柑橘文化节特别采取了"一主六辅，多点联动"的组合方式，除了主会场外，还有定塘镇、晓塘乡、高塘岛乡、象山名特优产品展销体验中心、象山县工人疗养院和象山县人民广场六个分会场，时间更长，内容也更精彩纷呈，有擂台赛、粉丝见面会、海岛产地行等。

线下有乐队表演、产品推介、剧组互动、橘园丰收宴等，这些狂欢还不够，今年在线上，同样上演了一场象山柑橘的"嘉年华"，同步实况播放多个柑橘基地的开摘视频。活动现场，还有阿里巴巴

品效合一："象山柑橘文化节"的探索

淘小铺电商渠道代表发言并与象山柑橘产业联盟代表进行产销对接。

与此同时，"一品一爆"项目启动，整合各种电商资源和新玩法，重塑人、货、场，打造新购物新场景，借以达到"品效合一"的效果。一些电商平台谈"红美人"色变，担心价格太高，走不动货，由于结合了直播、补贴等新玩法，结果是皆大欢喜。

过去，地方政府举办农事节庆，企业大多来摆个摊、露个脸而已，觉得与自己关系并不大。但这次，企业参加十分踊跃，包括象山大旸农业发展有限公司、宁波市乐味果业有限公司、象山县神韵农业发展有限公司、象山晓塘俊绣电子商务有限公司、宁波新蜂链农果业发展有限公司、高塘岛外岛家庭农场、象山锦绣味来果蔬专业合作社，不仅带来了产品，更融入整个节会中，成为绝对的主角儿。

附："红美人"何以红旗不倒？

在浙江省的象山县，近年冒出个"红美人"柑橘，短短几年间，面积扩张到 3.28 万亩。效益更是不可思议：亩均 5 万元起步，10 万元不稀奇，最高超过 20 万元。最不可思议的是，"红美人"引种到十多个省份，但它们只能卖到五六块钱一斤，价格与原产地象山相差 5 到 6 倍。

最近 10 年，中国水果业发展迅速，许多品类的产量、面积冠居全球，如苹果、猕猴桃、柑橘等。生产规模的突飞猛进，带来的却是"增产不增收"，一些地方甚至不惜砍树转产，果农们欲哭无泪。

那么，象山"红美人"何以逆势而上，在一夜暴红后，尚能在激烈竞争中"屹立不倒"？其发展又能给产业兴旺，尤其是水果产业的发展带来什么启示？

从"红美人"到"黄美人"

在象山举行的中国开渔节上，经常会出现日本爱媛县日中农林水产交流协会的身影。20 多年前，一个偶然的机会，象山和吉本正结下缘分，每年派遣若干个青年到爱媛做研修生，与日本农场主同吃同住同劳动。时至今日，象山已派出近 300 名青年前往研修。日本柑橘的科技研发、品种培育、田间管理等，无不给人以强烈触动。

柑橘本是象山举足轻重的主导产业。回国后，这批青年快速成长为生力军。有的搞品种研发，有的搞基地种植，有的搞品牌营销，在象山形成了独一无二的柑橘产业氛围。人们茶余饭后、田间地头，到处谈论的，都离不开柑橘。"红美人"就是在这样一种产业文化中脱颖而出。

"'红美人'是早熟杂柑良种，去年还获得了省里林木良种品种认证。"象山县副县长吴志辉告诉记者。

鲜为人知的是，为了研发新品种，象山投入了巨大精力。当初与"红美人"同批试验的品种就有近30个，每个品种每年需进行10次、近20项数据观测与测定，以选育期10年测算，所积累的原始数据就有近6万个。

"红美人"一经投放市场，就让人感到惊艳万分：其鲜艳的色泽、细腻的口感、浓郁的香味，彻底颠覆了人们对柑橘的已有认知，被称为柑橘中的"爱马仕"。

但人无近忧必有远虑。一个新品种，性能越优，口感越奇特，往往引种越快。结果问世不过几年，早已遍地开花，效益直线下降。这样的悲剧，在农业领域可谓屡见不鲜。在消费日趋高端化、多元化的今天，要想在市场上占据主动、抢占高地，就必须做好新品种研发这篇大文章。但品种研发需要耐得住寂寞，需要大量持之以恒的投入，需要冒失败的风险。

那么，在知识产权无法得到切实保护的现实情况下，象山是如何考量和应对的？在象山县柑橘研究所，记者看到，30余亩基地里，种植着几十种柑橘，还储备着8000余株杂交育种单株。

"'红美人'一旦在市场上遭受冲击，这些新品种就是替代品种，确保我们始终能够领先市场，而不被竞争者超越。"吴志辉信心满满。

据了解，象山县柑橘研究所可能是全国为数不多的县级柑橘研究所。陈子敏、徐阳等一批专业人士心无旁骛，如痴如醉地专注其中，将品种研发作为自己的事业，甚至为了研究，甘愿辞去行政职务。正是因为有了这一强大引擎，"黄美人""明日见""甘平"等一大批更高品质的柑橘先后选育成功，正在逐步向橘农推广。从日本交流、引进品种开始，象山逐步形成自己的科研队伍、产业文化，这成为当地产业兴旺的坚实基础。

打造区域公用品牌

在象山县农业农村局局长章志鸿的陪同下，记者来到晓塘乡顾品的柑橘园采访。看到顾品没有使用"象山柑橘"的统一包装，章志鸿有些着急。

"你们不要以为今天'红美人'好卖，就自作主张。我们只有统一品牌，才能形成合力。否则你用你的包装，他用他的包装，市场上谁也不认识你们，'红美人'的好日子也长不了。"一番道理，将顾品开导得连连点头称是。

原来，象山柑橘在浙江虽然赫赫有名，但效益并不理想。"红美人"被市场认可之后，象山迅速出台政策，设立专项基金，鼓励农户改造橘园，实行产业升级。"红美人"的种植面积由此连年翻番。

其中，种植面积在百亩以上的经营主体有20多家。而更大量的，则是组织化程度不高的分散农户，共计4000多户。但无论是工商资本，还是普通农户，进入市场都面临着同样问题：标准不一、牌子不响。

第一产业进入门槛不高，因此，一旦效益可观，农户往往一拥而入，造成供给过剩。怎么办？象山认为，要让小农对接大市场、走向现代化，就是要在产业进入竞争之前，未雨绸缪，由政府统一构建区域公用品牌，实施"母子品牌"模式。通过政府提供的公共服务，一方面消解小农进入市场的成本和风险，另一方面加速形成产业高地，形成与竞争者的区隔，让跟进者望而却步。

"象山柑橘"品牌由此诞生。传播口号定为"橘生山海间，味道自然甜"，加上清新自然的符号设计，还有可爱的"卡通代言"，整套形象不仅时尚，而且高端，令人过目难忘。

完成品牌顶层设计后，象山一方面通过各种渠道、各个平台、各类展会进行传播推广；另一方面组建产业联盟，让会员使用统一设计的形象，构建强大的产品传播场。

一时，"红美人"犹如一股旋风，引发社会广泛关注：为什么这么贵？什么时候上市？何时品质最佳？等等。有关"红美人"的所有一切，在网络上被热议，呈铺天盖地之势。

随着迅速走红，"红美人"不断"远嫁"外地，投产后尽管也价格不菲，却与原产地象山不可同日而语。一些地区在线上销售的"爱媛38"，一箱5斤，30元包邮，但象山"红美人"价格坚挺，直至今日，始终保持在单价30元左右的档位。

其中奥秘又在哪里？章志鸿总结认为原因有三：首先，象山依山面海，地理气候十分适合"红美人"生长，其他地区未必适应；其次，"红美人"十分娇贵，管理技术要求很高，其他地方也难以达到；最重要的是，当市场进入激烈竞争之前，象山已用品牌构建起了"防火墙"，跟其他地区拉开了距离。

农事节庆"主体"办

2019 年 11 月 16 日，象山影视城内刮起了一阵"柑橘风"。明亮的色彩，时尚的设计，"象山柑橘"的品牌形象，被巧妙地融入活动的各个环节，再加上俏皮的玩偶，动感的音乐，引得不少剧组和明星也赶来参与互动，现场人头攒动，热闹非凡。

主会场与影视 IP"大联姻"之外，六个分会场更是"争奇斗艳"。擂台赛、开摘节、粉丝见面会、海岛产地行，热闹程度难分伯仲。不光线下欢腾，线上还有网红直播，尽管价格贵得惊人，但短短几个小时，"红美人"还是售出了 1000 多单。

不传播，无品牌。举办农事节庆是打响区域公用品牌知名度的有效手段，为了提升品牌的知名度和影响力，各地不约而同举办各类农事节庆。但不少地方光图热闹，不顾市场，缺乏创新和市场化运行，最终距离产业越来越远，不少农事节庆最终成为鸡肋，食之无味、弃之可惜。尽管地方政府挖空心思，绞尽脑汁，参展企业仍兴趣索然。

在象山县农业农村局副局长徐海荣看来，农事节庆的本身价值毋庸置疑，尤其到了农旅融合的新时代，其作用更不容小觑，但关键在于站在产业需求、消费取向的角度，进行市场化的改造，真正建立品牌与消费者的沟通平台。

正是基于这种思考，2020 年，象山做出大调整，引进现代时尚的理念、方法、工具等，委托专业机构对传统农事节庆进行改造，由过去的一手包办，改为委托第三方的专业会展公司"兆丰年"进行柑橘文化节的策划和执行。记者发现，在出资的"甲方"名录中，除了政府外，还有 7 家企业作为赞助商赫然入列。

"兆丰年"负责人王东升告诉记者，在策展时，他们主要抓住两个环节：

首先基于前期品牌战略规划，将品牌的理念、定位、设计等准确地体现到各个传播环节，形成彼此的加分；其次，注重传播资源的整合与创新，提升传播效能的同时，让消费者真正感知到品牌温度，形成消费认知度和忠诚度。

从政府一手包办到委托第三方运行，从政府需求出发到以生产主体需求为主，让企业主体成为真正主角，地方政府购买服务，资金并没有多花，精力却节省了不少，而且保证了品牌规划与落地执行的前后统一，无论从人气还是口碑，无论是直接销售带动还是品牌美誉度提升，都可谓成效显著，真正发挥了农事节庆的功能与价值。

徐海荣表示，接下来，象山将进一步探索农事节庆"主体办"的道路，未来不排除完全交给市场主体来操作。

（作者蒋文龙、朱海洋，原载《农民日报》2020 年 11 月 16 日）

全品类品牌视野下的农事节庆

当前的农事节庆活动，基本与特定农业产业相挂钩，所支撑的是单品类区域公用品牌，那么，全品类区域公用品牌该如何与节庆活动链接？

司空见惯的一对矛盾是：一方面，县域、市域范围内，农事节庆数量不在少数；另一方面，则是相互之间互不关联、形同散沙，政府却耗巨资到媒体不断投放广告。资源的浪费可谓触目惊心。

问题的根子在于：一，全品类品牌是个新概念，如何链接节庆活动，做到品牌的低成本传播，缺乏专业研究，没有引起政府的足够重视；二，节庆活动主要涉及农业农村、文化旅游两大部门，相互之间缺乏沟通协同。

如何在全品类品牌条件下，通过节庆的有效整合、统一传播，充分发挥其传播效用？

其实这一工作并不复杂，只需结合原有节庆，进行适当改造。如统一设计背景板及其物料，在每一个节庆活动中植入品牌故事，利用活动平台实现统一传播，等等。

初步估计，每年每个县，具有一定规模的各种节庆至少不下于十多场（市级必定将更多）。这些节庆活动各有主题，各有主办单位，各有举办场所，各有举办时间，如果能够进行统一规划梳理，形成系统合力，进行统一传播，就将构建成月月有节、四季有庆的一个新型的、巨大的传播场。品牌露出的机会，将凭空增加十多倍。

在当下农旅融合发展，注重体验消费，人人都是自媒体的场景中，这个传播场的构建，所能给予我们的想象空间无疑不可限量。试想，我们到哪里去，能够找到如此既节省成本又具实效的品牌传播方法？

在为"武阳春雨"所做的规划中，我们提出：整合或改造武义所有的农事节庆，进行统一发布、统一设计、统一传播。将原来各自为政，散落在各地的农事节庆捏成一个拳头，将品牌信息、产品体验等嵌入其中，打造成"武阳春雨"品牌传播的有效平台。做到一年四季有风景、有节庆、有产品，"日常集市型＋收获季节采摘型＋重大节庆综合型"并行发展的构想。我们期待，通过武义的实践，我们能够找到通过农事节庆的整合，实施全品类品牌有效传播的道路。

乡村振兴新赛道

武义县农事节庆活动 全年计划			
月份	节庆	举办地（方）	备注
1	年货集市	武义县	
2	闹闹闹元宵	武义县	
3	二月二文化旅游节	柳城镇云溪村	
4	寻踪畲味&宣平小吃节	柳城镇	4月小高峰
4	武阳春雨春茶节	武义县	4月小高峰
4	武义童话节	武义县	4月小高峰
4	高山杜鹃节	新宅镇安凤村	4月小高峰
5	锦平畲族桑蚕文化旅游节	桃溪镇	
6	五月十六庙会	柳城镇县前村	
7	蓝莓文化旅游节	大田乡	7月小高峰
7	桐琴蜜梨节	桐琴镇	7月小高峰
7	贡品宣莲节	柳城镇	7月小高峰
8	俞源圆梦节	俞源乡	
8	亲子农耕文化体验节	武义县	
9	干塘节	履坦镇后桑园村	
10	温泉泡泡节	武义县	10月小高峰
10	"云海"旅游节	坦洪乡	10月小高峰
10	梯田文化节暨梯田露营节	新宅镇	10月小高峰
11	豆腐文化节	三港乡	
11	红糖文化节	王宅镇郭浦朱村	
11	斗牛文化节	白姆乡	
12	绿道文化旅游节	大田乡大公山村	
12	桃溪滩村文化旅游节	壶山街道桃溪滩村	

第十章
2020，中国乡村品牌化元年

　　在服务中国农业品牌化的过程中，我们的团队日益壮大，年轻人尤其是浙大学子也是越聚越多。但是，作为一个天生具有创新基因的团队，探索的脚步永远不可能被任何阻力禁锢。

　　就在农业品牌化浪潮波澜壮阔、惊涛拍岸之际，我们的目光再一次聚焦乡村品牌。这是一种自然的延伸，更是一种化茧为蝶的蜕变。

　　尽管在"千万工程"推进过程中，浙江一直在强调避免千村一面，强调要因地制宜、突出个性差异，强调要进行历史文化的保护；尽管在乡村建设规划中，有的会涉及品牌，如设计村庄 LOGO 甚至创意传播口号，但将乡村作为一个品牌进行系统、深入、独立研究实践的，仍然是处于蛮荒状态。随着美丽乡村建设的日趋完善，品牌化经营成为呼之欲出的一个新的重大的命题。

　　2019 年 12 月，参加"第三届中国农业品牌百县大会"的嘉宾，亲眼见证了我们这次再出发。在这一大会上，我们郑重预言：2020，中国将进入乡村品牌化元年。

　　那么，从农业品牌化走向乡村品牌化的理论依据、现实需求表现在哪里？乡村品牌化的内涵究竟是什么？乡村品牌化又应该如何部署、推进？

一如在世纪初的采访中，总是切身感受到农业品牌建设的必要性。而近年来的基层采访，则让我深切感受到乡村品牌化来临前的躁动。

尽管在多年前，胡晓云老师就曾在《浙江大学学报》上刊发过"新农村品牌化指标体系"研究论文，但我一直认为：中国农村的品牌化条件尚不具备。而现在，随着一系列变化的到来，我感到，乡村品牌化已近在眼前。

每年出台的中央一号文件，传递出乡村振兴的强有力信号。

浙江连续多年聚焦人居环境改造，初步完成了乡村基础设施建设，为乡村进入品牌化运营提供了客观条件；

乡村振兴如何从财政资金投入为主的"输血"，转向自我积累、自我发展的"造血"，成为党委政府和村级组织共同希望突破的目标；

浙江推行的"两进两回"政策，让工商资本以及人才有了进入乡村发展的政治动力；

沿海地区尤其是江浙沪三地出现的"逆城市化"现象，让乡村资源呈现出诱人的可利用、可开发前景；

村落景区化工程在浙江的全面推进，让品牌营销成为题中应有之义。

正是在种种因素作用下，浙江各地陆续进入乡村品牌化探索：

我们看到，早在多年前，浙江县一级已经实现了"乡村品牌"定位的"全覆盖"，如湖州地区的"中国美丽乡村——安吉""中国和美家园——德清""中国魅力水乡——长兴、南浔""南太湖幸福社区——吴兴"等等。这种定位的目标是显而易见的，即实现差异化发展。

安吉山川乡是最早委托我们团队编制乡村品牌化规划的地方政府。准确的定位、充满创意的设计，大大推进了山川乡的乡村旅游。

2018年，浙江省农业农村厅和"千万工程"领导小组制订了《浙江省新时代美丽乡村达标创建评价表》。"乡村品牌化"概念首次出现在行政规章制度之中。具体表述为："开展美丽乡村品牌培育和宣传推介，实施美丽乡村品牌经营，扩大村庄（美丽乡村风景线）品牌效应，根据村庄美丽乡村建设品牌知名度评定优秀、良好、合格等次。"而在同年发布的《乡村振兴报告》中，浙江也明确提出了"品牌化经营"的理念。这不是普通的、一般的经营，而是以品牌化作为目标的一种高层次经营。

浙江的做法意味着党委、政府层面不仅意识到乡村品牌化的重要性，并且已经正式付诸实际行动，意味着农业品牌化开始向乡村品牌化转型发展，意味着波澜壮阔的另一场品牌化行动即将在中国农村拉开大幕。

也正是在浙江紧锣密鼓部署的基础上，我们郑重对外宣布：2020，中国乡村品牌化元年即将到来！

胡晓云早在 2015 年就发表论文，研究乡村品牌化问题。
随着政府对乡村建设的日益重视，乡村品牌化终于姗姗来迟。

附：浙江开启乡村经营新时代

9 月 16 日，习近平总书记来到河南省新县田铺大塆村，了解创客小镇、乡村旅游等情况。在这里，总书记饶有兴趣地听取了"乡村创客"翁余辉的汇报。

翁余辉来自浙江，是杭州市漫村文创公司的负责人，他正在将乡村经营的理念和做法输出到包括河南省在内的多个省份。

在浙江，像翁余辉这样的"乡村创客"已渐成气候：联众、乡伴、优宿……他们实力虽然比不上大公司，但有理想，有情怀，不辞辛劳，一路摸索着可供复制的模式。

与此形成呼应的，是一批地方政府争先恐后地试水。在新近推出的建设计划中，他们不约而同将"经营"作为重头戏。规定建设资金重点投向具有经营谋划的乡村。

浙江省农业农村厅副厅长刘嫔珺认为：从 2003 年开始，由于各级党委政府的锲而不舍、久久为功，九转丹成，通过"千万工程"建设，诞生了一大批美丽乡村。接下去的 15 年，重点要考虑的，是如何让美丽乡村更加兴旺、更加富裕、更具人气。

建成美丽乡村并不意味着大功告成、一劳永逸。善于思考的浙江人早就在探寻如何让乡村的美丽可持续，如何激发乡村发展的内生动力，让政府的建设投入能够变现，产生经济效益，达到既中看更中用的目的。

正是在这一背景下，当"乡村创客"力量与政府意愿碰撞在一起，就产生了耀眼的火花。

谁来经营？

今年春节刚过，一条招聘信息让淳安下姜村成为舆论关注的焦点。

原来，这个浙江 5 任省委书记联系的小山村，在政府投入数千万元建成美丽乡村示范样板后，希望通过经营，将"知名度"转变为"生产力"。村里为此专门组建了"实业公司"。

可谁来掌舵、谁来经营呢？村里将所有人挨个摸排了一遍，也找不到一个合适人选。无奈之下，只能张榜对外公开招聘职业经理人：18 万元年薪，上不封顶。

下姜的招聘，之所以引起轰动，不在于最终入选者究竟是谁，而在于触动了乡村发展的敏感神经：经营和人才。

2017 年，浙江提出大力发展全域旅游，并计划用 5 年时间，打造 1 万个景区村庄，其中 1000 个达到 3A 级标准。也就意味着，大批乡村即将进入旅游市场，急需大批经营人才。

但乡村经营的市场化取向与传统村落的封闭性形成了尖锐冲突。多年来，农村发展依靠本乡本土的"能人"，体内循环，但这样的"能人"毕竟为数不多。浙江省文化与旅游厅副厅长杨建武分析认为，与过去发展农家乐、民宿等单一业态不同，这次推出景区村庄，意在按照旅游业要求，进行整体开发打造，这对经营者提出了新的、更高的要求。"如果把之前的美丽乡村建设比喻为栽下'梧桐树'，那么，接下来就要更加注重引来'金凤凰'。"

这方面，杭州市临安区率先跨出了第一步。2017年，当地13个村落景区，在政府统一部署下，组建起13个村级运营平台。其中11个引进了社会资本，与村集体合作成立运营公司。

经过两年磨合，这批运营商基本都扎下根，在经营上取得初步成效。对于如何运营、如何盈利、如何厘清建设和运营之间的关系，积累了丰富且宝贵的经验。临安文旅局局长凌理评价认为，运营商不同于投资商，不仅要懂政策，而且要有公益心。实践证明，投资商和运营商合二为一的，成功的概率最高，也最受村民欢迎。

记者采访发现，在这场从"建设"向"经营"的华丽转身中，主角已经悄然发生变化：以前，投资建设的主角非地方政府莫属；而今，经营"唱戏"的，"乡村创客"渐成主流。其中不乏国企的身影，村集体也有长袖善舞者，但更典型、更具意义、更让人兴奋的，无疑是大批"乡村创客"的到来。

他们身份各异，有的设计师出身，有的来自高校、媒体、律师楼，也有在外创业成功的返乡"乡贤"。他们不仅带来团队、资本、信息，也带来匪夷所思的创想：用文创、休闲、旅游、养生、运动、培训等，给乡村注入新的力量。

地方政府、乡村创客、村集体，三者重构了乡村发展的新生态：地方政府负责推介美丽乡村、引进运营商，并且出台政策予以鼓励支持；村集体负责流转、收储资源，协调村民和运营商之间关系；运营商则通过活动策划、市场营销，利用美丽乡村的建设成果，将乡村资源变现。

波涛汹涌、浪潮澎湃，乡村经营在浙江已呈不可阻挡之势。去年，浙江近万家企业参与乡村振兴，投资超过千亿元，全省村均收入达到178万元，其中经营性收入村均107万元。

从哪入手？

江苏有个文旅集团的女老板，非亲非故，居然来到新昌县东茗乡后岱山村，当起了村委会的"荣誉主任"。不仅自己投资开发民宿，还与村里合股组建运营平台，股份比例双方平分。一年多时间，就吸引来 14 位城里人投资，村里闲置已久的民房成了抢手货。

女老板为何钟情偏僻的小山村，这里有什么独特的旅游资源？

这位名叫萧去疾的女老板讲起来头头是道：在常人看来，后岱山村并无优势，交通不便，山水寻常。但在她眼里，这里有浓浓的乡情、乡愁、乡韵，这是城里人最稀缺的。因此，后岱山的出路不在景区式旅游，而在乡土文化、民俗、美食和民宿。她的目标是把这里打造成特色美食集聚区、研学基地、民宿集群。

差异化、个性化的市场定位，是乡村经营不可或缺的基本功。萧去疾的判断和分析，实际上代表着运营商进入乡村后一种专业的分析把控。

尽管在美丽乡村建设中，浙江一直强调因地制宜、突出特色，不能照抄照搬、千篇一律，要做到一村一品、一村一魂、一村一韵，但事实上，由于种种原因，部分美丽乡村往往大同小异、似曾相识，不仅缺乏市场定位，也看不到鲜明的个性特色。

如何在成千上万的美丽乡村中脱颖而出，让消费者产生认同、产生重复消费？浙江永续农业品牌研究院执行院长李闯认为，首先，不应该机械地将城市业态搬到乡下，而应该充分彰显乡村特色；其次，每个乡村都应该找到自己独特的"卖点"，要让所有的设计元素、环境艺术、活动设置等对其进行强化，形成彼此间的加分，而不是相互冲突。

马军山是浙江农林大学园林设计院教授，十多年来，完成了 100 多个村庄规划项目。2017 年，在完成德清县三林村的规划项目后，他留了下来，成为运营商。他要证明，乡村经营也是可以盈利的。"建设和经营是完全不同的两码事。建设时，村里可能不会考虑那么多，只要完成任务即可。但经营起来，就不得不思考：客人为什么要到我这里来，我跟其他乡村究竟有何不同？"

如今，马军山通过白鹭引爆了市场，白鹭也成了三林村最大的"卖点"。万鸟园里，数千只白鹭在这里栖息，亲水平台、临水栈道边，也随处都是白鹭的雕塑。游客们流连忘返，为的就是与白鹭度过一段和谐相处的美好时光。

因为运营商的进入，品牌化经营的理念已经在浙江乡村萌芽，尽管不够普遍、深入，也不够专业、系统，但他们懂得靠山吃山、靠水吃水，有的凭借农业特色产业，有的依托祖宗留下的历史文化资源，也有的靠着地理区位优势。

总之，尽最大的可能，将自己与众不同的一面展现给消费者：临安的月亮桥村主打月亮文化；桐庐的环溪村把周敦颐的荷花开发得淋漓尽致；淳安的下姜村围绕梦想展开系列设计……一个个独特的"卖点"，构成了日趋绚烂而多姿多彩的乡村画面。

怎么经营？

2019年春节前夕，象山县茅洋乡白岩下村喜气洋洋，每户入股农户都拿到了1万元"红包"，其中8000元是入股本金，2000元是分红。

白岩下村靠山面海，村里并无特色产业，村集体收入也几乎为零。胡凯上任村党支部书记后，决定向村民众筹资金，开发玻璃栈道项目。350户村民有250户入了股，众筹集资共200万元，村里资源股占10%。

结果，项目投入使用后，短短半年时间，就接待了18万游客，门票收入460万元，不仅收回了投资，还实现了丰厚的盈利。在分红现场，村里一鼓作气，开展二期山体滑道项目的众筹。先前没搭上"首班车"的村民争相赶来认筹。目前，全村入股村民已有90%左右。

众筹是个新概念，村民比较容易接受。在乡村纷纷走向经营的当下，这一手段被越来越多的乡村使用。"众筹的好处显而易见，一来能让村集体和村民双重增收，二来可以大大增强凝聚力。"宁波市农业农村局副局长王才平认为。

记者采访发现，当下"村官"群体已经今非昔比。很多人不仅懂得市场分析，而且对资源的价值和开发方式，往往有着自己的理解。有充分把握的，就由村里众筹资金自己干；没有把握的，就与社会资本合作，共同开发，共同受益。廉价出卖资源的方式已经成为过去式，"一脚踢"承包经营的办法也不再流行，而往往要求合作经营，保底分红。

什么是乡村独具特色的资源，除了绿水青山、民房耕地、民俗人文之外，还有没有更宝贵的？这方面，安吉县鲁家村作出了超前探索。

鲁家村以前一文不名，朱仁斌上任村党支部书记后，借美丽乡村建设之机，搞起了乡村经营。用一辆小火车串起18个家庭农场，统一引流、统一经营。仅仅3年时间，就把一个落后村建成了红红火火的示范村，外来参观考察者络绎不绝。

能否将鲁家村发展乡村旅游、实现乡村振兴的成功模式输出到外地？朱仁斌引进了广州乡村振兴基金和浙江大学的农业品牌研究机构，将模式、资金、品牌三者打包，实行全链条的服务复制。目前，已经与湖南韶山等 16 个乡村签订战略合作协议。

民间资金也在以基金的方式进入乡村经营领域。

翁余辉是乡村整体经营的元老级人物。十多年前，他就跟余杭区中桥村联手，共同组建公司，打造以"慢生活、慢文化"为主题的乡村慢生活休闲旅游区。乡村振兴战略推出后，社会资本参与乡村发展的意愿日趋强烈，但苦于不了解农村政策，也没有专门的经营人才。在这种情况下，基金公司看中翁余辉，并入股他的"漫村文创"。

在常人看来，投资乡村哪怕不赔钱，也难有理想的回报。那么，基金公司如何考量经营的投入产出问题？

"资本看重的，不是今天的利益，而是模式是否可复制，何时能退出。因此，我们特别注重运营模式的构建，希望今后能走出乡村品牌化连锁经营的道路。"翁余辉的做法是，依托基金，每个村预计投入 1000 多万元，开发民宿、乡村度假酒店等。等有了一定数量，再形成乡村旅游目的地平台，走资本运作的道路。

政府该干什么？

尽管经营属于市场化行为，但并不意味着有了运营商之后政府就可以"功成身退"。记者发现，为了带动村庄运营，浙江有的地方举办农事节庆活动，以美景美食、民俗文化等为切入口，为乡村引流；有的启动闲置农房激活计划，为经营主体获取资源提供平台，免除后顾之忧；还有的举办各类推介活动，向社会发布乡村旅游线路。

优宿创始人施韬表示，政府这些举措确实能给村庄运营带来更多资源，但目前，"乡村创客"毕竟势单力薄，盈利模式也不够明晰，一个村一年几十万元的运营经费只能维持公司运转。迫在眉睫的是，政府应该尽快出台乡村经营的政策体系。

按照现有的财政体系，政府资金主要集中于村庄基础设施建设和环境改善。尽管各地普遍意识到，要用经营的理念去指导建设，但实际上，政府资金使用绩效评价体系中，衡量业态培育发展方面的指标并不突出。甚至有些地方因为前期规划和建设不当，导致后期运营中，要么缺这缺那，要么用处不大，反而浪费了空间和资金。

对此，浙江省农业农村厅副巡视员楼晓云建言，到了乡村经营的新时代，必须让前期建设与后期运营紧密结合，并且对政府资金的使用要有一个科学的研究，比如，投哪些环节，什么时候投，怎么来投，如何评价资金效率，又如何验收支付等。

好在许多地方已经意识到这些问题，开始了一步一个脚印的探索。

地处杭州近郊的余杭区，2020 年提出要打造农文旅融合发展示范村，每年安排 4000 万元资金，用于扶持村庄景区运营。与过去精品村创建不同，这次的示范村以市场为导向，强调产业要素，要求必须具有健全的运营机制，符合一系列要求的，村里能拿到最高 600 万元奖励。

值得一提的是，这笔资金中，除了对村庄的补助，像开展农事节庆、民俗旅游、宣传推介活动的，运营主体将分别获得每次 10 万 ~30 万元的奖励。而每年，根据游客人数、旅游收入、设施维护等指标，只要通过年度考核验收，运营主体还将获得最高 10 万元的奖励。

跟余杭区做法相接近的是几百里之外的开化县。这个经济并不宽裕的山区县，居然安排 1 亿元资金，打造"十大典范村"。更让人吃惊的是开化县的资金使用理念：只有 30% 可以用作基础设施建设，另外 70% 必须用于业态配套。村庄想要拿到真金白银，必须产业项目落地、社会资本到位。

地级市层面，嘉兴市的做法同样可圈可点。当地发展 3A 级景区村庄不搞"数字工程"，实行"计划生育"，专门推出"正负面清单"，比如必须要有入口形象、游客中心、乡村景点、游览路线、营运主体等"十个一"，禁止建设大公园、大广场、大草坪、大牌坊等形象工程。

乡村经营就这样被浙江人一步一个脚印踩出一条路来。记者注意到，浙江不久前出台的《新时代美丽乡村建设规范》中，"乡村经营"一词赫然出现：鼓励采用股份合作等多种模式，引进社会资本和工商资本参与村庄经营；而在《浙江乡村振兴发展报告（2018）》中，浙江也明确提出了"品牌化经营"的概念。我们有理由相信，通过这场前所未有的经营实验，在中国乡村振兴舞台上，作为美丽乡村发祥地的浙江，将再一次执起牛耳。

从农业品牌化到乡村品牌化

我国农业品牌化建设之路尽管起步缓慢，但进展快速。但就品牌化这一主题而言，一个令人欣喜的现象是，随着人居环境改造、美丽乡村建设的兴起，品牌化的对象也迅速从农业走向乡村，形成了一种新的生态。尤其是农业和农村两部门合并之后，预计乡村品牌化的进程将进一步加快。

不难理解，农业品牌化的对象是农产品，当然也包括加工品，但乡村品牌化已经不再是站在产业的角度，而是站在地域的角度考量的一个概念，涵盖更为广泛、内容更为丰富、链条更为健全、层次更为提升。其理论依据是菲利普·科特勒提出的"营销地域"概念（1993）和凯文·莱恩·凯勒提出"地理位置或某一空间区域也可以成为品牌"的论断（1998）。

如果说农业品牌化聚焦的是农业，解决的是"口腹之欲"，那么，乡村品牌化则延展到了二产、三产，除了物质层面的消费满足，更多的可能在于精神文化产品的供给。乡村品牌化应对的是"三产融合"发展的经济社会发展大趋势，在这样一种背景条件下，农村不再是简单地提供农产品的场所，而是集合了休闲观光、文化创意、养生养老、乡村体验等多种复杂业态的区域；农产品也不仅仅是一种简单的物质产品，而是精神文化产品的一种载体，消费者得到的，是附着于其上的乡村风光、生态环境、休闲体验。

马克思说，乡村是人类社会的童年。中国是历史最为悠久的农耕社会。但尽管如此，乡村在工业化、城市化兴起之后，一直处于从属地位，而从未以一个独立的产品的身份进入市场。因此，乡村品牌化带给人们的想象是极其丰富而广阔的。

2019年底，我们通过浙江大学CARD智库，完成了有关乡村品牌化的课题。就乡村品牌化概念，所作的定义是：以农业、农村、农民为关注对象，聚焦乡村空间区域内各种相关资源如自然、文化、农业等，所作的品牌创建、运营和管理。

乡村品牌化的生态圈应该包含或者覆盖了农业品牌（包括区域公用品牌、企业品牌、产品品牌），也包括突出人格化特征的乡村新农人群体品牌或个人（网红）品牌建设，当然也包括了县、乡、村等行政区划意义上的品牌，以及产业集聚意义上的特色小镇和农业产业园区。

乡村品牌化是对乡村传统发展方式与路径的一种颠覆。在这块土地上，他们生产的产品还是那些农产品，他们耕耘的还是那方传承了千年的土地，他们甚至也没有拆迁，没有搬迁，依然居住在自己的家园，但是通过对文化的挖掘、梳理，资源的整合包装，乡村已经以全新的形象站在消费者面前。消费者购买的，不再是简单的农产品，而是一个梦想；乡村的发展目标，也不再是简单的农产品溢价，而是品牌资产的积累，品牌赋能乡村后的脱胎式发展。

每个时代的到来，都与理念的普及分享密不可分。
图为团队2020年策划的"中国乡村品牌建设'七日谈'"。活动产生了深远的历史影响。
胡晓云《乡村经营与乡村品牌化》
李承华《中国农业品牌的符号设计》
李闯《中国乡村的品牌重塑》
庄庆超《中国农产品的品牌化》
蒋凭轩《农业品牌的视频表达》
王东升《农事节庆的场景营销时代》
蒋文龙《乡村品牌传播的另类路径》

品牌化经营首先是产业主题化

真正的品牌乡村究竟应该是什么样的？

研究和关注发现，目前大家比较公认的，是宁波滕头、东阳花园等，他们实力强、名气大，但其实就是"村企一体"。这种做法已经很难借鉴。因为工业化浪潮已经远去，乡村工业化正面临着"供过于求"的消费挑战。

还有一类，如安吉余村、淳安下姜村等，他们是政府树立的标杆，也是媒体的宠儿，但却并不能赢得大家信服，觉得他们是拿钱砸出来的。这样的机会可遇不可求。这样的榜样中看不中学。

我心目中的品牌乡村，是在生态文明新阶段，以农业产业为基础，整合其他资源，以乡村的统一形象面向消费者进行营销，从而改变乡村面貌的典型。

首先，品牌乡村的产业基础一定是当地农业产业；

其次，品牌所售卖的，一定不仅仅是农产品，而是乡村众多的资源；

再次，品牌乡村建设，固然与产品营销紧密相关，但最终要实现的，是品牌资产的累积，走出一条品牌带动发展的可持续之路。

那么，品牌乡村为何鲜有成功者？这条路究竟应该如何走？

尽管品牌是一种综合考量的现象，其背后涉及产品、质量、标准、服务、信誉、文化等诸多因素，不管哪个环节出现问题，都将决定品牌的生死存亡，但就当前最为普遍的问题来看，最重要最致命的，首先是产业主题化问题。

许多人可能会以为，乡村就是发展农业产业的，还有什么必要谈产业主题化？事实上，走了一村又一村，发现这个问题还真是品牌化经营的"生死命门"。

乡村品牌化经营的真谛，在于依托并发掘乡村的资源特色，形成与消费者的互动对接，谁能将乡村资源这篇大文章写到位，做深做透，谁就能成为乡村流量的"收割机"。下面我从品牌化经营角度出发，将产业主题化中存在的问题和解决方案概括为以下几种版本。

一、产业特色村的做法：聚焦产业寻找卖点，为产业发展赋能。

一些已经形成明显产业特色的乡村，往往清一色的，全村只有一个产业，集聚度高，主题化倾向显著，也即我们平时所说的"一村一品示范村"。产业的单一有单一的好处，碰上这类乡村，我们用不着瞻前顾后、左顾右盼，只需按照品牌化经营的规律，将"产业"打爆即可！

余杭永安是个传统种粮大村，集体经营性收入一直在余杭垫底，多少年来找不到发展路子。美丽乡村建设以及高标准农田建设的开展，让永安村的生产生活条件得到很大改善，在此基础上，我们帮助打造了"永安稻香小镇"品牌，提炼出"稻色新，永安心"的核心价值，并创意了"阿里以西十分钟"的传播口号链接消费市场。同时将数字化管理系统应用到稻米产品质量管控、游客三产融合互动等方面，让数字化为品牌赋能。与此同时，永安村组建成立公司，招聘职业经理，举办各类活动传播品牌。通过品牌化引领、数字化赋能、组织化创新的"三化合一"，永安村快速获得融合发展、转型发展。村还是那个村，田也还是那些田，种的还是粮食，但是，因为品牌化经营，永安村走出了一条村集体和村民们的"共富"的路子。在东南沿海地区，种粮被视为"吃力不讨好"，永安村的实践给了我们莫大的启发：只要系统、科学地创建品牌，传统种粮大村也可以获得新发展。

二、面临产业同质化竞争时，必须扬长避短，发掘更为独特的卖点。

许多地方是"一县一业、一镇一品"，这就带来产业发展的高度同化。比如临安乡村种的大多是山核桃，安吉乡村漫山遍野都是白茶，庆元乡村无一例外都是香菇。面对同质化竞争，我们不可能抛弃原有产业另起炉灶，唯一的办法就是，从其他方面继续"挖潜"，树立起个性，实现差异化发展。

径山镇前溪畈是余杭唯一一个省级粮食功能区，但却与永安形成了直接竞争，周边还有良渚这一"稻作文化"发祥地。为了凸显差异，我们抢占"五千年稻作文明守望地"，打"稻米文化体验"牌。这里的米不是普通的米，而是结合了茶叶的"玄米"；这里的体验，不是普通的稻米文化，而是由"老娘舅"主导的产销一体文化体验；这里的传播也不是司空见惯的活动，而是借助了径山与日本的渊源，打的是"稻米祭"的品牌。

差异化竞争是品牌战略的核心理念。只有在竞争中凸显出自己的个性差异，乡村品牌才有可能在竞争中取得优势。

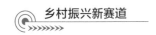

三、虽有主导产业但人们熟视无睹，此时需要品牌化"洗脑"。

一些乡村虽然产业特色鲜明，但人们却有意无意地忽视其作用，转而到处去寻找新的发展机会。面对此，我们需要赋予其"品牌化"的眼光，让他们从游离的远方转向自己脚下的大地，认真审视并且把握自己的独特优势。

临安洪村地处径山阳坡，区位条件十分优越，毛竹产业也颇具规模，但当地觉得毛竹并不赚钱，而是将注意力聚焦在"禅米"开发。虽然"禅米"的价格卖得比普通大米高出许多，但因为地处山区，客观条件决定了"禅米"发展的空间极其有限。相反，毛竹虽然眼前效益低下，但通过文创化开发，完全有可能实现增值。这里的关键，是要锚定毛竹，进行品牌化经营，最后形成"毛竹特色村"。需要说明的是，打造"毛竹特色村"，并不是说摒弃其他机会，而是要将所有项目纳入毛竹品牌的旗下，进行相互赋能。比如你也可以引进"盆景"，但这个盆景在开发时，是否可以考虑植入一些竹子文化？

四、有的产业在历史长河中湮灭，需要我们重新发现，进行品牌化打造。

在历史长河中，产业发展起起落落。一些产业因为种种原因，已经濒临消亡，但这并不意味着价值的消失。在生态文明、三产融合的背景下，我们需要用新的标准、新的方法，重新审读、挖掘其价值。

临安相见村位置十分偏僻。当地既产茶叶也产竹笋，还有稻米、蔬菜，可谓农产品的"中药铺"。当地策划了一系列活动，如音乐节、冬藏体验、云种田、浑水摸鱼，但个性特色明显不足。看看活动很丰富、很热闹，但因为并未与特色产业挂钩，其影响力很快烟消云散。

我们发现，村里的"茱萸"，曾经是临安的"老三宝"，但至今已经默默无闻。实际上，茱萸不仅是村民致富的深刻记忆，实际上其文化价值远超普通农产品，更巧的是，茱萸的"相思"内涵与"相见"村的村名简直是"天作之合"。如此显著的个性差异，是许多乡村所望尘莫及的。我们应该通过品牌打造让茱萸这个传统产业起死回生。

五、在农业产业特色模糊时，历史文化往往可以成为"爆点"。

品牌需要以独特的个性与竞争者进行区隔，但事实上，盘点许多村落的"家底"，确实"囊中羞涩"。产业既没有特色，也没有规模：人有我有，人无我无。此时，我们需要将眼光放得更远。

花戏村是临安一个十分普通的乡村，尽管区位条件不错，但产业特色并不显著。既有葡萄、水蜜桃、蔬菜、粮食等种植业，也有奶牛等养殖业，却并没有一样可以让人竖大拇指。但考察之后，我们关注到了该村的戏曲文化。这里既有古戏台，更有唱戏的传统习惯。一些姑娘哪怕外嫁多年，也会经常回来唱上两段越剧。更有意思的是，这里因为笛子加工，已经聚集了多个吹奏艺术家。"花戏"配"竹笛"，岂不是天作之合？

村名"花戏"，自然有戏。当我们将品牌定位为"戏曲"之时，所有的资源就将向花戏村集聚。事实上，戏曲爱好者的规模日渐庞大，他们往往会为了一个名角一掷千金。而以加工笛子、吹奏笛子、演唱越剧为内容的体验游学，又将给花戏村打开一个多大的世界？

六、历史文化闻名的乡村，关键在于如何活化利用历史文化。

在介绍乡村时，人们往往津津有味提起村里的历史文化名人，似乎有了这一元素，乡村的发展就在情理之中。但事实上，历史文化名人却很难利用。大多数时候，他们存在于故事和资料中。这里的关键是，如何让已经逝去的人活起来，让躺在故纸堆里的历史生动起来，与消费者产生关联。

桐庐环溪村是个资质平平的乡村，既没有优越的区位条件，也没有规模化的产业。但这个周姓大村，却是宋代理学家周敦颐的后代的居住地。人们不一定记得周敦颐的名字，但却一定记得他写的"爱莲说"。环溪村就从这里起步，把莲的文章做足做透。不仅以"周"为底板设计了专用LOGO，形同莲花，还建有莲花广场、莲花喷泉、莲花主体公园，后来，索性开辟池塘广植莲花，将所采莲子酿成莲子酒，由此把环溪村的品牌深深植入游客心智。

品牌并非一个简单的LOGO，也并非简单的创意传播口号，实际上，是一种思维方式、营销方法。它将乡村的农业资源、生态资源、旅游资源等整合以后，包装为乡村整体形象，形成与消费市场的互动对接。这是乡村发展方式的根本改变。

那么，为什么推动品牌化经营那么难？我以为，也并不能简单地认为基层干部不重视。原则上说，只要能推动乡村发展，不管什么理念、什么做法，基层都是十分欢迎。关键是他们对品牌化经营的思路和方法缺乏洞察。

农业的发展、乡村的发展，本是十分复杂的现象：客观上，浙江农业产业多小散，每个乡村都有多个产业，以致分不清主次，眉毛胡子一把抓，最后在发展的洪流中迷失了自己；二是基层干部出身乡村，眼界、思路本身有所局限，无法换位思考，站到城市消费需求的角度，去认识自身优势；三是对乡村的传统认定，决定了人们重视看得见的物质产品，轻视形而上的文化产品，以致品牌化经营亦步亦趋，举步维艰；四是片面强调产品销售，认为这是"王道"，但却忽视品牌可持续、长远发展的能量。

因此，品牌化经营，路漫漫其修远兮！

附："白杨村"里看品牌

在"乡村建设"大踏步转向"乡村经营"的当下，打造乡村品牌的重要性，已经毋庸置疑。但乡村品牌与乡村产业发展究竟如何发生关系？乡村品牌是否就是一个命名、一套符号体系？乡村品牌的传播又有什么特殊要求？我们不妨通过安吉白杨村的案例做一个深入探讨。

品牌就是形象设计

白杨村？顾名思义，一定是杨树遍地吧？但一路行来，本人就是没见到一棵白杨！倒是以"白"字作为创意的LOGO，在每个交通节点上频频提示着：这是白杨村的领地。

呵呵，一个偏僻乡村居然将VI系统应用得如此淋漓尽致，简直让人难以置信。现在，许多村落讲起发展，都会认为品牌十分重要，但真正搞懂它、实践它的，还确实凤毛麟角。这也是让我兴趣盎然，想去进一步了解它、解剖它的原因。

白杨村十分普通。既没有让人眼前一亮的山水资源，也没有王侯将相、文豪骚客，更让人情绪低落的是，坐落在浙皖交界之处，离开安吉县城有32公里之遥。

白杨村如何发展，一般人确实很难理出思路。但夏像栋回到村里担任一把手后，却提出了一个新概念：要搞品牌化经营！

说到品牌，夏像栋确实有些基础。因为他曾经办过厂，开着民宿，对注册商标、设计形象有一定的了解。因此，他请来专业团队，给村里设计了品牌名、

LOGO，并且落地到了餐厅、酒店、产品、道路节点。嘿，一看还真让人耳目一新！

但进一步了解，他们的品牌化经营，似乎就一个命名和LOGO设计？我把手册要来一看，除了命名和LOGO，还真没有其他的内容。

品牌定位本是品牌形象设计的根和源。没有品牌定位的设计，犹如浮萍，会飘忽不定，难以起到引领建设的作用。从设计本身来看，可能会很优秀，但却解决不了深层问题。

事实上，村庄如何布局，风貌如何管控，产业如何规划，一句话，乡村今后如何发展，都将取决于品牌定位。

鉴于这一理解，我动员浙江永续农业品牌研究院提供友情支持，制定出"心灵原乡"这一品牌定位，还有"春风作伴好还乡"的品牌口号。还乡？还的哪个乡？心灵原乡！

这一定位在于告诉市场，白杨村原生态的资源优势，是城里人梦寐以求的向往；它还告诉消费者，白杨村贩卖的不仅仅是农产品，还是一种城市消费者所需要的生活方式。在此定位下，白杨村的毛竹和茶叶成了"伴手礼"，民宿、酒店就成了游客的居住之所，山水资源和民风习俗、历史文化就成了品牌不可分割的血和肉。

总而言之一句话，这一定位可以覆盖白杨村的资源优势，引领其发展方向。它并非一个产业品牌定位，而是指向了生活方式。这让白杨村的发展有了根本的遵循。

客观地说，白杨村对品牌确实有一定的认识。他们认为，品牌打造后，对产品质量就有了新的要求。品牌对白杨村而言，不仅是一种自我约束，同时也有利于产品质量，包括建设工程质量的提升。

但问题的关键在于，品牌难道就是"白杨春风"，还有LOGO设计？仅仅依靠这套形象体系就能提升产品的品质？假如真有如此神功，我们的乡村发展岂非可以毕其功于一役？

白杨村的做法绝非个例。本人以为，产生这一问题的根子，在于我们的品牌大多由设计公司完成。对设计师而言，设计可能就是一切、就是全部。事实上，他们提供给企业、民宿的，也往往就是一套形象设计方案。

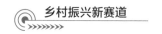
品牌能够干什么？

"春风白杨"的命名很通俗，"春风白杨"的LOGO很诗意。尽管这种表现难免流于表面化、浅层次，不一定经得起质疑和推敲，但还是会起到较大的传播作用。从前无数年，人们无一例外都叫它白杨村，今天，因为有了"春风"的点缀，很自然就让人们产生了美好的联想。

首先，通过"春风白杨"千百遍的重复，可以消除人们心理戒备和怀疑，形成一种"集体无意识"，进而引起地方党委政府的关注。

这里的逻辑在于：地方政府对乡村建设的投入本就天经地义，但投给谁、投向哪里却要综合考量，村班子是否有理念、想干事，是否能团结、有战斗力，是否廉洁、守得住底线？

"春风白杨"无疑让政府大大增强了对白杨村的信任，省市县乡财政项目就像春风般扑面而来。

白杨村的在建项目达15个之多：山水林田湖草项目、社会福利站建设、安置区建设，其他还有彩色森林、五彩共富路、产业路、非粮化、弱电下地等，不一而足。这些项目因"春风白杨"而来，反过来，又为进一步打响"春风白杨"提供了支持。

其次，品牌化让建设项目找到了灵魂。

品牌与经营是一个事物的两个方面，互为表里。因为具有了品牌化理念，白杨村学会了从经营的视角衡量项目建设。

这里的逻辑在于：一般财政项目都有验收标准，村集体只有被动执行的分。不管是否能够发挥作用，只要通过验收就万事大吉。品牌化则不仅避免了投入的盲目和浪费，而且能够根据经营需要，为品牌落地进行配套。

如"幼儿园"项目，尽管上级拨付了100万元建设资金，但因村里上学的幼儿只有15个，建成后利用率难免不高。另一方面，根据品牌定位，村里将发展亲子研学等业态，又亟需物理空间。因此村里果断追加投入400万元，将幼儿园设计成了"两用"的培训基地，利用节假日接待亲子研学团队。一个民生项目，在品牌引领下，就此成功植入了市场基因。

就这样，"游客接待中心"增加了"咖啡厅"的功能，"老年活动中心"变身"民宿"。彩色森林、五彩共富路的建设，也会更多地考虑为招商引资、业态落地进行配套服务。

以前的项目大多是孤立的，甚至难逃闲置的命运。在白杨村，每个项目都成了品牌建设中的节点，赋予其市场化功能，让项目为品牌加分，项目也真正活起来，体现出价值。

由谁运营最有利？

随着乡村经营的展开，品牌建设的主体问题也浮出水面。

当前，浙江乡村品牌建设的主体有四类：一是引进社会资本与村集体合作，成立运营公司运营品牌；二是强村公司引进职业经理，由职业经理主导；三是由政府出资向社会购买服务，明确双方之间的职权利；四是村集体主导。

尽管几种模式各有利弊，在各地都有实践，但白杨村由村集体主导的模式确实耐人寻味：

2021年5月，白杨村组建成立了强村富民全资子公司——安吉白兰坞农林开发有限公司。在经营中，公司采取了进退自如、灵活多样的办法。

有些村里拿捏不准的项目，"白兰坞"会引进社会投资，由"白兰坞"参与管理、服务、收费等，按年度收取管理费用；一些自己看好，而又有能力运营的，就由村集体直接投入建设、管理、运营；也有的则是以村土地使用权入股，与社会资本形成合作。但无一例外的是，每个项目，村集体都与资方深度捆绑。

如正在建设中的"等风店"民宿，由村集体直接投资2000万元进行建设，由村企进行管理运营。预计建成营业后，年经营性收入可达到300万元。

村口的旅居项目，由上海的一家央企投资5000万建设，白杨村以土地入股，占总投资25%的股份。经营管理也由村企负责，确保了白杨村在其中可持续的收益。

既要在财政项目中要配套，又要在经营性项目中投资，如此巨大的资金从何而来？

原来，白杨村是浙江省自然资源综合改革试点。所有的田地、竹林、道路等资源形成资产包后，根据评估价值，可获得6000万元的贷款授信额度。全域农田整理则可结余用地指标75亩，每亩可折合140万元进行流通。目前，白杨村已经贷到3000万元的建设资金，可以用来大刀阔斧搞项目。

放眼浙江，活跃在乡村第一线的运营商，除了极个别，绝大多数性质上都属于民营企业，他们出身于咨询、广告、设计、传媒等领域，大多长于活动策划与市场推广，习惯于品牌的轻资产运营。相比之下，白杨村这样由村集体主导的运营主体，纵横驰骋，一路绿灯，如入无人之境。孰优孰劣，明眼人只要一看，便能明白其中端倪。

何况，现在还有一个"共同富裕"的背景。

推广场景如何设置？

在实施品牌化经营一年多以后，白杨村决定搞一个品牌发布会。

发布会怎么搞？我瞄了一下方案，随即提出三点异议：

1. "党建论坛"所指向的内容与品牌发布会目的脱节。

党建与品牌有必然联系吗？"党建论坛"能体现白杨村的基因吗？回答显然是否定的。另一方面，白杨村搞品牌发布会，显然是要昭告世人：我们在走品牌化经营之路！而这条道路所具有的开创性意义，又显然是白杨村所独具，而非其他任何乡村所能觊觎的。丢掉自身独特优势，而去随波逐流搞"党建论坛"，显然不是明智之举。

因此，我郑重建议将"党建论坛"改为"乡村品牌化经营论坛"。

这一变更不仅凸显出活动与众不同的独特性，彰显出整个活动引领乡村建设发展方向的意义，能够吸引到媒体关注的目光，而且让整个活动策划自成一体、不可分割："春风白杨"的品牌发布成为"论坛"的案例支撑，而"论坛"又反过来将"春风白杨"品牌提升到理论高度。

2. 市集的策划也与品牌定位有距离。

当下，市集似乎已成为活动策划的标配。许多人喜欢那种热闹：

卖农产品的、卖文创产品的，熙熙攘攘，看上去人气爆棚。但表象之下，很少有人去追究，这种热闹是品牌所需要的吗，与品牌定位相符吗？

白杨村的民宿、露营等业态定位于中高端消费群体，他们基本来自上海、杭州等大城市，他们来到白杨村，是来享受高品质的山水，还是要消费司空见惯的"市集"？

因此，我们果断取消了这一安排。

3. 发布会场地未能体现乡村品牌特征。

品牌发布会和论坛在哪里举办？策划的最初意见是，放在村里的文化礼堂，风雨无阻，最为稳妥。

但作为一个乡村品牌，"春风白杨"如果在室内发布，将很难营造出氛围。四面高墙，就是对品牌无形的约束；人们的想象，也很难翻越人为的禁锢。那么，村里有没有适合品牌发布的地方？

有，那就是海拔 366 米的山顶露营基地。那里不仅地势平坦、视线开阔，可以带给人足够的惬意和想象，而且，与"春风白杨"品牌的调性是如此契合。那简直天造地设，似乎是专门为品牌发布预留的场所。

乡村品牌本来就属于乡村，乡村是它永不褪色的灵魂。明明是乡村品牌、农业品牌，我们无视最为自然的场景，却硬要去找五星级酒店，以为越高大上越好，这不是脑子被烧坏又是什么？

2022 年 7 月 1 日，白杨村品牌在山顶营地掀起盖头。人们一边欣赏西沉的夕阳，一边吹着宜人的晚风，一边享受着冷餐会。乐队第一次将爵士乐带到了这个偏僻的山沟。

乡村品牌难道就不可以如此国际化？难道只有五星级酒店能够传递时尚气息？事实上，有关乡村的一切，今后或许都将成为奢侈品。

人们端着红酒杯，陷入另一话题的畅聊……

（作者蒋文龙，原载《农业品牌研究院》2022 年 9 月 1 日）

品牌化改变了什么

首先，是乡村发展模式的改变：

千百年来，乡村资源分散，无法形成链接，难以对接社会资本。但今天，乡村以品牌聚集了资源、盘活了资源、释放了资源。如果说村集体是有形的组织，那么，品牌则是一只无形的魔术之手。

在传统的认知中，乡村一直作为农民生产和生活的场域而存在。乡村的发展依靠的只是出卖劳动力和廉价的农产品。今天，依靠着独特的资源禀赋、生态环境、历史文化，乡村可以通过品牌资产的经营，赢得新的未来。在这里，品牌可以聚合乡村大量零散的资源，可以赋予乡村发展新的活力，还可以化腐朽为神奇，将资源转化为经济。这是亘古未有的一种发展方式，是一种资源利用，价值提升，产业升级，人才、资本导入的有效方法。

"永安稻香小镇"开镰节期间的"长桌宴"，每到周末都要翻台。

传统的农田里，引进了年轻、时尚的元素。图为"永安稻香小镇"开镰节期间策划举办的有关活动。

其次，是乡村建设流程的改变：

原来，美丽乡村规划和建设往往由政府主导，他们根据自己的需要，而并非市场经营的需要来实施工程项目。政府（包括县乡村）的诉求和市场的诉求往往出现脱节的现象。

相反，从品牌策划开始，从乡村经营出发，实际上就是尊重市场规律，以系统化的思维谋划乡村的可持续经营。品牌策划与建设规划的不同在于，品牌策划需要在分析市场趋势、把握消费规律的情况下，实现品牌的定位。由此出发的业态引入也就比较明确，招商的成功概率也就大大提高。

品牌前置、经营前置带来的巨大变化是：杜绝盲目性，减少浪费，让乡村建设目标更明确，招商运营更精准。

第三，是乡村形象的改变：

当前的美丽乡村，虽然基础设施齐全，环境卫生洁净，但毋庸置疑的是，大多数乡村缺乏个性和差异。乡村的品牌化，实际上就是个性特征恢复和挖掘，是乡村历史文化梳理和注入的过程。这一过程，不仅让乡村凸显出差异性，而且与消费市场产生对话，给了消费者"消费的理由"。

众所周知，当今消费是品牌消费时代。尤其是年轻群体，每天处在品牌包围之中，而乡村品牌化，给他们创造了一种似曾相识的消费场景，消除了他们对乡村的陌生感、距离感。我们可以把这个过程称为"乡村的内容，城市的表达"。

第四，政府诉求与市场行为形成了合力：

近些年，政府在美丽乡村建设上有着巨额投入，一个村动辄几千万，上亿的也不是个别。但政府的投入是一种行政行为，不可能永远持续下去，因此，如何让乡村从"输血"走向"造血"，让政府的"行政行为"转换为"市场行为"，是必须面对的课题。

以前，热热闹闹的"开镰节"之后，往往意味着政府大功告成，偃旗息鼓。留下的，是大堆的设施，无法利用。"美丽乡村"无法变成"美丽经济"。但品牌化行为，构建起了政府投入与乡村经营之间的一种良性衔接，让乡村的可持续发展真正成为一种可能。

传统乡村建设路径

新型乡村建设路径

品牌规划 ➡ 运营商接洽 ➡ 设计施工乡建规划 ➡ 对外招商 ➡ 品牌推广

附：三化互促：永安村的"稳粮经"

悠悠万事，吃饭为大。但在沿海经济发达地区，由于比较效益低下，完成粮食播种面积的任务始终让地方政府深感焦虑。最近记者采访发现，杭州市余杭区永安村通过品牌化引领、数字化支撑、组织化创新，走出了一条农业高质高效、乡村宜居宜业、农民富裕富足的"稻"路。在土地流转费高达每亩 1500 元的情况下，永安村粮食播种面积不仅连年稳定，而且不断增长；农民人均增收三年来从不到 3.5 万元增加到 5.5 万元；村集体收入更是大突破，从 2018 年的 56.85 万元增加到 2021 年的 300 万元。

在"非粮化"整治的当下，永安村"三化互促"的经验无疑具有重要的借鉴和启示意义。

打造"永安稻香小镇"，实施品牌化引领

永安村地处杭州西郊，面积 7.09 平方公里，人口 3088 人，全村 97% 为国家保护的基本农田。由于土地无法征用，永安村发展一时找不到方向。以致 2017 年村集体经济收入还只有 28.5 万元，被划入余杭区经济薄弱村之列。

2018 年，杭州市农业农村局在全市范围推出"高标准农田示范区建设"项目，永安村作为第一批试点被列入其中。

"示范区建设"让劳动生产力提高有了可能，也让土地产出收益有了新的预期。村里适时启动流转工程，将土地全部集中流转到村集体，再由村集

体发包给种粮大户，实行"统一品种、统一技术、统一管理、统一包装、统一销售"的"五统一"。

如何将项目打造成高产高效样板区、融合发展引领区、数字农田先行区、共同富裕实践区？当地紧接着启动"永安稻香小镇"品牌建设计划。

"现在的消费者越来越认牌子。无论是我们村子还是大米，没有品牌都寸步难行。"村支书张水宝认为，永安村今后的发展，要通过品牌加以引领。

2019年，由专业机构操刀，完成了"永安稻香小镇"品牌规划。挖掘、塑造了稻香小镇的鲜明个性，创意设计了"稻色新，永安心"这一充满双关寓意的品牌口号，以及充满江南调性的品牌标识，并且为小镇下辖八个村进行功能定位，制定了精准的品牌传播策略。

为了配合品牌落地，村里专门策划举办了内容丰富的"开镰节"。其中有环保创意秀、草垛和迷宫乐园、稻田音乐会、百米长桌宴等活动，并通过全媒体中心和各种公号广而告之。

一个默默无闻的乡村，一个人们熟视无睹的乡村，一个千百年来一直以种粮为生的乡村，通过品牌创建，呈现出时尚、现代的色彩。仅仅一个月时间，永安就吸引到2万游客。每逢周末，"长桌宴"不得不每天翻桌。

今天，永安村的产业已经从传统的一产，如糙米、软香粳米、胚芽米、糙米等的市场，走向粗加工和精细加工，开发出了米糕、米酒、粽子、青团等衍生品，稻米的综合产值得到了大幅提升。

"我们已经申请到13亩建设用地指标，准备马上动工，兴建8600平方米的乡村综合体。里面有稻米博物馆、新品种展示馆等。还要建设一个大米加工厂，不仅可以自己加工稻米，还可以进行研学体验。"张水宝觉得找对了路子，越走越有信心。

数字化为品牌化做支撑

品牌是一种信用背书，除了文化内涵、个性价值的感性表达，还需要通过数字化进行理性支撑。"品牌是数字化的变现，而数字是品牌化的内核。"浙江大学城市规划设计院数字品牌研究所副所长朱振昱认为。在介入永安村未来乡村规划时，他十分注重数字化对品牌的支撑作用。

永安村已经实施了两期数字化项目：一期基于消费者端，例如稻田数字

认养商城、农安码溯源、农业数据可视化、智能导览和短视频分享等；二期基于生产端，例如虫情自动检测、水稻生产模型等。通过两期工程，围绕生产和销售，初步构建起了品牌的信任体系。

由此，人们不仅可以通过天猫、盒马等电子商务、新零售的数字化销售渠道和智慧认养系统，实现随时随地下单、追踪订单；还可以通过104个视频，实时查看水稻生长情况，从而增强信任感，愿意花更大的代价购买产品。智慧剪接视频系统则能达成与智慧导览系统连接，预告各类体验活动，方便游客进村游览，还能让游客在体验过程中随时进行视频分享，通过抖音、小视频等实现网络裂变。

为了进一步强化村民、游客参与互动的兴趣，让数字化系统真正起到推动经济发展的目的，朱振昱认为，三期应该以数字乡村、未来乡村为目标，从生产、生活、生态三个角度，全方位实现乡村运营和管理的数字化。

"这里的关键是，必须通过积分体系建设，将政府管理服务、村民自治治理、游客游玩消费构成一个完整的闭环，最终为乡村品牌建设赋能。"

朱振昱的设计是，针对外来游客，通过人工智能和AR等最新技术，利用小程序拍摄永安美景、大米包装、乡村LOGO等，不仅可以自动识别播放永安故事、产品介绍等，让品牌变得"鲜活"，实现历史、文化、主题活动等乡村印迹可看、可听、可感知，同时可以形成可兑换的积分，吸引其继续关注永安，进一步增强品牌黏性。

针对本地村民，则通过随手拍垃圾分类、面源污染，以及获得的各种荣誉、提供的各种志愿服务、参加的各类文体活动等进行积分兑换，调动和鼓励村民参与其中，不仅激活数字乡村体系，而且激发村民维护品牌的正能量。

数字化项目的实施，不仅支撑了品牌、丰富了品牌，为品牌落地传播创新了方式、提升了效率，同时还以其数字化气息，吸引到不少数字达人前来创业发展。

洪云峰是一名圈子里小有名气的网红。通过直播认识永安村后，经过5次考察交流，终于下定决心，将团队从安徽黄山迁移到永安村。2021年10月，团队入驻不久，就帮助运营永安村的抖音号，仅仅一个月时间，就获得杭州本地生活的休闲娱乐场所人气榜和好评榜第一的佳绩。

如今，永安村成了创业创新的大舞台，像洪云峰这样落地永安创业的企业，目前已经达到31家。这些企业大多具有互联网基因，从事电商、直播等，而且大多与农业紧密结合，成长飞速。

聘请乡村 CEO，进行组织化创新

品牌化也好，数字化也罢，都需要相对专业的人打理，但村里的人才储备显然勉为其难。这就需要创新组织载体，引进经营性人才。

2019 年 5 月，永安村设立全资子公司——杭州稻香小镇农业科技有限公司，由村党委书记张水宝任董事长。随后根据余杭区统一安排，面向全国招聘职业经理。

在激烈的竞争中，刘松脱颖而出，成为公司总经理。这位安徽农大毕业的小伙子曾在大型农企工作多年，具有丰富的农业经营和企业管理经验。一个好汉三个帮，刘松到任后，利用余杭街道推出的"稻香聚才十条"人才服务政策，一方面鼓励村民就业创业，另一方面吸引优秀人才返乡创业，搭建了一支由 7 位本地村民和 2 位外来人才组建的运营团队，并通过推行合伙人计划和全民营销计划，为永安村构建了扎实的运营组织保障。

运营的重点，刘松不假思索，首先就瞄准了"卖大米"。只有借助数字化工具，将大米卖出品牌溢价，永安村才能完成既增收又保供的目标。

基于"禹上稻香"品牌规划，刘松升级产品包装，推出了全新产品胚芽米系列，并将原有的稻香永安、永安心米等品牌纳入"稻香禹上"区域公用品牌体系。以谷绿农品公司为运营商，开设全新天猫旗舰店，同步入驻新零售渠道盒马鲜生；通过全新抖音直播带货的模式，邀请演员刘涛、抖音大V"隐食"带货；结合线上线下土地认养，企业批量采购等集采模式，引入企业 31 家，认养稻田 360 亩，直接产生经济收入 288 万元。2020 年"双十一"期间，永安大米在天猫渠道完成预售 350 多万斤。2021 年"双十一"首日，永安大米电商销售额超过永安稻香小镇 2019 年全年销售额，成为单品首日天猫粮食类目第一名。

三产融合是永安村发展的根本路径。但这种融合发展并非无中生有，而是基于稻米产业的拓展延伸。在这一思路引领下，公司承接了"开镰节""丰收月"等特色活动，开辟共享小院、亲子乐园、稻鱼共养基地、酿酒体验工坊等乡村娱乐阵地，丰富环保创意秀、稻香科技艺术节、长桌宴、稻田婚礼、田园间的民谣、草垛乐园、稻垛集市等游玩形式，提高永安村的客流量，实现农文旅融合发展。公司还鼓励支持农民发展民宿、农家乐等生态经济，通过开展特色采摘、农产品 DIY 等体验活动，拓宽蔬果、鱼虾、家禽家畜、菜籽油产品等绿色农产品以及青团、粽子、年糕、米白酒等土特产的销售渠道，促进农民在"家门口"增收致富。

在发展产业的同时，刘松依托党群驿站、文化礼堂等阵地，建立常态化村民活动机制，开展月度会、政策宣传、健康讲座、公益服务、相约周末、包粽子、做月饼等大家喜闻乐见的党群活动；通过墙体美化、展板等宣传形式进行政策宣导、道德教育，结合山水风光、历史典故等人文特色的内容，丰富村民文化生活，提高村民文化素养。

如今，刘松已经成为村支书张水宝须臾难离的左膀右臂："村集体的任务是管理，要想发展则勉为其难。不仅缺乏资源，也缺乏相应的能力。只有组建公司，聘请职业经理，才能让乡村发展梦想成真。"

国家保供和农户增收，一直被人认为是一对矛盾。如今，通过"三化"互促互动，永安村不仅解决了这一冲突，而且快速实现了强村目标。2019 年，余杭街道 8 个农村片区，永安村集体经营性收入排名垫底；仅仅两年时间，到了 2021 年就一飞冲天，在 8 个村中排到了第一。

就此，长期从事农业经济研究的浙江大学郭红东教授指出：消费方式的升级、技术手段的更迭、社会结构的变迁，决定了生产方式的重组。永安经验表明，只有顺应时代发展需要，才能让传统稻乡走出生路。这是村级组织体系的再完善、再拓展之路，也是政府基础设施投入和生产要素资源重组之路，更是乡村潜力再发现、形象再塑造、资源再开发、价值再创造之路。在三产融合发展新时代，永安模式值得我们深入思考、灵活借鉴、大力推广。

（作者蒋文龙，原载《农民日报》2022 年 3 月 24 日）

一问：在传统的理解上，"三农"领域的品牌大多是指农产品品牌、乡村旅游品牌。在乡村振兴的坐标上，乡村品牌化意味着什么？

答：每一种品牌都带着时代的烙印，都是不同审美、不同价值主张的集中体现。

乡村的形成与人类的诞生几乎同步，但数千年来，乡村只是封闭落后的代名词，缺少市场性，没有流动性。但今天，乡村的功能特性已经发生巨大改变：清风明月、春种秋收，甚至连青蛙的叫声和夜的黑都是奢侈品，可以包装卖给游客。乡村已经不仅仅是简单地提供农产品，更不仅仅是村民自娱自乐的场所，而是作为一个完整的主体，整体进入市场。乡村的功能价值和主体特性得到了重新定义。

以前我们推动农产品品牌，其核心是产品，功能上可以满足人的生理需要；而乡村品牌尽管包含了农产品，甚至旅游产品，但又超越了产品的物理属性。它以整体的形象面向市场、面向消费者，不仅提升了物质产品的附加值，而且形成了乡村的品牌资产积累。

在乡村振兴大背景下，乡村品牌化呈现出不可逆转之势。乡村品牌成为乡村与消费者进行沟通交流的桥梁和纽带。在没有占有更多资源、没有增加产量的情况下，乡村品牌化实现了乡村资产的整体增值。这是一种高质量、可持续、绿色化、共同富裕的乡村发展之路，是乡村发展方式的变革和转型，具有重大的历史意义和现实价值。

二问：新中国成立后也有许多明星村，他们是不是品牌？为什么说乡村品牌化今天才真正破题？

答："文革"期间的山西大寨，"改开"时期的安徽小岗，工业化时代的华西村、南街村、大邱庄等都曾红极一时。他们是时代造就的明星，与市场属性、竞争要求尚有较大距离。他们更多的是一种政治符号，而并没有整合资源，进行整体营销的理念。

我们所说的"乡村品牌化"，指的是以品牌化的理念和方法指导乡村经营发展，通过乡村品牌的创建、经营、管理，实现乡村价值的再聚焦、再发现、再利用。这是一个主观能动的过程，是一种主动干预的结果。

乡村品牌化的发端过程，实际上是对乡村功能价值再认识的过程，是政府发力推进乡村发展方法、路径上的再探索、再实践。对于政府投入乡村基础设施建设，大家都认为是天经地义、无可厚非，事实上，品牌建设的投入，我们也完全可以视作政府提供的一种公共服务。只不过这是"软件"，而非"硬件"。

三问：那么，从政府工作层面看，乡村品牌化的迫切性和现实意义表现在哪里？政府推动乡村品牌化工作有什么动力可言？

答：简单地理解，乡村品牌化是政府巨大财政投入的变现。政府可以通过品牌化，续写好美丽乡村建设的下半篇文章。

以浙江为例，自 2003 年展开"千万工程"以来，建成大批宜居、宜业、宜游的美丽乡村；2017 年，再一次推出"万村景区化"工程，把其中 1000 个乡村打造成了 3A 级标准的景区村庄；2021 年，进一步提出打造 1000 个未来乡村，作为新时代美丽乡村升级版。

连续二十余年巨额的财政投入，带给乡村的变化有目共睹：基础设施齐全了，环境卫生整洁了，村容村貌优美了。但建设美丽乡村并非最终目的。老百姓可能会为美丽乡村叫好，但长远来看，只有美丽而且富裕，才能真正获得老百姓的点赞。

因此，如何利用美丽乡村建设的成果，给广大村民带来更加切实的收益，是我们政府难以回避的、必须思考的新命题。否则，我们建成的美丽乡村，很可能沦为"政绩工程"，会被老百姓骂"中看不中用"。

四问：浙江是美丽乡村建设的先行地，何以乡村品牌化又一次在浙江率先破题？

答：概括起来，浙江的乡村品牌化取决于"内外兼修"。所谓的"内"，指的是农业农村市场化改革以来，对个性化、特色化一直以来的追求；所谓"外"，指的是"千万工程"给浙江乡村面貌带来的改变，这一改变为乡村品牌化创造了条件。

2003 年，浙江启动"千万工程"。时任浙江省委书记的习近平明确提出，要求各地树立"经营村庄"的新理念，把发展特色农业、特色工业、特色观光休闲业与建设特色村庄结合起来。"经营村庄"是一种乡村发展理念、发展方式的转变，具有显著的消费者导向和营销理念。"经营村庄"意味着"乡村品牌化"。因此可以说，"经营村庄"理念的提出，意味着"乡村品牌化"开始孕育。

2010年，浙江提出"美丽乡村"创建三年行动计划，大大加快了乡村品牌化的破土萌芽。涌现出一大批县域、乡镇、乡村品牌。尽管其构建的方法不够专业、系统，显得有些粗放、初级，但雏形已现。有的县域还构建起三个不同层级的品牌类型，如安吉的"优雅竹城、风情小镇、美丽乡村"。

在美丽乡村建设取得全面突破之后，2017年，浙江将重点从建设转向了经营，明确提出了向"美丽乡村"要"美丽经济"的口号。2017年起，"品牌化经营"的概念正式写进有关文件，强调要"突出品牌经营谋转型"，并将"品牌化经营"这一概念正式细化为评价细则。这意味着乡村品牌化在浙江真正拉开了帷幕。

五问：有关乡村品牌化方面，浙江近年来有哪些值得关注的理念和实践？

答：首先是规划编制要求"个性化"。"千万工程"启动之初，习近平就明确提出要因地制宜，根据村庄布局规划定位和不同村的区位条件、经济状况、人文底蕴，分层分类构建乡村规划体系。2018年，浙江推出"大花园"建设行动计划，明确要求形成"一户一处景、一村一幅画、一镇一天地、一城一风光"，形成共性与个性相和谐的"富春山居图"。

二是美丽乡村建设强调"标准化"。浙江制订发布了全国首个"美丽乡村建设规范"省级地方标准和"美丽乡村建设指南"国家标准。首次建立了280余项标准、法规、规范性文件组成的标准体系。最近，"未来乡村建设导则"又在征求意见，估计不日即将颁布。"标准化"注重流程与管理的规范、清晰，确保了美丽乡村建设的质量。

三是产业集聚体现"特色化"。2015年，浙江在全国率先提出了特色小镇的创建。至今已经批准三批114个功能定位清晰、产业特色鲜明的省级特色小镇。在农业载体设计上，无论是"两区"，还是"一区一镇"（农业产业集聚区和特色农业强镇），以及农家乐特色村，无不体现出对"特色"二字的不懈追求。

四是乡村文化保护谋求"差异化"。品牌塑造过程中,文脉植入不可或缺。正是意识到文化的特殊地位和作用,浙江启动历史文化(传统)村落保护工程。截至目前,全省共有七批304个重点村、1482个一般村被保护利用。尤其是"农村文化礼堂",让一个个乡村的文化内涵得以挖掘和利用,形成了每个村落之间重要的差异。

六问:当前,全国各地普遍在开展"人居环境整治",能否结合浙江的实践经验,给各地提出一些建议或者忠告?

答:作为中央媒体驻浙记者,本人从2003年就开始关注浙江"千万工程",每年都有重头报道,聚焦"千万工程"的变化。我越走越看越感觉到,我们一定要超前谋划,树立品牌先行的理念。没有进行品牌定位的建设往往是盲目的。

所谓品牌先行,指的是通过品牌策划,为乡村确立发展定位,为经营确定发展方向。通过品牌赋能,让美丽乡村建设具有灵魂。

由于财力有限,当前,每个地方都在打造样板。其实这些样板村条件都比较好,具有开展经营、走向市场的可能。但令人遗憾的是,所有的建设几乎都聚焦基础设施项目,偏重村容村貌的改善,而很少着眼长远、着眼运营。在所有的美丽乡村建设的盘子中,我们几乎看不到品牌建设、市场运营、活动传播的内容。似乎美丽乡村建成了,就完成了任务,乡村就万事大吉、达到了终极目标。

"人居环境整治工程"刚刚拉开序幕,资金投入、工程改造刚刚开始,我们要借鉴浙江经验,一切从品牌出发,一切服从运营,把品牌运营理念前置,争取主动建设、创造性建设,达到"既中看又中用"的目的。

七问:现在许多乡村建设规划中也有导示系统设计,这就是品牌吗?

答:我也关注到了这一现象。基本上的乡村建设规划中,都有道路指示系统方面的内容。但严格地讲,这不能算是品牌,而只是一个简单的指路牌。

品牌是一个完整的系统,由命名、口号、价值体系、符号体系、传播体系等构成,相互支撑、相互赋能。首先,它需要从村里的历史文化、资源禀赋等优势出发,寻找差异,树立个性,明确定位,然后据此出发,形成一个完整的识别体系。它关系到发展的道路和方向,是统领全局的,是核心所在。

而导示系统针对游客设定，只是一个简单的符号，没有根据，没有出处，甚至与核心价值相背离，因此不可能与品牌画等号。

我也关注到，许多地方误将搞活动当作做品牌。其实，如果没有确立品牌的核心价值，没有科学地提取个性化差异，你做再多的活动传播，那也是图热闹，赢取的只是一个名头。活动传播的目的是什么，是传播乡村的核心价值，在核心价值缺失的情况下，你的节目如何配置，业态如何招商，装置如何设计，外立面如何改造，统统都将是无的放矢。

八问：乡村品牌化看来确实刻不容缓，现在各地也都纷纷行动了起来，接下去应该重点解决什么问题？

答：当前，各地确实已经意识到乡村品牌化的重要性，但在实践中只是零敲碎打、不成系统，缺乏科学性，许多时候是拍脑门、凭感觉。因此我们建议一定要重视政策体系和理论体系的建设，要用政策和理论来进行规范推进。

首先要构建乡村品牌化理论体系。目前，工业、服务业领域的品牌化理论体系日渐成熟。而农业品牌化，尤其是乡村品牌化，属于全新的、空白的研究领域，几乎无人涉足。乡村品牌化的内涵、概念、范式、路径等一系列问题，都亟待厘清。只有政府高度重视，以课题的方式，将各方面力量整合在一起，共同展开研究，构建起科学的理论体系，以指导美丽乡村建设，才能避免浪费，收到成效。

其次要构建乡村品牌化的政策体系。乡村品牌化属于"自选动作"，面临的困难更大，也更具价值。如果没有从政策层面就资金的使用、考核、评价等作出规定，乡村品牌化很可能虎头蛇尾、不了了之。此外，乡村品牌化涉及农业农村政策、文化旅游、宣传推广、营销策划等多方面业务，是一项综合性工作，如果没有政策法规保障，必然导致在服务指导和管理上各敲各的锣，各走各的路，难以形成合力。

因此，我们应该通过政策法规体系的构建，明确建设资金中应包含一定比例的品牌化经营费用；明确乡村规划中应包含品牌规划的内容；明确乡村品牌化指导服务的职能设置；明确将乡村品牌化经营列入考核评估指标体系等。在社会层面，采取请进来、走出去相结合的办法，加快专业培训，快速提高有关干部群众的品牌化素养。

九问：就地方操作层面而言，推动乡村品牌化，当务之急应该做些什么？

答：我认为首先要依靠专业机构，编制系统、科学的品牌规划。乡村建设与发展中有多种规划引领，却唯独没有品牌规划指导，以致乡村品牌化进程看上去热闹非凡，实际往往不得其门而入。县乡一级缺乏统一面向市场的品牌，各个乡村自行其是；乡村品牌定位模糊，缺乏个性，千村一面，似曾相识；品牌营销和传播环节，往往把举办节庆活动作为唯一手段。凡此种种，不仅造成资源、财力、人力、物力的浪费，而且拉低了乡村品位，失去了乡村发展的目标动力，缩短了乡村的生命周期。

因此，我们必须强化乡村品牌顶层设计，在县、乡、村三级层面形成完善的品牌生态体系。通过既统一聚力又各具特色的"母子品牌"方式，给乡村发展进一步注入活力，为乡村实现品牌化经营提供解决方案。

我看乡村组团式发展

近两年，组团式、区片化发展在浙江乡村蔚然成风。2022 年 2 月浙江省公布了 100 个未来乡村示范村，据统计，有 25 个打破了村域疆界，以组团式、区片化的形象位列其中。在地方上，湖州推出了"组团式未来乡村"，计划每年建设 10 个左右的样板片区，市财政给予每个片区 1500 万元奖励。浙江第一财神县余杭，今年开始，要求每个乡镇街道打造"未来乡村示范带"，区财政投入每条示范带资金 1.2 亿元到 1.5 亿元。那么，组团式发展的本质是什么，对乡村旅游意味着什么？需要我们对此现象有个总体认识和把握。

第一，组团发展是在共富背景下所做的市场化新探索。改革开放以来，农业农村发生了翻天覆地的变化。但这种变化，更多的是通过政策松绑，激发出农民创新创业的活力，实现了个体价值的充分发挥。相对而言，我们"分"得很彻底，将"分"的这篇文章做足了，做透了，做到了淋漓尽致，但却忽视了"统"的一面，以致集体名存实亡，成为"空壳村"，失去了带动和引领能力。最终造成的结果是，农民只能背井离乡外出务工，在家务农的只能远离二三产业。乡村与城市的距离越拉越远。

乡村旅游是农业向三产延伸、争取获得更大利益的机会。但现实中，乡村生产要素碎片化、资源配置不合理，造成了大量闲置，无法利用。在这种情况下，我们如何通过组织化变革，去适应生产力新的发展？我觉得答案再清楚不过，这就是充分发挥村集体作用，让村集体走上前台，承担起更多的"统"责任。

但单个村所具有的旅游资源往往仍然有限，在乡村旅游不断升级的今天，我们只有站在更高位置、更广角度，通过组团、区片，对生态环境、山水资源、产业发展、交通设施建设，进行更好的规划、整合，才能构建起新的发展优势。因此，村集体之间将"小舢板"搭建成以组团、区片为特征的"大货轮"，不仅是共同富裕的本质要求，也是市场竞争、消费升级的必然结果。我们只有抓住机会，顺势而为，真正认识到其意义和价值，才能实现乡村旅游高质量发展。

当然，这个"统"并非大集体、大锅饭，而是生产力充分发展之后新的联合，是竞争催生出的市场化合作，是为了寻求发展而做

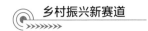

出的自觉选择。

第二，组团发展的成败决定于是否构建起运营实体。组团式、区片化发展是乡村走向经营过程中的自觉行为，带有强烈的市场化取向，而并非是简单的行政干预的产物。可以说，这种方式是乡村谋求新发展的组织化探索，是乡村旅游迭代升级的一次组织蜕变，但事实上，这种组织方式至今仍然是形式上的"合"，是貌合神离。我以为，衡量其是真合还是假合，唯一的标志是，是否构建起了利益联结的市场化运营实体。在这个实体中，大家将乡村资源共同投入其中，聘请职业经理进行专业运营，风险共担、利益共沾，一荣共荣、一损俱损。假如没有形成这样的市场化主体，组团式、区片化发展只能是口号，是愿景，而不可能真正落地，产生实质性作用。

这方面，径山镇走在了前列。该镇将15个村社根据资源特色，分成3个组团，进行资源互补，抱团发展。这给乡村旅游迭代升级提供了条件。例如小古城等五个村社，共同组建了新的市场主体——小古城实业。在苕溪绿道环线、小古城绿道及镜潭湖公园基础上，建设小古城大环线，将诸多业态串点成线，实现统一管理，共建共享。2021年集体经济收入871万元，景点门票收入250万元，同比增长212.5%。组团式、区片化发展展现出了巨大的前景。

当然，资源如何量化入股，经营如何决策、如何有效监管等等一系列问题，还有待于更多的地方展开实践探索，在此基础上形成科学规范的方法。

第三，组团发展的未来必定在于品牌化经营。构建市场化运营主体，也并不是简单地一"合"了事。有的组团尽管组建了市场化运营实体，但其实是换汤不换药，因为并没有明确新的发展定位。因此我认为，组建实体仅仅是组团发展走出了实质性的第一步，第二步紧接着就是对品牌进行定位包装，实现品牌化经营。

所谓品牌化经营，指的是以农业为基础，以乡村空间为载体，利用自然、历史、文化、产业资源，通过差异化定位，进行整体包装设计营销的方法。品牌化经营并非简单地经营传统农产品，而是经营乡村的整体形象，是乡村发展方式的重大转变。

从村集体发展到组团式发展，我们需要对资源进行重新梳理和整合，形成新的优势，以便参与更高层面的竞争。组团之前，你的定位对象只是村落，只要符合每个村落的资源特色；组团之后，你就必须通过盘点、重组，让组团的个性价值、差异化优势重新得到确立，让组团能够以新形象展现在游客前面，创造出新的价值。因此，那种组建了市场化主体，但却并没有构建起品牌新形象的组团，是不可能获得市场主动权的。各位，组团式、区片化发展，是浙江乡村旅游满足多元消费的一种新探索，还有大量问题值得我们大家共同探讨。我相信，只有通过市场化、实体化、品牌化，才能让组团真正组在一起，团在一起，最终实现村集体经济和村民的"双增收"。

乡村运营中的八大警示

大量实践证明，缺乏运营或先建设后运营的乡村普遍存在可持续发展难题。我们必须从乡村整体发展的高度出发，将品牌运营前置，以运营思维引领、重塑整个建设流程，解决建设与运营脱节的问题。

乡村运营已经成为乡村振兴的新课题、高频词和新出路。

传统的乡村建设流程，是先有空间规划，再进行建设、施工。建筑落成之日，便是项目完工之时。如何物尽其用，让乡村建设做到好看又中用，让乡村建设的成果持续产生效益和价值？浙江各地展开了乡村运营的新探索。

为了推动品牌化经营，由浙江省乡村建设促进会主办，召开了"浙江省乡村运营武林大会"，评选出"十大教头""十大业态"。图为作者为"十大教头"颁发奖杯

大量实践证明，缺乏运营或先建设后运营的乡村普遍存在可持续发展难题。必须从乡村整体发展的高度出发，将品牌运营前置，以运营思维引领，重塑整个建设流程，解决建设与运营脱节的问题。

运营前置意味着一切要从品牌定位、主题策划开始，让乡村建设一开始就做到心中有底。了解个性差异在哪里，如何充分利用建设项目才能撬动沉睡的乡村资源。规划、建设、施工等环节，都要紧紧围绕运营的需求加以展开，做到政府投资有实效，能够带动社会资本共同投入；乡村发展可持续，自我良性循环发展；运营商投入有信心，无须再做重资产投入即可开张营业。

运营前置尽管看上去只是先后次序上的调整，但对整个乡村发展的影响全面且深刻。以消费者需求为导向的理念正在改造并影响着政府主导的整个乡村建设。

笔者调研后发现，乡村运营中也存在诸多共性问题，值得引起各方高度关注，并加以研究解决。

警示一：重乡村旅游 轻农业产业

一谈到乡村运营，许多地方下意识地就想到发展旅游。村村都有游客接待中心，活动、引流、配套设施，无不围绕旅游展开，让人误以为乡村运营就等于发展乡村旅游。

我们且不论这么多游客来自何处，他们因何钟情乡村，也不论乡村是否有能力、有资源开发旅游。但我们必须思考：乡村的最终价值究竟是什么？旅游究竟有多大可行性值得我们将乡村托付"终身"？

我赞成乡村旅游。因为消费者确有这一需求，旅游也确实发掘了乡村新的价值，找到了乡村新的发展路径。但另一方面，我们也需要看到，真正能够依靠旅游实现振兴的乡村毕竟是凤毛麟角。村村盲目发展旅游的做法，到头来很可能留下一个无法收场的烂摊子。

乡村是什么？是农民生产、生活的场域。尽管时至今日，乡村的功能已经得到很大限度的拓展，但不管到何时何地，其最基本、最重要的功能，仍然是农产品供给。这是无可替代、无法转移的。

乡村旅游是乡村功能的重要延伸，但绝非乡村运营的唯一目标。我们不能本末倒置，更不能舍本逐末，把乡村运营的节奏带偏。打造"一村一品"，构建特色乡镇，发展现代农业，应该作为乡村运营的首要任务被强化。即使是有条件开发旅游的乡村，运营商也得充分考虑，如何利用活动、流量、设施，赋能农业产业的发展。

对乡村旅游而言，只有融入农业产业发展，才能获得恒久的、内在的动力。离开农业产业这一基础，哪怕旅游搞得再热闹，恐怕也无法生根开花。

因此，我们绝不能简单地将乡村运营与乡村旅游相等同，更不能盲目地拿旅游指标衡量所有乡村的发展。这方面，有关部门应该加强主导，让乡村运营回归本质需求。

警示二：重文化展示　轻主题提炼

如何开展运营，各村想方设法挖掘在地文化：历史、名人、故事、传说、非遗、习俗、节气、民艺、建筑、景观等，不仅丰富而且生动。以此为基础，许多乡村还建起了各种陈列馆、博物馆，搞起了民俗活动、文化节会。

但不少地方错误地认为，只要把文化挖掘出来，乡村运营就能大功告成。只要有文化、有故事，游客就会爆满。

殊不知，乡村文化尽管多姿多彩，但状如散沙、飘如浮云，如果没有主题定位，就难以"串珠成链"，形成强大的市场号召力。如此，乡村文化就无法转变成现实生产力。

寻找主题定位的过程，就是进行乡村文化创意发酵的过程，就是破解乡村文化转换"密码"的过程。我们要去芜存菁、去伪存真，将乡村文化中真正具有地域标识、个性特色的元素筛选出来，并且与产业发展相结合，最终形成村庄主题定位。

主题定位犹如乡村运营的"定海神针"。

尽管我们深知，对文化不能采取实用主义态度，要求其立竿见影，马上就产生经济价值，但我们也必须认识到，所谓文化的挖掘，目前大多停留在发现和整理阶段，属于初级的、浅层次的活动。如果没有经过创意发酵为具有符合消费者需求的科学提炼，我们所面对的文化，只能算是"铁矿石"。

经过提炼的主题最终表现为强大的IP。其载体既可以是一位历史名人，也可以是一种产业、一种民俗，甚至是一种体现地方特色的建筑，其内涵则必须成为符合消费者需求的文化符号，并能够转化为文化产品，成为市场商品，升级为文化礼品和文化精品。IP的势能越是强大，对文化现象的整合力也就越强。

文化大市绍兴就有很多成功的实践：坝头山村利用诗人陆游，打造南宋韵味浓厚的江南乡村；晋生村借助导演谢晋，打造影视文化村落；安桥头村借助鲁迅外婆家，打造亲子体验为特色的专业村；下岩贝村利用山水文化，成功发展民宿农家乐服务业。

网红节点在乡村随处可见，图为越城区坝头山村景观（供图：坝头山村）

这些主题定位个个独树一帜，具有显著而强大的辐射力，在乡村运营中，发挥出不可估量的文化整合作用。可以说，没有这些 IP 的引领，乡村里再丰富的文化，最终也只能随风飘散。

警示三：重业态引进　轻整体布局

一个乡村，如果没有丰富的业态，往往会被认为缺乏活力，是运营不够成功的表现。因此，许多乡村将引进业态视为第一要务：农家乐、民宿、采摘游、花海、咖啡店等。每一个业态后面，紧跟着引人入胜的创业故事。

乡村运营中引进业态大有必要，没有业态的支撑就谈不上乡村发展。但这里有诸多深层次问题：我们究竟应该引进什么样的业态？应该如何引进业态？如何让业态为整体品牌的打造服务？

笔者认为，业态引进要讲究科学，要进行整体布局。

引进业态不能随心所欲，要从主题定位出发，进行个性化、定制化的引进。业态和主题之间要相互依存，业态支撑着主题不断成长，主题引领着业态不断丰富。

业态的引进并不是越多越好。业态和业态之间，不能出现同质化竞争，而需要功能互补。没有整体布局的情况下，绝不能为了开张、展示，就急着"拉郎配"。

瓷器拉坯成为乡村运营中最受欢迎的体验项目之一。图为上虞大善小坞村举办的研学活动。（供图：大善小坞村）

乡村随处可见的景观，成为品牌内涵挖掘的源泉。图为德清三林村的白鹭景观（供图：三林村）

　　没有主题定位，整体布局就无从谈起。比如村里白鹭栖息多，就可以集中精力，将白鹭打造成IP，形成独具特色的主题。整体布局就能以此为原点，将线路策划、产品设计、活动推广、业态装修全部聚焦到白鹭，然后通过持续不断地传播，让消费者形成越来越深刻的认知。

此时，业态引进不再是盲目的"招商"，而是目标清晰的"选商"。对什么样的业态适合本村，哪一个业态在运营中具有决定性的作用应该下大力气引进就一清二楚。所引进的业态也不再是孤立的"散兵游勇"，相互之间具有一种内在的关联，最终形成有序的生态，都为乡村品牌赋能。

警示四：重过程管理 轻路径设计

乡村运营必然会部分使用财政经费和公共资源，乡村运营理当接受管理考核。但不同于项目建设，乡村运营是一种高度市场化、个性化的经营行为，面对的是复杂多变的环境，需要的是临机决断的能力。因此，过于烦琐、细致、量化的考核，很可能影响其灵活性和创造性。

事实情况是，我们不仅用行政体系考核的方法，要求乡村运营时时留痕、处处有迹，进行严格的过程管理，而且设计出十分细化的指标并与奖惩挂钩。如每年要策划举办几次活动，每场活动引流多少；每年引进人才和社会资本的数量；村集体和农民收入每年递增的幅度等。

乡村振兴不可能一蹴而就，再严格、再科学的过程管理也无法确保运营的成效。作为一种新理念新探索，对一个村来说，要在一定的容错机制下及时发现问题、解决问题，而在更高层面上，乡村运营亟须突破的，不是通过"过程管理"消除风险，而是通过部分村庄的先行先试，研究具有普遍性、规律性的问题。

比如引进社会资本和职业经理时，构建什么样的合作机制更加科学？哪一类乡村适合哪一类机构主导运营？本土运营人才的培养以及村民素质的提升问题究竟如何解决？项目预算中是否应该将品牌推广、乡村运营的经费列入其中？

这些涉及要素重组、政策供给、管理创新的问题十分重大，我们不从路径设计的角度去研究总结推广，而是去决定乡村应该做什么、规定怎么做、评定做得怎么样，乡村运营的自由裁量空间难免受到限制，久而久之，乡村运营难免失去活力。

浙江安吉县的做法比较可取。该县以乡村为单位，将山川河流、林地资源、建设用地等资源进行整体打包评估，由国家开发银行提供融资贷款，一大批乡村由此解决了资金难题，步入乡村运营发展"快车道"。如此成效，只有

通过县级层面的路径设计才有可能达成。

警示五：重政府主导　轻农民主体

乡村建设究竟谁是主体、由谁说了算，是个老生常谈的话题。今天，乡村建设走到了乡村经营的新阶段，这个问题依然存在，甚至越来越突出，越来越尖锐。

乡村建设由政府投入为主，要求建设工程的标准化、规范化，因此往往是政府做主；乡村运营是经营性行为，要求面向市场，因此更需要农民积极参与。

令人遗憾的是，我们在乡村运营中看到了太多的创业创新，一些题材和概念缺乏市场号召力，缺乏个性特征，很明显只能在行政系统流通。

概念性项目不是不该做，而是应该结合实际，做得"天衣无缝"。比如浙江桐庐县环溪村，因为都是周敦颐的后人，就抓住《爱莲说》这一文化根脉，从种莲、赏荷、酿造莲子酒，再到廉政教育、廉洁文化普及，进行全方位开发。

那么，如何让农民从袖手旁观地看，到摩拳擦掌地干？乡村工作一再证明，只有通过利益联结，才能真正调动农民。

第一个层面是引进外来资本，与村集体合股组建运营主体，实现保底分红，逐年递增，让农民觉得有利可图。

第二个层面，是加大力度招引乡贤、村民、本地大学生回乡创业投资，进行利益捆绑。

第三个层面，是发动全体村民众筹，共同参与业态的投资开发，让利益与人人相关联。

乡村运营所经营的，必然是农民的资源和资产，而农民对利益的诉求不仅朴素而且直接。因此，无论于情、于理、于法，我们都应该将农民的利益与乡村运营深度绑定，从根本上激发其参与的积极性，将其真正塑造成主体。

警示六：重运动传播　轻系统推进

乡村运营离不开传播。但纵观各地，发现往往形式大于内容，搞的是运动式传播。

围绕着验收、开园等时间节点,大家习惯于"刮台风""搞运动"。领导视察、媒体报道、开园演出,看上去热热闹闹、皆大欢喜,到了年底,总结起来亮点不少,但再看实际,乡村的未来并未被点亮。这种传播无异于饮鸩止渴,是对乡村一种"输血式"的救赎。

如何避免忽冷忽热、大起大落,让乡村通过运营真正获得可持续发展?我们一定要树立引进"系统化"思维,将乡村作为一个品牌产品,进行系统化设计、打造。

所谓系统化思维,就是站在消费和市场的角度,尊重乡村运营规律,用科学、专业的态度,从主题定位、市场分析、产品设计、活动传播等方面,提供综合解决方案。系统化思维的特点是,将对象视作一个有机整体,研究要素间的关联性,寻找其运营规律。

传播规律告诉我们,任何一个品牌的成功,必定是系统化思维的结果,必定是有目标、有计划、有步骤的传播。那种依靠灵光一闪的创意,想要激活一个乡村的做法,已经离我们这个时代越来越遥远。

运营为业态进入乡村打开了大门。图为浦江县新光村在乡村大草坪举行婚礼。
(供图:浦江县新光村)

浙江绍兴上虞区太平山村有2000多年历史,但长期以来发展找不到路径。运营团队进入之后,发现该村尽管地处偏僻,但十分适合休闲养生。东汉末年,著名道教理论家于吉曾在此炼丹并著《太平经》。同时,当地产有养生保健

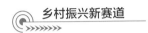

中药材黄精。

运营团队将其定位为"仙隐太平",并流转土地种植、加工黄精,开发出"仙养"系列产品。就这样,将环境、资源、历史、文化、配套等串联在一起,看上去不慌不忙、有条不紊,很快就形成了具有内在发展逻辑的系统。

警示七:重"外来和尚" 轻"本地菩萨"

许多地方习惯于财政购买服务,美丽乡村一建好就交给第三方运营,合同一签就是两三年。

国际商务研究中有一个"外来者劣势"的概念。说的是新入者必将面对"水土不服",必须一方面适应本土环境和文化,另一方面保持自身竞争力。因此,将乡村运营交给第三方机构,实在有点像"押宝"。

一则"外来和尚"对当地缺乏了解。无论环境、产业还是历史、文化,尽管可以通过调研予以解决,但要真正融入当地,取得百姓认同绝非一朝一夕之事;

二则乡村运营乃全新的探索,"外来和尚"往往来自城市,所掌握的大多是活动策划、新媒体应用等技术,就乡村运营而言基本没有成功案例;

三则由于是外来的,并没有在当地进行固定资产投入,一旦遭遇问题,随时可能打"退堂鼓",让乡村错失发展机会。

这一分析和考量并不是要否定第三方机构。"和尚"不管来自外地还是身在本地,只要能念好真"经",解决强村富民问题,我们都应该张开双臂,热情拥抱。

相较于"外来和尚","本地菩萨"土生土长,更了解当地的政策、环境、市场、文化,更容易得到百姓拥戴。"外来和尚"解决不了的难题,在"本地菩萨"看来很可能易如反掌。

浙江有大批的企业家乡贤,他们有眼界、有资源,对乡村怀有深切感情,渴望在乡村舞台上成就人生的另一种价值。

因此,地方政府在权衡取舍中,应该认真考虑"本地菩萨"的存在价值。即使引进"外来和尚",也要着眼于培育当地的运营人才,做到用市场换技术。

绍兴坡塘村原来一片空白,根本没有经营。罗国海从企业中抽身回到村里担任党支部书记后,决定开展美丽乡村建设,并由村领导班子展开经营。

当时有人并不看好这一选择，但罗国海一班人用实践证明了"本地菩萨"至少不比"外来和尚"差。当年10月1日开园就一炮打响。

"这就像农村里喝喜酒，有两种不同的办法。一种是去城里五星级酒店，什么都会给你代办，只要你人去就行；另一种是自己在家里办，七大姑八大姨都来帮忙，你洗菜、我切菜，大家热热闹闹，你说哪一种更好？"罗国海说道。

警示八：重大屏展示 轻数据赋能

随着数字乡村的推进和实施，与前些年比较，乡村最为显著的变化之一是多了块数字大屏。

建设数字乡村既是乡村振兴的战略方向，也是建设数字中国的重要内容，因此，各地政府基本都出台了数字乡村建设规划。而这块数字大屏，在乡村数字化建设中，则往往被当成最抢眼的亮点。

大屏的核心版块是一张图，叠加了自然资源、主体信息、产业信息、文化活动、治理信息等多个图层，实现数据汇集、统计分析、区域管理、事件处置、应急指挥等功能。为了这块大屏，政府投入资金动辄上百万元，但其所发挥的作用，除了方便基层治理、服务外，其他都悬在空中。

数字乡村建设工程中，最宝贵的不是大屏，而是数据。建大屏是花钱的，而数据却可以盈利。只是我们并没有以运营为导向，有效整合一二三产业的资源，实现线上线下融合发展。各个业态的推广宣传和营销从传统渠道到淘宝京东到朋友圈微信群再到直播短视频，八仙过海各显神通，数据分散在各家手上，而且标准各不相同，无法快速、有效汇集，实现资源共享、用户共享，进而实现上下游联动、抱团发展。

数字乡村建设的深层意义绝非在文化礼堂内竖起一块大屏，来展示自己的家底，更关键的是要通过数据赋能产业发展、实现共同富裕。

因此，我们应该转变思路，以消费者为导向，加快构建乡村数字化运营平台。将县、镇、村管理系统纵向贯通，将各业务系统横向协同，将乡村运营团队的数据实时汇集、共建共享、变现数据，服务于生产、加工、营销。这种数据赋能的创新探索就很值得支持。

（作者蒋文龙，原载《农民日报》2023年2月7日）

第十一章
政府要处理好七重关系

时至今日，区域公用品牌发展已成浩荡之势，不可阻挡。但区域公用品牌毕竟是"新生事物"，尚有诸多问题值得进一步探讨解决。其中，政府如何更好发挥职能，助推其发展至关重要。

这是由区域公用品牌特殊的"双重属性"决定的：

首先，区域公用品牌是政府推动"三农"转型发展的抓手，是政府服务小农走向市场的工具和手段，具有"公益"属性。因此，对政府而言，在推进区域公用品牌发展的过程中，一定要有所作为。

另一方面，尽管创建区域公用品牌的目的是"三农"转型发展，但这种服务手段具有市场属性，有其品牌的内在规律必须尊重，因此要处理好多种关系。原则上做到"既不缺位，也不越位"。

区域公用品牌创建实际上已经成为考验地方政府各方面素养的一张试卷。

政府和市场的关系是经济学问世以来研究的焦点问题。

创建区域公用品牌，充分体现了政府的意志，彰显了政府的责任和担当。它完成了生产主体想做但做不了的工作，弥补了小农对接大市场的断点。但政府在其中的作用并非万能的。

如果将区域公用品牌建设分为"建设"和"运营"两个阶段，那么我们可以将"建设"理解为基础设施建设的投入，是政府所不能缺位的 。而进入"运营"阶段后，政府职能应该及时调整。做到不越位，不包办，在充分发挥市场主体作用的同时，积极做好品牌运营的监管考核工作。

概括总结：品牌"建设"阶段政府是主体，不能"缺位"；品牌"运营"阶段政府是配角，不能"越位"。

在"强政府"的现实背景下，"越位"问题比"缺位"更为突出、更为普遍。

地方政府的错位往往是由于对品牌建设的模糊认识。他们有的误以为，政府出资做好了品牌规划，就大功告成、万事大吉。殊不知品牌建设需要长线投入、不断培育。有的则在运营阶段，将政府的意志替代市场化行为，最终抑制了市场主体的能动性，让品牌建设沦为"政绩工程"。

政府被誉为"守夜人"，可以在市场失灵时进行有效弥补；市场被称为"看不见的手"，在资源整合中可以发挥基础性作用。这对天然存在的矛盾，也许永远无法调和，我们能做的只是让两者有一个平衡。

缺位与越位

母与子

区域公用品牌建设其实是农业品牌生态体系的构建，它涉及公用品牌和企业品牌、产品品牌之间的多重关系。

打造区域公用品牌的"初心"，并不是为了简单地创建一个品牌，而是因为在家庭承包经营的情况下，小农无法对接现代农业，政府希望通过提供品牌的这一公共服务，降低小农进入市场的成本和风险。其背后真正的目的，是通过区域公用品牌建设，为企业品牌、产品品牌赋能。许多地方的实践已经证明，大企业、大品牌的诞生，往往依赖于区域公用品牌的崛起。

因此，我们不能将目标和路径混为一谈。要自始至终清醒地认识到，区域公用品牌打得再响亮，最终的目标仍然是为了培育企业品牌、产品品牌。只有企业品牌、产品品牌成功了，才能证明区域公用品牌创建达到了目的。

但在现阶段，无论是从小农融入大市场，还是农业转型升级的现实角度看，我们更需要的是弥补短板，为广大的中小主体提供区域公用品牌的"公共服务"。那种一味强调企业品牌作用的论断，不是由于对中国农业发展现状的无知，就是无视政府职责的不作为、不担当。

长期以来，农业作为弱势产业需要得到更多的扶持的理论大家耳熟能详，但对于什么是政府应该提供的公共服务，则一直没有明确的界定。因此，人们习惯于将水利设施、田间道路、电网改造等纳入农业公共服务范畴，而忽视了农业从计划经济到市场经济之后，公共的品牌营销仍然一片空白的严重缺陷。这是中国农业的现实短板，是必须引起政府部门高度重视的。

当然，区域品牌和企业品牌之间的关系，也并不是一成不变的主次、大小、强弱关系。这种关系会随着时间的变化而变化。强大的区域品牌将给企业品牌成长赋能，而企业品牌的成长，同样将给区域品牌带来巨大能量。这不是一种此消彼长的关系，而是相互赋能、共同成长的过程。

品牌化推进过程中，政府部门和专业团队有不同意见怎么办？有一种习惯思维要不得：我是政府，我说了算；我是甲方，你得听我的！

在北方地区，不尊重市场、不尊重专业的情况比较普遍。他们所持的是行政权力，觉得权力就是老大，说一不二，有意无意间压制了专业创新的力量；还有一种观点认为：谁出钱，谁就是老大：既然我花钱买你的服务，你就得随时听从调遣；而作为下属的基层官员表现是：领导的态度就是我的意见，领导永远都是对的，哪怕自己有不同看法，也必须服从领导。

种种行政思维、机关作风的弊端，显露无遗。

陕北佳县地处偏僻、经济落后，好不容易下决心打造红枣品牌，结果服务团队精心完成规划后，根据对方要求，不远千里前往提报，居然连吃三次"闭门羹"，理由都是"县里领导临时调整时间"。呜呼，如此行政管理、如此机关作风，佳县怎能不落后于人？

越是发展滞后的地方，越是执迷"项目资金"带来的权力，行政效率越低；越是经济发达的地方，越是懂得尊重专业，越是能突破画地为牢、故步自封的行政管理弊端。

行政思维与专业思维永远处于博弈之中。行政思维要求绝对服从，专业思维讲究平等交流。行政思维一旦压制抑或取代专业思维，势将影响社会进步。因此，我们应自觉摒弃传统的、僵化的、墨守成规的机关作风，充分保护专业思维，发挥其创新推动作用。

三分规划，七分落地。

说的是落地比规划本身更重要，也更困难。

凡事预则立，不预则废。农业品牌化离不开规划，但一个好规划，必须通过落地才能产生效用。令人遗憾的是，许多地方政府将规划编制作为目的，而有意无意地忽视规划的落地应用。这里有几种情况：

一是将规划作为政绩，完事后在抽屉里一锁了事，不负责任；二是开始轰轰烈烈、热情洋溢，碰到问题后虎头蛇尾，不了了之；三是根据"长官意志"，但并未形成群体共识，领导一走，偃旗息鼓。

那么，规划落地难在哪里？当前最为关键的节点是什么？

本人认为，规划应用中最普遍，也是最关键的问题，在于生产主体的应用。只有生产主体应用了"母品牌"，品牌才能获得新生。应用的企业越多，区域公用品牌的知名度提升得越高。反过来说，区域公用品牌设计得再好，传播带来的知名度再高，假如企业没有应用，就不能算成功落地，就只能属于政府的自娱自乐。

但所有的生产主体都趋利避害，对于无益于自身品牌发展的行为，理论上都会"退避三舍"，即使碍于政府情面不得不支持，那也是阳奉阴违。因此，政府只有强化品牌的宣传和推广，让区域公用品牌真正发挥赋能企业品牌的作用之时，"落地"才能是水到渠成、皆大欢喜的选择。

品牌落地运营，是一个漫长的过程。政府必须循序渐进。切忌长官意志，拔苗助长。对区域公用品牌，我们既慢不得、等不得，但也急不得，还是要尊重规律。

规划与落地

部门与部门

区域公用品牌建设是个系统性的工程，是个组合拳，事关方方面面，绝不仅仅是农业部门的事，也不仅仅是工商、文旅等部门的事。面对这个事关长远，事关经济社会发展格局的工作，每个部门、从各自职能角度出发，汇聚力量，作出自己的贡献。

如市场监管系统负责商标注册、产品质量监管；宣传部门负责组织动员媒体，进行品牌传播；文化旅游部门则利用景区载体，以"伴手礼"的形式推广品牌；商务部门可以对接各种销售渠道，将品牌予以落地。

但许多地方的现实情况令人遗憾：各部门之间不是形成有效的合力，而是自立山头，号令一方，出现严重的分裂。

商务部门"电商示范县工程"有品牌创建任务，有项目资金，有验收要求；文旅部门在创建全域旅游县市过程中，往往也打造一个区域公用品牌，作为旅游推广的抓手，四处传播。"丽水山耕"成功后，迅速出现"丽水山居""丽水山景"等山字号系列，各个部门各搞一套，造成"丽水山耕"品牌资产的严重透支。

由此可见，区域公用品牌必须是"一把手"工程，必须由主要领导亲自部署、亲自协调，整合力量，共同推动。各部门要摒弃画地为牢的小农习惯思维，主动对接其他部门，协同推进区域品牌建设。

功成不必在我，功成必定有我！在这场战役中，没有旁观者，只有参与者；不应相互推诿，只有主动担当！

区域公用品牌是政府提供的一种公共服务。但是，在现实层面，我们的品牌运营主体，无论是国企还是民企，都会有一种盈利的冲动。这就需要我们牢牢把握"公益"两个字不放。

那么，运营主体的效益问题如何解决？我认为，就一句话，企业能做的，我们千万不要去插足；企业想做，而又没有能力做的，我们就可以放开手脚去做。比如，为大家提供品牌形象包装策划、提供融资担保服务等。你去卖初级农产品，不仅难以盈利，而且容易和我们的龙头企业、合作社产生市场冲突。你是代表政府在运营品牌的，所有的资源都掌握在你手里，包括渠道资源。你要捷足先登，势必断了生产主体的活路。这就事与愿违，会造成"国进民退"的后果。

这不是危言耸听。事实上，类似的悲剧一不小心就可能发生。有个省会城市要做区域公用品牌，由当地农投公司运营，并通过品牌授权使用来营利。我们当即提出疑问，认为这一设计思路有悖于区域公用品牌创建的初心，请他们再详加斟酌。后来一请示市长，就给驳了回来。市长站在全市农业发展的高度，希望品牌给转型升级提供服务。他在乎的，不是一年创造三五百万元的税收，而是如何通过品牌创建，实现小农和现代农业的对接。

政府出面创建区域公用品牌，着眼的始终是产业，是民生。在这里，我们有必要警言：要深入研究区域公用品牌的性质，要科学制订对运营企业的考核体系。不要简单地认为企业主体就应该营利，你是企业怎么还来问我财政部门要钱？我们必须明确，运营公司尽管也是家企业，但它提供的区域公用品牌是一种公共服务。政府应当通过购买服务的方式，在资金的投入上予以充分保证。运营主体应该遵循"社会效益第一，经济效益第二"的原则。

社会效益与经济效益

工科思维与创意思维

品牌是什么，是超越于物质产品的一种抽象的文化表达。

但是，面对"猪能不能够飞起来？"这类问题，工科思维的回答是"无稽之谈"，而创意思维的答案则是"无所不能"。

一般而言，工科思维是理性思维、抽象思维，借助的是逻辑推理的方法；而创意思维属于形象思维的范畴，结合了人的主观认识和情感在里面，并用文学艺术的方法进行创造和描述。

区域公用品牌的创建涉及两类人，一类是农业生产管理部门的领导干部，他们长期以来管生产，习惯于"就事论事"的理工科思维。而品牌规划则需要通过文脉提炼，进行创意思维、形象表达。

某种角度而言，工科思维与创意思维存在逻辑上的天然差异，在方法和手段等方面自是大异其趣。但是，生产管理离不开工科思维，品牌营销需以创意思维做支撑，只有将两者进行有机结合，才能实现现代农业转型升级。因此，在两种思维间，我们必须相互理解、相互包容。

特别是农业生产管理部门的领导干部，要理解创意思维的特点，去懂得艺术的夸张，要有些美学的、艺术的修养。否则，太阳为什么是绿色的？橘子为何长得坑坑洼洼？牛羊怎么长上了翅膀？这种种奇异的现象都是我们无法理解和解释的，都会成为我们规划评审时的累累"伤痕"。

这方面碰到的例子实在不胜枚举。因此，我曾多次在有关场合呼吁：农产品品牌营销时代，农业部门应该多做些人文社科方面的培训，以提高农口干部的艺术审美水平。

附1：先招商还是先做品牌
——从柯城余东村开园仪式谈起

许多人可能会觉得，品牌虚无缥缈，看不见摸不着，做不做顶层设计并无大碍。但事实却不然：乡村建设既然要形成造血功能，那么，品牌就将成为灵魂，主导乡村发展。

前几日，到余东农民画村走了一遭，发现整个就像一个大工地，铺路、刷墙、装修门面。当地还成立了专班，将各部门得力干将抽调过来，进行会战。

一切的努力和付出，最后都聚焦到了开园仪式。那么，如何才能搞好开园仪式？

我们提出建议，应该先进行品牌创意设计，要有品牌定位、传播口号、符号体系、IP形象。就该村而言，应该以公鸡为原点，进行一系列创造、发挥、延伸。

为什么是公鸡？

一是因为该村农民擅画公鸡，远近闻名，画作得过全国一等奖；二是公鸡具有昂扬向上的精神，十分符合乡村振兴的氛围要求；三是公鸡为中国传统文化的象征物，发挥空间十分之大。

如能设计大型的公鸡装置安放在路口，游客就可以合影留念，进行微信传播；

假如有个按钮一按，让游客听到公鸡喔喔叫，"金鸡报晓"的寓意将让领导心领神会；

领导讲完话或者绕村参观考察时，有了公鸡这一IP，也就有了故事、有了话题；

如果设计一个红色的鸡冠帽，戴到每一个来宾头上，他们会不会喜形于色？

幼儿园小朋友再来个歌舞节目助兴，题目就是人人熟知的"我家养了两只鸡呀"；

还有，村里的广场可以命名为"闻鸡起舞"。

总之一句话，有了这个IP创意，该村的发展和开园仪式就有了灵魂，就有了创意的源泉。养鸡、吃鸡、斗鸡、赛鸡，以及围绕公鸡的各种文创、游戏，一村一品就此拉开序幕。我们沉浸在对未来的一系列想象之中。

但该地领导却说，品牌一定是要做的，不过当务之急是引进业态，让乡村不再冷落，让上级领导感到有所成效。估计在他看来，品牌规划设计只是一个概念，难以落地、难解近渴。弄不好又是一个文本锁进抽屉，无法发挥作用。

分歧就此产生：到底应该先做品牌还是先招商，引进业态？

这是一个很有意义的话题，在美丽乡村向美丽经济转型发展过程中十分典型，也十分普遍。这里涉及到底要不要品牌、品牌能够解决什么问题、怎么做品牌等一系列问题。这就不得不暂时搁置争议，做一次品牌的远眺。

在我看来，品牌离不开概念，但又绝不仅仅止于概念。

所谓"离不开"，指的是乡村必须站在消费者立场、站在市场角度思考，去搞清楚"我是谁""游客为什么要来""与他人相比我的特色何在"，最终形成个性化、差异化的品牌概念。这个概念不是可有可无，而是不可或缺的。因为它决定着乡村未来发展的走向。

所谓"不仅仅"，指的是上述思考的答案，不是停留在书面文本上，而是需要通过定位、口号、符号、IP形象等创意设计手段加以呈现、加以固化，并且实实在在体现在各种活动策划、项目招商、媒体报道之中。通过整合传播，让品牌概念走进消费者心中。

乡村品牌并非高不可攀。其定位可以来自农业产业，也可以来自历史文化，还有区位条件、生态环境等一切渗透在乡村肌理中的元素。这是得天独厚的创意设计富矿，是无以复加的品牌培育温床。但我们不可能面面俱到，而是只能抓住一点不及其余，直至水滴石穿。

就该村而言，农民画显然是一张不可多得的"金名片"。但农民画是一个抽象的产业，哪怕村里所有立面画满墙绘，对消费者而言，仍然只是一种"身外之物"，可以"高高挂起"。因此我们需要做的，是将公鸡从农民画中抽离出来，让公鸡从墙上的画框中跳下来，走进游客可能涉足的每一个节点。通过公鸡这一具象IP的打造，去不断强化、叠加游客的感受，去链接农民画这一产业，从而让品牌产生越来越大的势能。在这里，公鸡不再是只能用眼睛欣赏的"艺术品"，而是与游客产生了紧密的互动链接。它走进所有人的生产和生活，成为一种再也无法忽视的存在。

许多地方政府难以理解这一奥秘，动辄投入上亿巨资搞建设，立面整治井然有序，环境卫生焕然一新，服务设施应有尽有，有些甚至产业特色、文化特色也十分显著，到最后却发现，游客并没有买账，品牌也没有打响。何也？没有品牌策划的提前介入，乡村建设就失去灵魂，所有的工作都无法聚焦，变得分散而游离。

让我们继续想象一下开园仪式：

庆典花篮、红地毯、礼仪小姐，假如没有品牌定位，这一切就只剩下形式。它们的存在不是为了呈现品牌，而只是失去内涵的道具；演出的节目看上去热热闹闹，但似曾相识，因为你无法有针对性地进行编排；而领导致辞呢，热情洋溢之余，难免泛泛而谈。在这个自媒体时代，开园仪式绝不仅仅是为了领导点赞，但领导作为话语领袖，其点赞无疑具有强大的传播力。关键在于你搭建了这么一个传播场，去让领导说什么？如何让领导为你的品牌加分？

台湾苗栗县大湖草莓让人印象深刻：

草莓饭、草莓酒、草莓冰淇淋、草莓饼干、草莓糖……各种各样的加工品琳琅满目；草莓博物馆内，草莓的起源、品种、种植、食用方法无奇不有；道旗、地砖、墙面、服装等，全都带有草莓LOGO；风中飘送过来的，不是别的流行音乐，而是欢快的草莓曲。在大湖，你吃到的，看到的，听到的，全都是草莓。你身处草莓的世界。草莓包围着你、窒息着你，你简直无处可逃。

在大湖，草莓就是最大的IP，草莓就是大湖的象征物。所有的延伸，全部从草莓出发。一切与草莓无关的，统统靠边。正是这样的传播，不断强化着、加深着消费者对品牌的认知。让消费者对大湖草莓终生难忘，来了一次还想再来感受。

做品牌就这么简单。它不在乎你的业态有多么丰富，甚至也不在乎你的乡村多么漂亮，只要你找到自己的独特定位，然后将所有的传播手段整合起来，不间断地围绕这一核心进行诉求，最终将唤起消费者对品牌的认同。

在进行品牌定位之前，通常我们应该先进行乡村的产业发展定位。当你的产业并无异议时，你的品牌定位一定是按照产业的走向；而当你的产业并无特色时，你就必须得在历史文化、区位条件生态环境等处打开突破口。而该村所具备的农民画可谓得天独厚、百里挑一。因为在以农耕为基础的乡村里，农业产业无论是稻米、瓜果还是水产可谓都是司空见惯，而以文化产品作为产业发展目标的则是凤毛麟角。因此，该村天然具备打造品牌所需的个性化、差异化特质，天然具有脱颖而出赢得消费市场的优势。

这里的关键在于，抓住这一核心元素之后，能够利用每一个载体、每一个机会，与消费者产生关联互动，进而向上游的养殖端逆行，争取无中生有，打造出一个"专业养殖村"，真正形成养鸡、画鸡、吃鸡、斗鸡的一整条产业链，通过生产开发与传播的合二为一反过来又进一步强化公鸡这一IP。而鸡的游戏、歌舞、文创产品自然也将成为其中不可或缺的一部分。

附2：政府工作也要讲品牌化
——"绿领"培训计划破土而出的思考

许多人以为，品牌的存在只是为了产品营销：

有了品牌，产品才好卖；有了品牌，产品才有溢价。

实际上，品牌是产品整体实力的体现，是消费者对产品的总体印象。而这个产品的外延却十分广泛，不仅有物理性产品，也有地域文化等精神性产品。可以说林林总总、包罗万象。

问题随之而来：政府工作是否也需要打造品牌？

长期以来，在工作载体的设计上，我们习惯于简洁明了、一览无遗地概括。认为只要把工作内容表达清楚就万事大吉。而很少去思考如何让受众更深刻地理解、更方便地接受、更有效地传播推广。有的甚至斩钉截铁：政府工作是民生工程，不需要考虑形式问题！在工作推进中有意排斥品牌化思维。

事实上，品牌化思维十分有利于推动工作，从而取得事半功倍、锦上添花的效果。

最近跟农广校校长王仲苗探讨浙江农民培训工作的下一步思路。王校长告知，现在党委政府高度重视农民培训，资金投入不少，创新举措不少，培训亮点不少，但总体感觉，离开厅领导要求、离开社会认可还有相当大的距离。言及深处，开始倒起"苦水"：尽管财政全额出资，但农民参加培训的积极性不升反降，以致原来奇货可居的"中专"文凭变成烫手山芋。最后王校长告知，浙江省人社厅在评定"浙江工匠"，农业农村厅也准备推出"浙江农匠"，计划评定名额是3000名。

王仲苗是个认真敬业的好校长，但他所谓的"距离"究竟因何产生，又如何弥补却是件相当棘手的事。我想,这个"距离"并不取决于培训资金的多少，也不取决于培训项目的多少，甚至也不取决于培训人数的多少，而是缺乏社会认可的"存在感""价值感"。它不是唯命是从、墨守成规可以解决的。

对农民培训，我并不陌生，2005年起就关注报道"千万农村劳动力素质培训工程"，如今时过境迁，变化已经很大：

一是时代翻天覆地，从工业化城市化时代进入生态文明新时代，意味着培训内容也得与时俱进；二是技术手段日新月异，5G、互联网、大数据等十分普及，为培训提供了新的方法支撑；三是农办和农业厅合并之后，培训项目、培训资金都增加了，意味着整合资源，形成合力，应该重新出发。

因此我们深感，浙江的农民培训工作已经走到了新的阶段，应该从培训内容、培训方式、培训对象等方面入手，进行全面、系统的重塑，以适应新的发展需要。这就需要总体谋划，作出新的部署。

那么，我们应该如何命名这个新设计的"抓手"？

通常而言，大家会从转型或者升级的角度去定义，比如"'千万农村劳动力素质培训'升级方案"。但我觉得这种描述实在流于表象化，无法让人眼前一亮，继而高度关注。

这里的关键在于，引进品牌化理念，将整个农民培训工作作为一个品牌打造。其命名不仅要涵盖所有的培训项目，又能体现培训升级的含义，还要能对工作推进起到引领作用。

"绿领"的概念由此浮出水面：

我们有白领，代表着写字楼里的智力阶层；我们有蓝领，代表着车间里的劳动工人，那么，我们难道不应该有这样一个阶层：代表着农村劳动力的"绿领"？

所谓"绿领"，是区别于"白领""蓝领"的一个全新的阶层。其劳作空间在广阔的田野，劳动对象是具有生命的动植物，工作性质是解决人们"口腹之欲"。当然，这一阶层也可以延展至服务农业农村发展的特定人群。他们的领子不是白色的，不是蓝色的，而是绿色的。因为他们还是大地生态的守护者！

如果将"绿领"视作一个胎儿，它的诞生是如此的顺利。似乎十月的怀胎，已经早早完成，只等着这一天破土而出。

"绿领"是如此贴切而不可替代。它不仅是一个简单的概念，而且具有丰富的理念；不仅将所有的培训项目一网打尽、囊括其中，而且充分体现出了历史的继承性和未来的开启意义：中国农民经过多年培训，已经成长为一个崭新的阶层。他们具有新的面貌、新的使命、新的内涵。这正是我们农民培训工作所要努力达到的目标啊！

2022年5月24日，浙江省人民大会堂，全省乡村人才振兴工作推进会，以"绿领"作为理念支撑的培训计划由省委副书记黄建发正式对外发布，立即引起社会各界高度关注。新闻点击量每天大幅攀升。

工作还是那些工作，任务也还是那些任务，但有了品牌赋能，浙江的农民培训工作站上了新的高度。他们做的不再是按部就班的事务性工作，而具有了神圣意义、深层价值。

品牌的力量就是如此强大，它不需要更多的投入，作为一种要素的聚合平台，它可以让你的工作具有巨大的穿透力、辐射力、传播力。它不仅改变了你的外在形象，也让你的内涵得以无限扩展和丰富。

政府工作尽管是民生工程，而非市场化行为，但仍然存在着如何脱颖而出，让受众更快地接受，让领导更多关注的问题。以培训而言，各个部门都在做、全国各地都在做，如何做出特色、做出差异、做出个性，争取到更多资源，就成为我们必须考量的问题。

就此而言，品牌化何尝不是我们做好政府工作的基本手段？

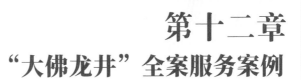

第十二章
"大佛龙井"全案服务案例

　　尽管农业品牌化理念日益深入人心，各级地方政府也纷纷出台政策举措，推进品牌化进程，但不可否认的一个事实是，农产品品牌的创建仍然进展缓慢，任重道远。究其具体原因，一方面，地方政府对农业品牌化建设的认识常常支离破碎、挂一漏万；另一方面，专业服务机构不仅数量少，而且服务能力有限，往往追逐商业项目，而很少致力于理论总结和积累。

　　品牌绝非设计一个 LOGO、创意一句口号那么简单。实际上，在农业品牌化的研究和实践中，我们也越来越认识到：品牌，尤其是农业品牌的创建，内容丰富、问题复杂，涉及方方面面。即使离开产品层面、生产层面、组织层面，仅仅从单纯的品牌建设角度而言，农业品牌化所需要解决的问题也是十分繁复。

　　农业品牌是一个系统，我们必须从系统论的角度加以认识研究，以系统的方法解决其创建中的诸多问题。这也就意味着，我们的服务同样需要升级。不是零敲碎打，而是整体谋划；不是断断续续，而是一以贯之；不是拆分执行，而是总包推进。

　　2019 年，"大佛龙井"就这样走进我们的实践。

居深山，心自在——「大佛龙井」创意解读

中国是茶的故乡，历史文化名茶灿若繁星，因此，茶品牌之间的竞争历来比较激烈。其中浙江新昌的"大佛龙井"犹如一匹黑马，短短20年间不断精进，在业界形成了很高的知名度。

但人无远虑必有近忧。大佛龙井尽管产业发展力度较大，特别是每年由政府出面举办节庆活动，大大推动了品牌知名度的提升，但是，知名度却并没带来足够的品牌溢价。

2019年，在吕田副县长主持下，大佛龙井走上了品牌提档升级之路。

本人对新昌大佛龙井可谓比较熟悉，从2004年第一篇有关农业品牌的报道《市长做还是市场做？》开始，即与新昌结下长期、深厚的感情，每年关注、跟踪其变化。因此对新昌茶产业，对大佛龙井品牌，对新昌的历史文化都有一定了解。

大佛龙井品牌提升的关键，在于其个性化价值、品牌形象的长期缺失。浙江龙井共有18个县级产地，基本每个产地都有自己的龙井品牌，那么，此龙井与彼龙井之间有何差异？这个问题不解决，大佛龙井在销售市场上的面目就是模糊的。消费者也就没有理由购买大佛龙井，大佛龙井的品牌溢价也就难以形成。

那么，大佛龙井跟其他龙井的差别究竟在哪儿？

"大佛龙井"LOGO很好地体现了自身品牌优势，
将大佛、茶叶、深山的元素浑然融为一体。

首先，我们从肉眼上看，大佛龙井与其他龙井品种相同、炒制方法相同，因此根本无法判别两者之间的差异。从口感而言，一般消费者更是不可能加以辨别。这种情况下，我们只能抛却这两个切入点，转而从历史文化和产地环境上寻找差异。

龙井茶中，西湖龙井是当之无愧的老大，其地位和影响力难以撼动。但我们完全可以傍上它，让自己做个名副其实的老二。甚至找到其命门，一剑封喉，让自己脱颖而出，瓜分走西湖龙井的部分市场份额。

当我们对标西湖龙井之时，我们又该到哪里去寻找两者之间的根本差异呢？而且这个差异应该是显性的，当你和盘端出时，消费者应该是无法抗拒的，没有异议的。这个差异是符合消费者利益的，是与消费趋势相向而行的。

最深刻的差异往往隐藏在最简单的认知之中：西湖龙井生长在城市周边，而大佛龙井生长在大山之中。

循着这一思路，创意越来越聚焦，越来越呈现出力量：

大佛龙井的茶园主要分布在海拔300~800米的丘陵台地和山地之间。与西湖龙井相比，这里的产品自然更加环保、更加生态，当然也更符合消费者的利益诉求。这里还有江南第一大佛，而在茶界，大家公认的是，茶与宗教密不可分，这就再一次彰显出大佛龙井的独特优势。当消费者品尝到这杯好茶，醇厚甘爽的滋味能让他们从琐事中挣脱，仿佛居于深山，得享片刻宁静。

由此创意品牌口号脱颖而出：居深山，观自在。

这一口号直观展现了品牌的生态优势和文脉优势，形成了与西湖龙井不同的差异化价值，不仅营造了丰富的想象空间，也形成了品牌与消费者之间的深层链接。

为了适应不同的传播途径，提升传播效果，基于品牌文脉故事，项目组创意了大佛龙井的品牌辅助口号：

一杯好茶，万事新昌。

新昌好茶最初源于佛寺僧人的教授传承，才成就了新昌的"兴昌"。一直以来，大佛龙井品牌对外传播也一直是以传递祝福的活动为主。好茶源于新昌，好茶成就新昌，好茶传递新昌，大佛龙井是一杯当之无愧的好茶。"新昌"二字，一语双关，既指新昌之地，也是对喝茶之人、买茶之人的美好祝福。口号朗朗上口，易于传播。

品牌主形象似一尊佛像，呼应"大佛"名称，实则每个部分都由茶叶元素构成。佛头为一滴茶水，佛身是一片茶叶，佛座是茶叶入汤水荡起的茶波纹，佛身与佛座亦是由"昌"字变形而成。整体符号集大佛、龙井、新昌于一体，素雅别致，符合大佛龙井品牌调性。

辅助图形以一杯好茶延展开，氤氲茶香中浮现出新昌的山水风光，李白心向往之的天姥山、连绵奇特的穿岩十九峰、佛光普照的大佛寺……茶山在云海中若隐若现，"居深山"之意充分展现。整体风格清新素雅，带来无限消费想象。

独具个性特征的价值体系和符号体系，赋予大佛龙井以丰富的品牌内涵，让大佛龙井在18个龙井产区激烈的竞争中，以鲜明的形象脱颖而出，给予消费者购买的理由，为品牌溢价打下基础。

乡村场景的利用和开发

活动场景的构建和开发，目前越来越成为人们研究的热点。分众对电梯广告的开发，进一步激发出人们构建封闭型场景，进行有效传播的兴趣和热情。令人遗憾的是，我们在举办各种活动时，已经习惯了选择五星级酒店，把自己关在密闭的会议室里，进行议程、讨论问题。错误地认为不到五星级酒店，就意味着活动的档次不够。

乡村有令人赏心悦目的美景，有沁人心脾的空气，还有浓郁的乡土文化，我们为什么总是熟视无睹？因此一直以来，有个心愿萦绕心头：希望有一天，我们能进行回归本位的革新，将活动场所从五星级酒店迁移到乡村。让乡村的活力和价值得到充分开发，也让嘉宾们在充分领略乡村的魅力的同时，留下对品牌的深刻印象。

将节庆转移到茶园，这是"大佛龙井"眼光和魄力的表现。图为开幕式现场

二次元人物为茶园陡添活力和想象空间

4月15日，2020中国茶叶大会暨第十四届新昌大佛龙井茶文化节开幕式就在茶园拉开了帷幕。

清新的空气、明媚的阳光、绿色的茶园，一切的一切，都让人在放松休闲之余，充分体会到了国际化、时尚化、年轻化、本土化的气息。

嘉宾们来到现场，看到开幕式的舞台直接搭建在了茶园上，与茶园、与蓝天融为一体；看到品牌LOGO和卡通形象、传播口号就树立于茶蓬之间，他们潜藏在心灵深处对乡村的情感瞬间被点燃。此时他们习惯性的反应，就是拿出手机，把美景把品牌通过微信朋友圈、微博、QQ等，与自己的家人和好友进行分享。

美并不是枯燥乏味的说教，而是需要切切实实去体验。品牌的传播，同样需要创造场景，让人们沉浸其中，去冥思去遐想，从而让品牌深刻烙印在消费者脑海之中。

所以，人们看到的，可能只是简单地将活动场地从城市转移到乡村，但其背后所折射的，是专业的传播理念，是生态文明时代的传播创新，是农业品牌传播的回归与嬗变。

新昌实践告诉我们，场景并不仅仅是一种空间位置的概念，还包含了相关的环境特征。因为在具有不同环境特征的空间中，人的行为模式、情感反应、互动方式都将发生变化。

在场景时代中，人、物、场的特定联结，借助移动互联的技术支撑，可以充分激发出场景中个人的情感和价值诉求，满足他们对存在、参与、分享的需求。而这，正是乡村传播场景构建的魅力所在。

踏云而来：时尚化的节庆转型

最好的创意往往最为简单。升级后的大佛龙井品牌价值体系与符号体系，因为形象直观、简单明了，而又内涵丰富、意味深长，受到新昌县委、县政府以及名茶协会领导的一致认同，原本打算2020年后即在杭州召开品牌发布会，隆重亮相。但天有不测风云，新冠疫情让发布会一延再延，甚至连新昌已经连续举办了13届的茶文化节都面临取消困境。

但是，危机之中永远潜藏着机会。问题的关键是你是否具有发现的眼光和执行的魄力。

我们认为，大佛龙井茶文化节尽管已经连续举办13届，影响很大，但一个毋庸讳言的事实是，线下办节，不仅耗费大量人力、财力，而且其影响大多局限于行政系统，尤其是茶界，对市场和消费者的辐射则十分有限。

此时，浙江正好提出要大力打造数字经济。对浙江农业、浙江茶业而言，数字化又何尝不是最终的出路所在？在互联网环境条件下，线下举办农事节庆，显而易见显得有些传统而背时。如果能将线下节庆借机转到线上，不仅在大佛龙井品牌发展史上是划时代的创新，而且对徘徊在数字门口的中国茶叶，无疑是一种引领。其传播效果、传播辐射面等方面，相比线下节庆的优势，更是不言而喻。

我们和新昌很快达成共识：借助新冠疫情之际，将坏事变好事，进行节庆营销模式变革，推出"云节庆"。由"兆丰年"团队担任策划并执行。通过互联网思维和品牌思维改造后的节庆由七朵云组成：云直播、云发布、云游览、云互动、云观点、云连线、云消费。我们将其概括为"七朵云"。

4月8日，2020中国茶业大会暨第十四届新昌大佛龙井茶文化节发布会举行，"大佛龙井"区域公用品牌新形象正式亮相。

发布会的成功，不应该表现在线下来了多少嘉宾，而更应该注重线上有多少人观看。鉴于这一认识，我们的品牌发布尽管仍在线下举行，但邀请了新华社客户端、今日头条、微博等11个知名媒体平台进行了视频直播与24小时重播，并同步进行图片直播。视频直播观看人次超过30万，图片直播访问人次超过1万。在会上，播放了由燧人影像传播机构剪辑制作的"大佛龙井"品牌形象片，运用影像语言，将"一杯好茶"透过屏幕传递到现场嘉宾眼前，亦获得了众多好评。

开幕当天，"兆丰年"利用微信、H5、抖音等平台，让观众能够实时观看活动全程，在线体验采茶、炒茶、制茶全过程，借VR虚拟体验大佛龙井品牌馆，还能在"云上茶园"领略江南风光，欣赏茶道表演。截至4月20日，H5页面已有数量惊人的参与量，10000份大佛龙井茶叶体验装产品已全部以0.01元的价格售罄。

同日，大佛龙井品牌形象片在杭州武林广场地标大屏进行投放，日媒体接触人次达80万。以"一杯好茶，万事新昌"为主题的活动也在抖音、朋友圈展开了全面的针对性人群触达传播。

商业的服务往往止于协议条款。但农产品区域公用品牌具有天然优势，可以充分调动大众媒体，通过大众媒体的介入，放大品牌的声量。而我们的团队对"大佛龙井"的服务，也绝不会止于商业条款。

在"七朵云"飘过之后，我们陷入进一步的深思：

将数字化和品牌化相结合，进行互动赋能，难道不是中国农业发展的大势所趋吗？就此而言，新昌的实践无疑是一种超前的引领。而作为新闻媒体，难道没有责任去传播这一新理念吗？

农业品牌的策划空间巨大得难以想象。根据我们的"报料"，中央人民广播电台、《中国日报》等数家央媒对此进行了深度解读。《浙江经视》则在"茅莹今日秀"中，用长达半小时的时间，请浙江大学胡晓云老师、新昌吕田副县长一起，进行"锵锵三人谈"，对品牌化与数字化之间的"双化互动"，从理论和实践两个层面作出深度解剖。

品牌传播的最佳方法，是策划热点事件，可以蹭时事，也可以蹭专业，
进行持续、不间断地扩散。"大佛龙井"探寻数字化和品牌化互动的实践，
正是媒体感兴趣的农业产业转型升级之道。
图为胡晓云老师和新昌县副县长吕田做客浙江经视"茅莹今日秀"，畅谈"双轮驱动"
新理念。

随着"茅莹今日秀"的落幕，大佛龙井品牌的传播暂告一段落。

对工业品牌而言，数字化传播也许并不是一件新鲜事，但对农业领域而言，无疑是一次可贵的尝试。尽管我们很早就有作此探索的企图，但无奈农业领域比较封闭，总是慢人一拍，岂料此次新冠疫情竟然成就了我们的这一夙愿：品牌化与数字化的互动赋能，极大地提升了大佛龙井品牌知名度，推广了大佛龙井品牌新形象，大佛龙井品牌新篇章自此开启，再领风骚，站到了一个新的台阶之上。

「画龙点睛」的品牌形象片

品牌形象片从来都应该是对品牌创意最为形象、生动、直观的表达，是对品牌价值最为无缝的阐释、呈现和涅槃。在读图时代、影像时代，品牌形象片的作用和价值日渐显现。

但令人遗憾的是，长期以来，农口部门习惯制作的，都是"工作汇报片"。不仅在内容上"铁板一块"、工作性质超强，而且表现形式十分陈旧、机械、乏味，并没有围绕品牌的核心去展开。

品牌形象片怎么拍、怎么用，从某种程度上决定着品牌的活力。

因此，当我们在品牌建设大幕拉开之时，即有意识地去培养这种表达和传播方式。我们的视频团队"燧人"也不负众望，屡屡斩获省内大奖。

4月15日，大佛龙井品牌迎着徐徐春风，在新昌大明茶场举行了2020中国茶叶大会暨第十四届新昌大佛龙井茶文化节开幕式。本次会议用互联网思维与品牌思维对传统线下节庆进行改造，通过云直播、云游览、云互动、云发布、云观点、云连线、云消费的全新节会体验，为消费者带来更具参与感、新鲜感的品牌盛会。

燧人影像团队在全神贯注、专心致志地工作。

其中团队摄制的"大佛龙井"品牌形象片在文化节上同时与各位茶客相见，通过"佛系"的文案、精彩的剪辑、精致的画面，向观众传递着"大佛龙井"所倡导的品牌价值和生活理念。

"进退无碍,谓之自在。它是一种有度的修行,在深山云雾中。忘却浮世繁华,方能在万象平衡间,窥见内心。"开篇借佛家对于自在的解读,展示"远离尘世,藏于深山,却自在超脱"的心境,以及"弥勒佛佑悠游自在"的品牌价值。

画面上,通过大佛龙井茶盏中的倒影,对应饮者对内心的洞见,彰显深山云雾茶的个性。

"一如这云中的大佛龙井隔绝闹市,藏于深山,将真正的大师之心,灌注于自在妙叶,经四时历练,手工辉干,抹去浮生羁绊,绽放栗香,馥郁于饮者口中,涅槃重生。"

第二部分着力产品。将大佛龙井生长的200~700米丘陵/台地/山地漫长的生长周期、制茶中的辉干技艺、独特的口感风味,通过极具禅意的自然画面来呈现。

品牌价值支撑——"清净安逸生长自在""所谓自在,是端起、放下之后的通达。静心品味、方能安享。大佛龙井: 居深山 心自在"。

结尾呼应开头,回归"佛系"。结合喝茶"端起""放下"的细节,对应品牌价值中的"静心品茶安享自在"。

形象片是对品牌价值的生动演绎,更是对品牌核心价值的强化。

为了充分发挥短视频的作用,让大众认识大佛龙井品牌价值,"燧人"团队配合"兆丰年",在H5页面上剪辑出系列短片,其中有大佛寺风光1分钟版、大佛寺风光片15秒版、茶园风光片1分钟版、采茶15秒版、炒茶15秒版、泡茶15秒版。

同时为发布会及诸多社交端口剪接出:大佛龙井品牌形象宣传片、茶文化节预热短片,其中分含宗教内容和不含宗教内容、横版和竖版、抖音版等不同版本。

众多长短不一、诉求不同的短视频,不仅精准表达 了品牌的丰富内涵,而且以画面呈现出品牌的时代性,将参与者有效导向了电商平台。

新闻传播与「大佛龙井」品牌建设

对新闻报道这种形式，大家并不陌生。但却很少有人注意到这种形式对品牌建设的作用。即通常情况下，人们在重大活动之前，邀请记者参加，做一个活动报道作为一个"政绩印记"，因此，记者们也常常是抱着任务观念，以一则"豆腐干"交差了事。当事双方乃至研究人员很少从品牌建设的高度，去整体考量新闻报道对品牌建设的作用与意义。

采访报道新昌大佛龙井品牌近20年，带来诸多思考：

事实上，对农业品牌的传播而言，大众传媒的新闻报道是最为便捷也最为有效的载体。而对媒体记者的成长而言，深入一个产业关注其品牌的持续变化，十分有益于其认识水平的提高。

一个产业、一个品牌的成长发展，固然与地方政府持续发力、久久为功的努力难以分割，但最终形成的产业发展生态中，媒体是不可或缺的力量之一。

茶叶是中国农业最具竞争力的产业之一，其中云南普洱、福建铁观音、杭州西湖龙井等，品牌灿若群星。作为后起之秀的大佛龙井，仅仅只有20多年的历史，但却与历史悠久的大牌同台竞技，这里面，新闻策划与媒体报道显然是不可低估的一种力量。

因此，在区域公用品牌发展中，地方政府与大众传媒之间应该建立起一种稳定、互信的合作关系。这种关系不是一时一事，而是长期的、持续的；不是着眼于事务性工作报道，而是致力于品牌的成长和发展。在这种合作中，地方政府提供的是深度调研采访、跟踪关注的基地；媒体付出的是时间和版面，收获的是媒体的使命和个人价值的实现；在这种合作中，双方不是简单的业务关系，而是一种真正志同道合的朋友关系。记者不仅是记录者，更是观察者、研究者，不仅随时掌握其变化，而且进入地方政府产业发展的决策，以媒体视角贡献自己的智慧。

《农民日报》新昌"大佛龙井"宣传报道一览

日　期	标　题	题　材	作　者
2004.06.18	市长做，还是市场做 ——嵊州、新昌茶叶品牌建设的模式之辨	通讯	蒋文龙
2005.03.14	"新昌模式"揭秘	通讯	蒋文龙 柯丽生
2005.04.22	三任县长与一个产业	通讯	蒋文龙 柯丽生
2009.07.06	"大佛龙井"以农支工 ——一个区域公用品牌的深度解剖	通讯	蒋文龙
2010.04.20	殊途同归——新昌、嵊州茶叶区域品牌建设竞高低	通讯	蒋文龙
2012.03.30	四个县长"接力"一片绿叶 ——浙江省新昌县茶产业发展历程回顾	通讯	蒋文龙
2012.05.24	中国茶业步入新时代 ——从浙江新昌看茶产业转型升级	通讯	蒋文龙
2015.04.25	"母子品牌"双保险走出"公地悲剧" ——浙江新昌"大佛龙井"茶叶区域公用品牌深度剖析	通讯	蒋文龙
2017.05.18	解析浙茶	通讯	蒋文龙 朱海洋
2017.09.09	"小农"破浪大市场 ——浙江以培育区域公用品牌推进农业供给侧结构性改革	通讯	蒋文龙 朱海洋
2018.04.25	"大佛龙井"的传播之道	通讯	朱海洋
2019.11.27	浙江新昌构建农业品牌全覆盖体系 ——品牌路上一个产业都不要掉队	通讯	蒋文龙
2020.05.01	品牌升级携手数字化转型 ——从浙江新昌"云节庆"看疫情下茶产业发展	通讯	蒋文龙 朱海洋
2020.05.13	"县长代言"，讲传播规律才能讲好品牌故事	通讯	蒋文龙
2020.03.25	"三联三送三落实"展现浙江春耕新景象	通讯	蒋文龙 朱海洋
2020.05.26	浙茶突围有"招数"	通讯	蒋文龙 朱海洋
2021.5.17	浙江茶叶品牌升级战	通讯	蒋文龙

农业品牌化是系统工程

广义的农业品牌化包括了生产过程，因为这一过程决定着产品的质量安全。产品的标准化，最终也决定着产品的溢价空间和营销推广效果；狭义的农业品牌化通常只是指形象体系、产品体系、保障体系的设计，这是跟市场和消费者短兵相接的过程。严格地、科学地讲，农业品牌建设的过程应该包括生产和营销两个部分，它们相互影响、相互制约，是一个完整的不可分割的系统。因此，我们应将其视为一个系统工程，用系统的眼光考量这一工作。每个阶段都要解决不同的难题，因此都会有不同的工作重点。任何的轻重不分或主次不明，都将给系统造成打击。

大佛龙井的成功，首先在于生产阶段解决了规模化、标准化、良种化等问题，为品牌的传播推广奠定了基础、创造了条件。如果没有生产阶段的不懈努力，大佛龙井的品牌成功将是无根之木、无源之水。但从近20年发展来看，大佛龙井之所以与其他品牌拉开距离，遥遥领先成为一匹黑马，主要是用系统化思维做好了品牌的策划和传播。

许多地方因为对品牌不甚了了，因此常常忽热忽冷，想到哪里就做到哪里，既缺乏专业水准，也缺少系统性，把品牌做成了"拍脑袋"工程。

其实，品牌营销本身也是个系统。我们要做消费者市场调研，做竞争对手的调查分析，当然更要明确自身的历史文化产业等资源禀赋优势，从而确定自身的品牌定位、核心价值，提炼出有号召力和穿透力的传播口号，还要将品牌的核心价值用人们通俗易懂的符号进行阐释，要用人们喜闻乐见的视频方式加以表达。这本身就是一个针对性超强而又环环相扣的系统工程建设。之于我们构建的节庆平台和策划的活动事件，除了要体现创新的特征，同时也必须符合品牌本身的核心价值，充分体现品牌的调性。它应该是一气呵成、浑然天成的，而不应该是相互分离、毫不相干的"两张皮"。

每个品牌的失败可能都各有缘由，但每个品牌的成功都离不开一条：用系统化、专业化的方法，持之以恒为品牌的成长添砖加瓦。

这方面，大佛龙井的确值得我们思考，值得大家借鉴！

从新昌开始研究农产品区域公用品牌，20年后，又在新昌向自己的职业生涯告别。不知是巧合还是命运的刻意安排。

后记：做一个农业品牌领域的堂·吉诃德

即将付梓，猛然想起，是不是该有个后记？

其实在书稿交付之后，就一直觉得似乎还少了点什么。此前海洋和我的新书《如此青蓝》曾留下莫大遗憾：《农民日报》何兰生社长百忙中抽出时间作序，倾情推介，但我却连个"谢"字都没有体现。没有了"后记"，还到哪里去表示感谢？！

好在"后记"也没有严格的体例规定，长短自便，内容更是可以信马由缰。这就让我坚定信心，静下心来，去弥补上一次的遗憾。

我以为，每一个作者在著述时，都是对理论的系统梳理，都是对历史的系统回顾。通过这种梳理和回顾，往往会产生新的感怀，形成新的理解和观点。

作为一个全新的课题，农业品牌绝不是一篇文章或者报道可以了断的。它所涉及的实在过于浩瀚。不仅需要理论研究的开道，需要创造各种平台进行知识普及，还需要大量实践探索的佐证，进而影响国家政策。中国农业从需求导向走来，可想而知，要推动农业品牌化进程有多么的艰辛。

所幸一路披荆斩棘，就这么走了过来，还总算有了点聊以自慰的结果。要想吹吹牛，也不必夸大其词，那200多个品牌组成的LOGO墙，就能说明一切。

有人说"万事开头难"，但我想说的是：开店容易守店难。这20年，如果不是胡晓云老师的坚守，如果没有她煌煌数百万字的理论建树，如果不是她事无巨细对创意的把关，我们所谓的农业品牌事业，恐怕也就无从谈起。

我见过她太多的较真。为了一篇论文、一个观点，她会跟别人争论到底，无论何方神圣；为了一次发言、一个PPT，她都是精心准备，绝不草率应付，贩卖陈词滥调；她不允许平庸的创意，也不肯放过似是而非的每一个措辞，她把不断挑战自我作为使命。

今天，她离开曾经向往不已的巴黎、伦敦越来越远，离开这片生她养她的土地则越来越近。农业品牌已经得寸进尺，占去她越来越多的生活空间。

说了这么多，其实我只想表达，没有胡老师的努力，便不会有这本书。许多时候，我只是信手拈来，抛出一个天马行空的设想，而于她，却不得不付出事无巨细的百倍努力。战略如果缺少落地执行，那无异于异想天开。

有时候我也确实暗自思量，自己的心是不是太大？像农业品牌这样一个宏大的事业，那完全是国家层面的行为，你何德何能，也敢去撬动、去涉足？

在成熟的学科里，只要你够勤奋、够努力，或迟或早，成功终将来临；但如果面对一片空白，硬要闯出一条路子，那就注定你一路荆棘，孤独为伴。

世上多的是机会主义者。有利可图时，他们会蜂拥而上，很快变成冠冕堂皇的专家。无利可图时，他们逃遁得比兔子都快。你不必跟他们讲情怀、讲责任，他们对这个没有兴趣。他们没有梦想，而永远只有利益的考量。

这个社会也不缺少官僚权威。他们信奉官大一级压死人，对于永无止境的探索，他们不肯俯下身子去调研，去倾听，去辨析，而是习惯于用行政权力，去做生死判官。他们不是鼓励创新，而是要约束你，让你一切听命于他。

但是我想，我们需要理想主义的旗帜。

这让我想起塞万提斯笔下的堂·吉诃德。

他的行为不可理喻，他的形象荒诞不经，可他始终拥有挑战的勇气。面对现实，他敢于拼尽全力，去捍卫自己心中的信仰。他的英雄主义情结，让人在不以为意的同时，又不得不肃然起敬。

我想，在中国农业品牌发展的史诗中，我和我们的团队愿意不自量力，做一个义无反顾的堂·吉诃德。手执长矛，头戴铜盔，一次又一次向"风车"发起冲锋。

所有过往皆为序曲，所有未来皆可期盼。当乡村振兴的重点从建设向运营悄然转变，我们的研究、实践、探索，又一次确立起新的目标：乡村品牌化！品牌经济时代，乡村离开了品牌，就难以与市场达成沟通。

　　但是，乡村品牌化从何切入？看着政府大把大把往乡村砸钱，最后的资产却无法变现，只剩一堆没有灵魂的建筑，我们深知，那是因为缺乏品牌策划。

　　因此，我们一方面构建新的理论体系，倡导新的建设理念，一方面搭建新的传播平台，探索形成从品牌策划到规划设计、建设施工、运营推广的一体化组织。

　　乡村的资源比农业更丰富多样，也更纷乱复杂，因此挑战也更为艰巨。但尽管如此，我想，只要心怀梦想，再厚重的天幕也终将为你打开。

　　最后，我要感谢黄祖辉、顾益康等大咖的不断鼓励，感谢王太、常怀琛、刘伟建等同仁的鼎力相助，感谢芒种品牌集团那么多小伙伴的追随。

　　你们的支持，正是对英雄主义的点赞。你们一定是看到了燃烧在堂·吉诃德内心的那团火苗，并且希望保住这团微弱的火苗，让它越烧越旺。为了这个社会。

作者

2023 年 6 月 5 日